rororo computer
Herausgegeben von Ludwig Moos

Visual Basic bietet mit der Version .NET für Einsteiger in die Objektorientierung eine echte Alternative zu C++ und Java. Dieser Grundkurs führt Schritt für Schritt in die objektorientierte Programmierung mit VB ein. Anhand vieler praktischer Beispiele werden die Grundlagen der Sprache, wie der Objektorientierung, beispielsweise Klassendefinitionen, Vererbung und Polymorphie, erläutert. Aber auch Themen wie das .NET-Framework mit den neuen Windows Forms und die Entwicklungsumgebung Visual Studio kommen nicht zu kurz, sodass der Leser in kurzer Zeit eigene anspruchsvolle Anwendungen erstellen kann.

Helmut Erlenkötter arbeitet als DV-Berater und führt Seminare über Projektmanagement, Datenbanken und Programmierung durch. In der Reihe rororo computer hat er außerdem veröffentlicht: *Java* (61203), *JavaScript* (61201), *Java-Applikationen* (19898), *C – Programmieren von Anfang an* (60074), *C ++ – Programmieren von Anfang an* (60077), *C++ – Objektorientiertes Programmieren für Windows* (61205), *C – Bibliotheksfunktionen sicher anwenden* (61223), *HTML* (60085) und *XML* (61209).

Helmut Erlenkötter

Visual Basic .NET

Objektorientiert programmieren von Anfang an

Grundkurs Computerpraxis

Rowohlt Taschenbuch Verlag

Originalausgabe

Veröffentlicht im Rowohlt
Taschenbuch Verlag,
Reinbek bei Hamburg, März 2004

Umschlaggestaltung Walter Werner
Satz Stone Serif und Stone Sans PostScript,
QuarkXPress 4.1 bei Deichgrafik, Tönning
Gesamtherstellung Clausen & Bosse, Leck
Printed in Germany
ISBN 3 499 61215 1

Inhalt

Editorial

Das Zusammenleben der Menschen wird immer stärker von informationsverarbeitenden Maschinen geprägt. Die meisten von uns werden direkt oder indirekt mit Computern zu tun haben. Eine besondere Rolle spielt dabei der millionenfach verbreitete Personalcomputer (PC). Schüler, Studenten und Angehörige aller Berufsgruppen spielen oder arbeiten heute mit diesem Gerät.

Der Einsatz des persönlichen Computers wird weniger von der Fähigkeit des Benutzers bestimmt, das Gerät in seiner Technizität (Hardware) zu verstehen, als vielmehr davon, es mithilfe der Computerprogramme (Software) zu bedienen.

Der «Grundkurs Computerpraxis» erklärt Informationsverarbeitung sehr konkret und auf einfache Weise. Dabei steht das, was den Computer im eigentlichen Sinne funktionieren lässt, im Vordergrund: die Software. Sie umfasst

- Betriebssysteme,
- Anwenderprogramme,
- Programmiersprachen.

Ausgewählt werden Programme, die sich hunderttausendfach bewährt und einen Standard gesetzt haben, der Gefahr des Veraltens also nur in geringem Maße unterliegen.

Im «Grundkurs Computerpraxis» wird das praktische Computerwissen übersichtlich gegliedert, auf das Wesentliche begrenzt und mit Grafiken, Beispielen und Übungen optimal zugänglich gemacht.

Dem «Grundkurs Computerpraxis» liegt ein didaktisches Konzept zugrunde, das von Dipl.-Hdl. Rudolf Hambusch, Referatsleiter im Landesinstitut für Schule und Weiterbildung Soest, entwickelt wurde. Es will das Computerwissen für jedermann verständlich machen. Die Autoren sind erfahrene Berufspädagogen, Praktiker oder Mitarbeiter in Weiterbildungsprojekten.

1 Prolog

Visual Basic, die vielleicht populärste Programmiersprache, ist komplett überarbeitet worden. Mit der Version .NET sind ihre objektorientierten Elemente drastisch erweitert und die Sprachkomponenten in Richtung allgemein üblicher Syntax angepasst worden. Dadurch wird VB zu einer vollwertigen objektorientierten Sprache, die auch in größeren Projekten alternativ zu oder in Kombination mit Sprachen wie C++ oder C# eingesetzt werden kann. Mit der Version 2003 ist die Entwicklungsumgebung nochmals verbessert und auf die neue Version 1.1 des .NET-Frameworks abgestimmt worden.
Dieses Buch erläutert Schritt für Schritt die Programmierung in Visual Basic .NET anhand anschaulicher Beispiele. Es eignet sich sowohl zum Selbststudium als auch zur Ergänzung anderer Lernunterlagen. Wegen der vielen Beispiele ist es aber auch noch für Profis als Nachschlagewerk recht nützlich.

1.1 Was ist Visual Basic .NET?

Die Entwicklung von Visual Basic steht seit jeher in engem Zusammenhang mit der von Windows. Denn als Microsoft zu Beginn der 90er Jahre eine intuitive Entwicklungsumgebung für Windows-Anwendungen suchte, entschied man sich für die bereits damals populäre Programmiersprache BASIC (engl. **B**eginners **A**ll-purpose **S**ymbolic **I**nstruction **C**ode) als Grundlage und ergänzte sie um ein Gestaltungstool für die Oberfläche. So entstand 1991 die erste Version von Visual Basic. Nach und nach wurden die Folgeversionen mit neuen Leistungsmerkmalen wie integriertem ODBC (engl. **O**pen **D**ata **B**ase **C**onnectivity), zusätzlichem Datenbankmodul von MS Access, DAO (engl. **D**ata **A**ccess **O**bjects), 32-Bit- und Web-Programmierung erweitert.

Visual Basic .NET ist eine objektorientierte Programmiersprache. Der Begriff *Objektorientierung* (Abk. OO) ist in der Programmierung heute fast zu einem Synonym für *modern* und *zukunftsorientiert*, kurz zu einem Qualitätsbegriff geworden. Jeder Hersteller interpretiert und jedes Produkt realisiert dieses Konzept jedoch in einer anderen Weise. So nutzte Visual Basic bis zur Version 6 zwar Objekte und erlaubte auch Klassendefinitionen. Die Entwicklungsumgebung machte auch intensiven Gebrauch von den Methoden und Eigenschaften der Anwendungskomponenten. Sie unterstützte jedoch keine *Vererbungshierarchie*, kein *Überladen* (engl. overloading), kein *Überschreiben* (engl. Overriding) und realisierte *Polymorphie* auf eigene Art. In den Augen vieler OO-Programmierer war VB daher bisher keine «richtige» objektorientierte Programmiersprache. Mit der Version .NET hat Visual Basic diesen Rückstand nun aufgeholt. Jetzt ermöglicht diese Programmiersprache das volle Repertoire der objektorientierten Programmierung.

Diener dreier Herren oder Herr in drei Welten?

Insgesamt gibt es drei Produkte der Basic-Familie: *Visual Basic .NET, Visual Basic for Applications (VBA) und VBScript.*

Zum Ersten steht ***Visual Basic .NET*** als Entwicklungssystem in vier Varianten mit unterschiedlichem Funktionsumfang zur Verfügung:

- Visual Basic .NET Standard Edition für Standard-*Konsolen-, Windows- und Webanwendungen*
- Visual Studio .NET Professional mit zusätzlichen *Sprachen* (z. B. C#- und C++)
- Visual Studio .NET Enterprise Developer für *Client/Server-Anwendungen*
- Visual Studio .NET Enterprise Architect für Software- und Datenbank-*Modellierung*

In der genannten Reihenfolge umfasst jede Edition den Funktionsumfang der vorgenannten. Mit ihnen können Anwendungen erstellt werden, die das Betriebssystem direkt starten kann.

Als ***VBA*** steht es den wichtigsten Büroanwendungen als Programmiererweiterung zur Verfügung, wie beispielsweise

- MS Excel
- MS Project
- MS Access

- MS Word
- MS PowerPoint

Mit Hilfe von *VBA* kann man Programme erstellen, die zwar nur aus einer dieser Anwendungen heraus gestartet werden können, dann jedoch eigenständig arbeiten und Funktionen sowohl der Anwendung als auch anderer Office-Programme nutzen.
Durch ***VBScript***, die *Visual Basic Scripting Engine*, stellt Basic unter anderem die Verbindung zwischen wichtigen Elementen im Internet her:

- HTML
- ActiveX-Controls
- Java-Applets
- OLE Automation Server.

VBScript wird von den Web-Browsern interpretiert und erweitert die Beschreibungssprache HTML (engl. **H**yper**t**ext **M**arkup **L**anguage) um Programmierelemente ähnlich wie *JavaScript*.
Dieses Buch befasst sich ausschließlich mit der Sprache Visual Basic .NET, obwohl sich vieles 1:1 auf VBA und VBScript übertragen lässt.

1.2 Wie funktioniert Visual Basic?

Die Programmerstellung durchläuft bei Visual Basic .NET im Gegensatz zu vielen anderen Sprachen und auch zu VB 6 nur noch zwei Arbeitsschritte:

1. Ein Quellprogramm wird mithilfe eines Editors geschrieben (editiert). Dies geschieht meistens mit dem integrierten Editor der Entwicklungsumgebung, kann aber auch mit jedem anderen Editor, beispielsweise dem aus dem Windows-Zubehör geschehen.
2. Das gespeicherte Quellprogramm wird übersetzt (kompiliert). Dazu wird der Compiler entweder aus der Entwicklungsumgebung oder direkt auf der Kommandoebene aufgerufen.

Diesen Ablauf veranschaulicht das Bild auf der nächsten Seite in vereinfachter Form.

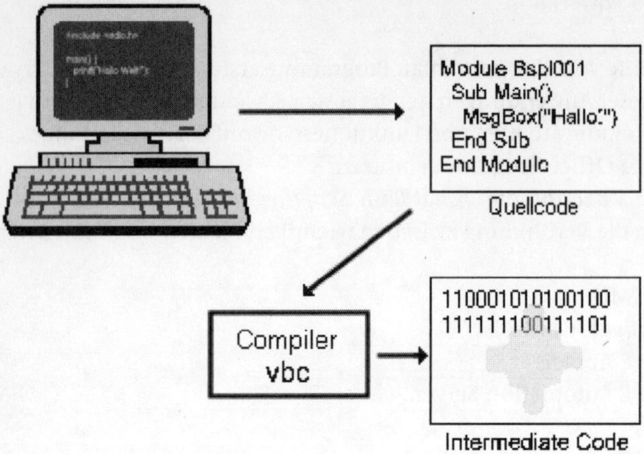

Der vom Editor gespeicherte Quellcode wird vom VB-Compiler eingelesen und nicht direkt in ausführbaren Code, sondern in so genannten Intermediate-Code der MSIL (**M**icro**s**oft **I**ntermediate **L**anguage) übersetzt. Zusammen mit Metadaten – das sind deklarative Informationen, die das Programm näher beschreiben – wird dieser in einer PE-Datei (**P**ortable **E**xecutable) mit der Endung *EXE* gespeichert. Bei MSIL handelt es sich um Code, der unabhängig vom verwendeten Prozessor der Hardware ist. Mit Hilfe der Metadaten beschreibt er sich selbst, sodass die Plattform das Programm erkennen und ablaufen lassen kann, ohne dafür besondere Einträge in der Registrierung zu verwenden.

Der vom Compiler erzeugte Intermediate-Code ist jedoch unvollständig, denn er enthält nicht den Code für die VB- beziehungsweise .NET-Sprachelemente, wie beispielsweise Bildschirmausgaben und anderes. Dieser Code wird ebenfalls in MSIL in Form fertiger Bibliotheken mit der Entwicklungsumgebung mitgeliefert. Erst beim Aufruf des Programms wird der MSIL-Code von einem JIT-Compiler (Just-In-Time-Compiler) in prozessorabhängigen Code gebracht. Dazu enthält die .NET-Laufzeitumgebung mehrere JIT-Compiler für verschiedene Prozessoren. Gleichzeitig wird dabei dann auch aus den Bibliotheken der Code für Standardanweisungen und -objekte dazugebunden. Diesen Vorgang veranschaulicht die folgende Grafik.

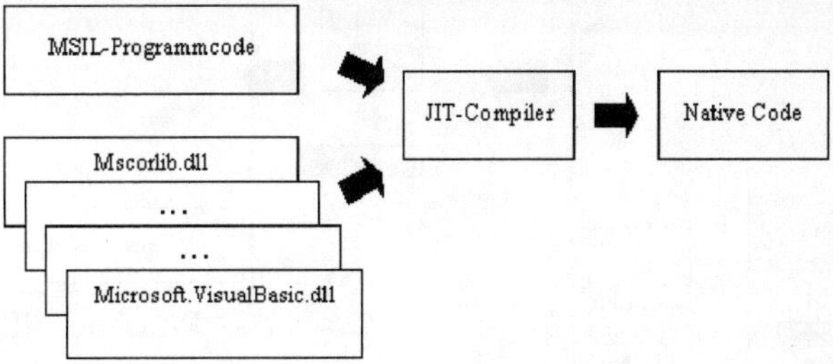

Damit das funktioniert, umfasst Visual Basic .NET Standard mehrere Bestandteile, und zwar

- **.NET Framework Redistributable Package**: Diese Software kann auch von der Microsoft-Website heruntergeladen werden und muss auf jedem Rechner installiert sein, der .NET-Anwendungen nutzen will.
- **Microsoft .NET Framework SDK:** Dieses ist das **S**oftware **D**evelopment **K**it ohne *Redistributable Package* und enthält die Entwicklungs-Tools samt C#- und VB-Compiler und muss nur auf Rechnern installiert sein, auf denen Programme entwickelt werden. Auch das SDK kann von der MS-Website geladen werden.
- **Visual Studio** IDE für Visual Basic .NET: Dies ist die komfortable Oberfläche mit der Projektverwaltung, den visuellen Tools, dem Editor, vielen Designern und Assistenten.

> *Hinweis*:
> Programme können bereits in VB (und auch in C#) entwickelt werden, wenn sowohl das Redistributable Package als auch das Framework SDK installiert sind.

Das nachstehende Schema zeigt auf der linken Seite eine typische Konfiguration für einen Entwickler-PC.

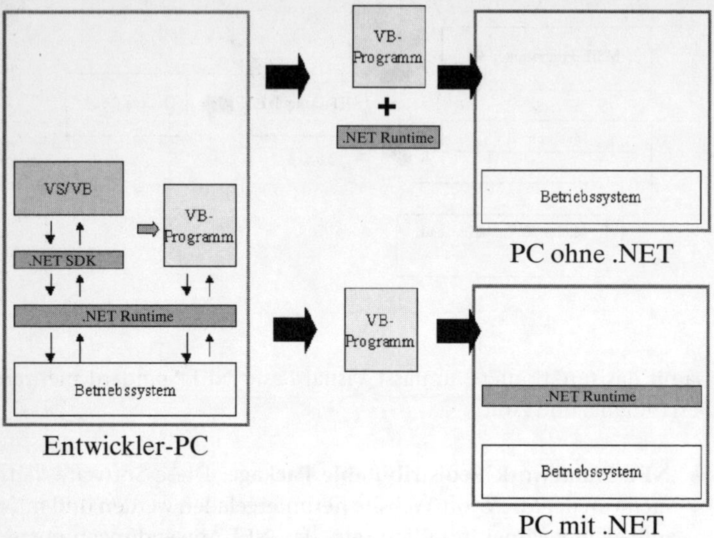

Die Entwicklungsumgebung des Visual Studio (VS/VB) verwendet das .NET SDK, um Programme zu übersetzen, und wertet seine Rückmeldungen aus. Treten keine Komplikationen auf, so wird das fertige VB-Programm erzeugt und gespeichert.
Das .NET SDK besteht aus Programmen, die das Redistributable Package (.NET Runtime) benötigen, da es sich um .NET-Anwendungen handelt. Diese werden, wie auch das fertige VB-Programm, von der Laufzeitumgebung ausgeführt, die wiederum den MSIL-Code in die speziellen Anweisungen umsetzt, die das Betriebssystem bzw. die jeweilige Plattform «versteht».

Programmweitergabe
Das obige Schema zeigt auch, welche Konsequenz daraus für die Weitergabe der fertigen Programme entsteht. Da jedes .NET-Programm die Laufzeitumgebung benötigt, muss sie zusammen mit dem VB-Programm auf einem PC ohne .NET installiert werden. Nur wenn diese bereits auf einem PC vorhanden ist, reicht es aus, das Programm allein zu installieren.

1.3 Kleiner Buchleitfaden

Dieses Buch beschreibt in erster Linie nicht die Entwicklungsumgebung, sondern nur die Sprache selbst. Es werden aber alle für die Programmerstellung nötigen Arbeitsschritte beschrieben. Die meisten Dateien können jedoch auch mit einem einfachen Texteditor erstellt werden. Das Kompilieren und der Aufruf erfolgen dann über die Kommandoebene in einem Konsolen- bzw. Eingabeaufforderung-Fenster.

Zunächst jedoch einige Hinweise zur Handhabung dieses Buches.

Befehle werden in diesem Buch als komplette, durch Schrägstriche getrennte Aufruffolgen aufgeführt, wie beispielsweise

- *Datei/Speichern*
- *Start/Programme/Microsoft Visual Studio .NET 2003/Visual Studio .NET Tools/Visual Studio .NET 2003 Command Prompt*
- *Start/Programme/Microsoft .NET Framework SDK v1.1/Dokumentation*

Konsolenausgaben und -eingaben sehen so aus:

```
Ich kann VB!
```

Schaltflächen werden in folgender Form dargestellt:

<OK>

Dialogelemente sind wie folgt hervorgehoben:

Neu starten

Wichtige Programmteile, die erläutert werden, sind mit einem Raster hinterlegt:

```
    End                                                        '(1)
```

Damit im Text darauf Bezug genommen werden kann, enthalten die Beispiele Zeilennummern in der Form

```
' (1)
```

Diese Nummern sind, wie alles, was einem Apostroph folgt, Kommentare und können beim Eingeben der Programme weggelassen werden.

Das Kapitel 2 führt in das Handwerkszeug ein und zeigt, wie Programme erstellt werden. Dabei wird sowohl der Umgang mit der grafischen Oberfläche als auch die Arbeit auf der Kommandoebene erläutert.
Die Kapitel 3 bis 5 befassen sich mit den Datentypen und Steuerungsanweisungen, die am Beispiel einfacher Konsolenprogramme – das sind Programme ohne grafische Oberfläche – erklärt werden.
In den Kapiteln 6 bis 10 lernen Sie dann das Konzept der Objektorientierung kennen. Klassendefinitionen, Eigenschaften, Methoden, Vererbung usw. gehören hier zu den Themen.
Schließlich wird im Kapitel 11 gezeigt, wie Windows-Anwendungen erstellt werden, die die neuen *Windows Forms* des *.NET Framework* benutzen.
Im Kapitel 12, dem Anhang, finden Sie dann noch einige Übersichten und natürlich die Lösungen zu den Übungen eines jeden Kapitels.

Hinweis:
Autor, Herausgeber und Verlag haben sämtliche Angaben, Hinweise und Beispiele, die in diesem Buch aufgeführt sind, sorgfältig geprüft. Dennoch können Fehler nicht völlig ausgeschlossen werden. Autor, Herausgeber und Verlag können deshalb keine Gewährleistung für die einwandfreie Funktion aller Angaben, Hinweise und Beispiele übernehmen. Für etwaige Folgeschäden an Geräten und Programmen, die durch die Benutzung der Inhalte dieses Buches entstehen können, wird keine Haftung übernommen.

Benutzte Produkt- bzw. Warennamen
Fast alle in diesem Buch genannten Produkt- und Firmennamen sind gesetzlich geschützt. Ein fehlender ausdrücklicher Hinweis hierauf kann nicht zu der Annahme führen, dass keine Schutzrechte bestehen.

Download
Die Beispiele und Lösungen zu den Aufgaben stehen im Internet im Downloadbereich von *www.erlenkoetter.de* zur Verfügung.

2 Das Handwerkszeug

Für die Programmentwicklung benötigt man eine ganze Reihe von verschiedenen Programmen bzw. Programmkomponenten. Zu diesen Werkzeugen (engl. tools) gehören ein Editor, der Compiler, Testprogramme (engl. debugger) und viele Verwaltungs- und Hilfsprogramme. All diese können sowohl einzeln aufgerufen als auch über eine komfortable Entwicklungsumgebung (engl. **i**ntegrated **d**evelopment **e**nvironment, kurz IDE) wie die von Visual Basic eingesetzt werden.
Dieses Kapitel beschreibt zwei alternative Arbeitstechniken für die Programmerstellung:

- Eingabe, Kompilierung und Aufruf über **Visual Studio .NET**
- Eingabe über den Windows-Editor sowie Kompilierung und Aufruf über die Eingabeaufforderung mit Hilfe des **.NET-SDK**

Dabei steht jedoch keine vollständige Beschreibung der Benutzeroberflächen im Vordergrund, sondern vielmehr der grundsätzliche Arbeitsablauf mit einfachen Standardeinstellungen.

> *Hinweis*:
> In den beiden folgenden Kapiteln wird das gleiche Programm erstellt. Daher müssen die Dateinamen eventuell geändert werden, wenn Sie sich noch nicht für eine Arbeitsweise entscheiden und beide durcharbeiten wollen. Sonst werden die Programme nämlich überschrieben.

2.1 Mit der IDE arbeiten

Die komfortabelste Arbeit ermöglicht die Oberfläche von *Visual Basic*, die eine vereinfachte Version des *Visual Studio* darstellt. Sie integriert alle erforderlichen Werkzeuge und verfügt über einen eigenen, auf die speziellen Bedürfnisse der Sprache und der .NET-Plattform ausgerichteten Editor. Bei einer Standardinstallation wird sie durch folgende Menüfolge aufgerufen:

Start/Programme/Microsoft Visual Studio .NET 2003/Microsoft Visual Studio .NET 2003

> *Hinweis*:
> Bei der Vorversion lautet der Befehl entsprechend ohne die Jahreszahl 2003.

Die folgende Abbildung zeigt die wesentlichen Bereiche der Oberfläche direkt nach dem Start.

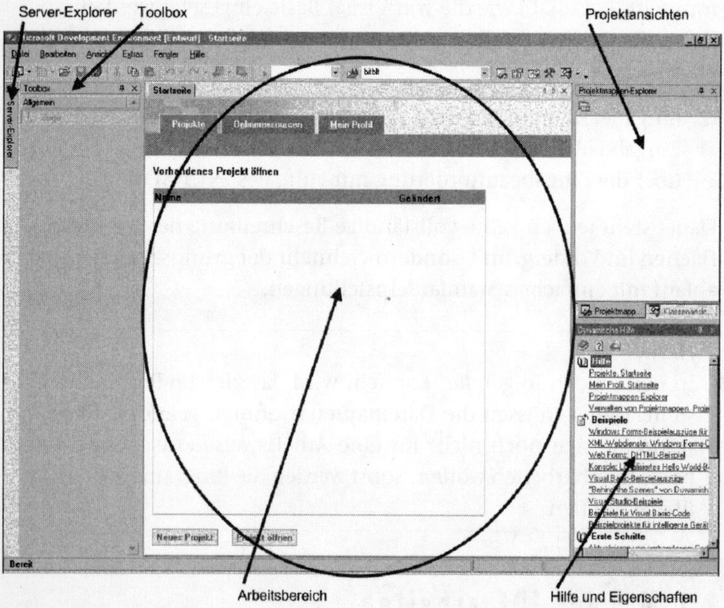

Auf den ersten Blick erkennt man bereits ihre Komplexität, wobei je nach Einstellungen und bereits vorangegangenen Arbeiten das Programm sich auch ganz anders darstellen kann.

Die Entwicklungsumgebung benutzt statt eines einzigen Fensters viele verschiedene, die in der Standardansicht in festen Bereichen angezeigt werden.

Server-Explorer

Ganz links außen befindet sich das Symbol für den Server-Explorer. Er dient zur Verwaltung der Datenbankanbindungen und Systemdienste, die von Servern bereitgestellt werden. Sein Fenster befindet sich normalerweise verdeckt im Hintergrund und wird automatisch geöffnet, wenn sich der Mauszeiger über seinem Symbol befindet.

Toolbox

Im linken Bereich sieht man die Toolbox. Sie kann mehrere unterschiedliche Fenster mit Elementen enthalten, die von dem gerade verwendeten Editor oder Designer eingesetzt werden können. Das können beispielsweise Steuerelemente für Dialogboxen, HTML-Tags oder auch Elemente eines XML-Schemas sein.

Projektansichten

Im oberen rechten Bereich werden in einem kleinen Fenster verschiedene Projektansichten dargestellt. Dazu gehören der Projektmappen-Explorer, der Ordner und Dateien eines Projektes samt ihrer Struktur anzeigt, sowie die Klassenansicht, die die logische Struktur aller Klassen eines Projektes wiedergibt. Über die Registerkarten, die sich am unteren Fensterrand befinden, kann man zwischen den verschiedenen Ansichten wechseln.

Hilfe und Eigenschaften

Im unteren rechten Bereich werden dynamisch detaillierte Informationen zu augenblicklich markierten Objekten angezeigt. Das können Hilfe-Informationen zu möglichen Aktionen oder auch die Eigenschaften des angeklickten Objektes sein. Auch hier erlauben Registerkarten am unteren Rand den Wechsel zwischen den unterschiedlichen Informationen.

Arbeitsbereich

Der größte Bereich in der Mitte ist der Arbeitsbereich. Hier werden die Fenster der aufgerufenen Editoren, Designer, Hilfe usw. eingeblendet. Jedes verfügt am oberen Rand über ein Register, über das man es wieder einblenden kann, wenn es von anderen überlagert wird. Beim ersten Start wird hier die so genannte *Startseite* angezeigt, die auch jederzeit wieder über *Hilfe/Startseite anzeigen* aufgerufen werden kann. Sie ermöglicht den schnellen Zugriff auf *Projekte, Onlineressourcen* und *Profile* (siehe Kapitel 12.4). Über diese letzte Reiterkarte kann man Visual Studio für einen bestimmten Entwicklungsbereich bzw. eine bestimmte Sprache vorkonfigurieren.

In den folgenden Kapiteln wird die generelle Arbeitsweise bei der Programmentwicklung nun Schritt für Schritt dargestellt. Dabei werden dann auch diese einzelnen Bereiche etwas näher erläutert.

2.1.1 Ein Projekt erstellen

Moderne Entwicklungsumgebungen arbeiten projektorientiert. Das heißt, dass sie alle Dateien sowie alle Einstellungen für den Compiler und andere Entwicklungstools in einem gemeinsamen Verzeichnis ablegen. Deshalb wird auch von Visual Basic bzw. Visual Studio bei jeder Anwendungsentwicklung als Erstes ein Projekt angelegt. Dies geschieht über

Datei/Neu/Projekt

Daraufhin werden in einem Dialogfenster verschiedene Projekttypen und Vorlagen angeboten.

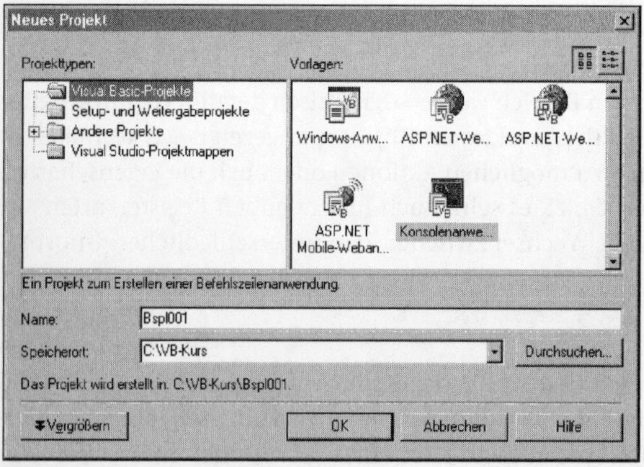

Im Rahmen dieses Buches, das heißt für VB-Programme, sind nur *Visual-Basic-Projekte* von Bedeutung. Für diesen Typ werden hier fünf verschiedene Vorlagen präsentiert:

- *Windows-Anwendung* für lokale Windows-Programme
- *ASP.NET-Webanwendung* für Serveranwendungen mit grafischer Oberfläche
- *ASP.NET-Webdienst* für Serveranwendungen ohne grafische Oberfläche
- *ASP.NET-Mobile-Webanwendung* für Serveranwendungen mit grafischer Oberfläche, die für PDAs, Mobiltelefone usw. geeignet sind
- *Konsolenanwendung* für Programme ohne grafische Oberfläche.

Um ein Projekt zu erstellen, geht man nun folgendermaßen vor:

1. Unter *Projekttypen* wird *Visual-Basic-Projekte* ausgewählt.
2. Die Beispielprogramme der ersten Kapitel sind *Konsolenanwendungen*, daher wird diese Vorlage ausgewählt.
3. Unter *Name* wird ein selbst gewählter Projektname eingetippt, zum Beispiel *Bspl001*.
4. Unter *Speicherort* wird ein Ordner eingetragen oder über die Schaltfläche *Durchsuchen* ausgewählt, der alle Projektdateien und -informationen aufnehmen soll.
5. Nach abschließender Kontrolle der Eingaben wird das Dialogfeld über <*OK*> geschlossen.

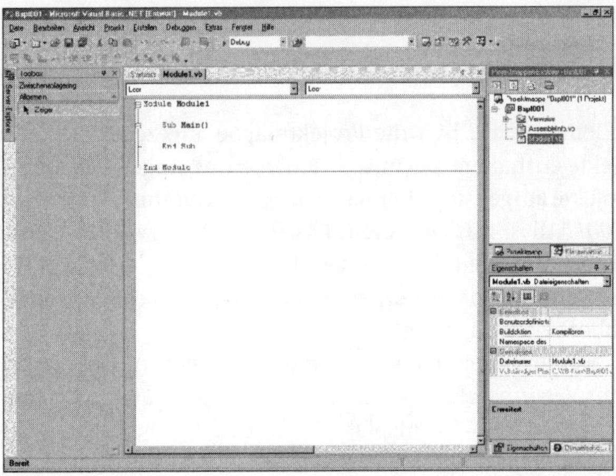

Jetzt ist das Projekt angelegt, und alle Einstellungen für die korrekte Kompilierung des angegebenen Projekttyps – hier ist es eine Konsolenanwendung – sind festgelegt. Gleichzeitig ist auch bereits eine VB-Datei mit einem Rumpfcode angelegt und im Arbeitsbereich durch den eingebauten Editor geöffnet worden, wie man in der vorstehenden Abbildung erkennen kann.
Auch der Projektansichtbereich oben rechts ist jetzt nicht mehr leer. Er zeigt im Register *Projektmappen-Explorer* eine kleine Baumhierarchie wie im folgenden Bild dargestellt, deren untergeordnete Elemente durch Anklicken der Plus- und Minuszeichen ein- bzw. ausgeblendet werden können.

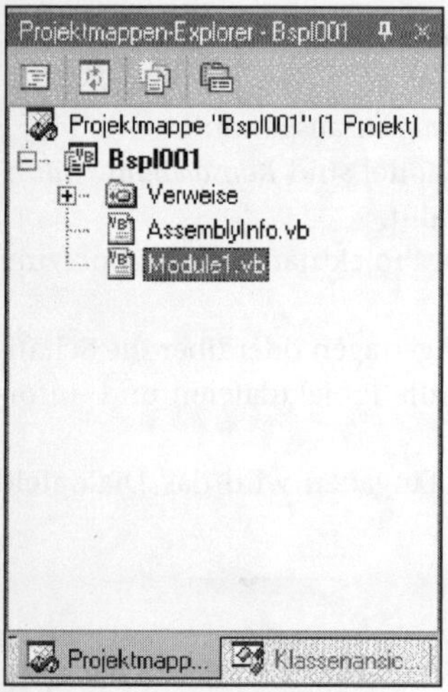

Als oberstes Element wird hier die Projektmappe angezeigt. Sie kann mehrere Projekte enthalten. Darunter werden etwas eingerückt die zugehörigen Projekte aufgelistet. Hier handelt es sich nur um ein einziges, nämlich *Bspl001*. Alles, was zu diesem Projekt gehört bzw. sich darauf bezieht, wird darunter wieder eingerückt dargestellt.
Unter *Verweise* werden zunächst unter anderem vom Projekt verwendete Laufzeitbibliotheken angezeigt.
Abschließend werden zwei Quellcode-Dateien aufgeführt. Dabei handelt es sich um Versionsinformationen zur Programmdatei (*AssemblyInfo.vb*), die im Windows-Arbeitsplatz über *Datei/Eigenschaften* angezeigt werden, und den Rumpfcode (*Module1.vb*).

Dateinamen bearbeiten

Im Projektmappen-Explorer lassen sich Elemente über die Kontextmenüs, die mit der rechten Maustaste geöffnet werden, hinzufügen, bearbeiten, löschen, umbenennen usw. Letzteres lässt sich aber auch im *Eigenschaftenfenster* ausführen. Dieses Fenster befindet sich im unteren rechten Bereich. Es zeigt stets die Details zu dem im Projektmappen-Explorer angeklickten Objekt an. Für eine Datei zeigt dies die folgende Abbildung.

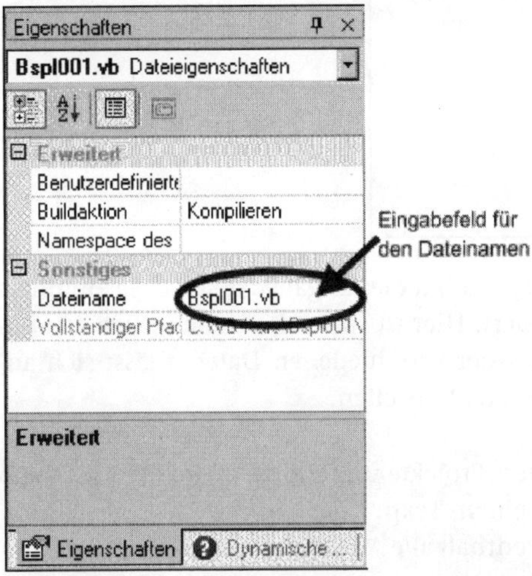

Hier kann nun der vorgegebene Name einer Datei beispielsweise von *Module1.vb* nach *Bspl001.vb* geändert werden. Dazu muss nur der alte Name mit dem neuen Namen im Eingabefeld *Dateiname* überschrieben werden.

Projektordner

Wenn ein Projekt angelegt wird, so erzeugt Visual Studio Ordner und Dateien und speichert unter anderem Einstellungen für die Projektdarstellung und den Compiler. Dies kann man sich am besten über den *Arbeitsplatz* oder den *Explorer* anschauen. Wenn man zu dem zu Beginn dieses Kapitels angegebenen Speicherort des Projektes manövriert, so findet man dort einen Ordner mit dem Projektnamen, hier *Bspl001*. Er enthält verschiedene Dateien und weitere Ordner, wie das folgende Bild zeigt.

In den Ordnern *bin* und *obj* werden die Ausgabedateien des Compilers und anderer Tools organisiert. Hier ist später auch die fertige Anwendung zu finden. Der Inhalt der verschiedenen Dateien lässt sich anhand ihrer Namenserweiterung feststellen:

- *sln* (**s**o**l**utio**n**): organisiert Projekte und Projektelemente innerhalb einer Projektmappe in einem Textformat
- *suo* (**s**ol**u**tion **o**ptions): enthält alle Anwenderoptionen für eine Projektmappe in einem Binärformat
- *vb* (**v**isual **b**asic): enthält Quellcode
- *vbproj* (**v**isual **b**asic **proj**ect): enthält alle zum Erstellen des Projekts erforderlichen Informationen im XML-Format
- *vbproj.user* (**v**isual **b**asic **proj**ect **user** options): enthält alle Anwenderoptionen für die Projekterstellung im XML-Format

Durch die Anlage des Projektes sind jetzt alle Vorbereitungen für die Programmeingabe und -erstellung getroffen.

2.1.2 Den Programmcode eingeben

Wenn ein Projekt angelegt wird, erzeugt die Entwicklungsumgebung automatisch bereits eine Quelldatei mit Rumpfcode, der dann angepasst und erweitert werden muss. Dieser Code wird im Arbeitsbereich vom Editor angezeigt und kann jederzeit durch einen Klick auf den Editor-Reiter erneut angezeigt oder durch einen Doppelklick auf die Datei im Projektmappen-Explorer wieder geöffnet werden. Die folgende Darstellung zeigt dieses Editorfenster mit seinen wichtigsten Elementen.

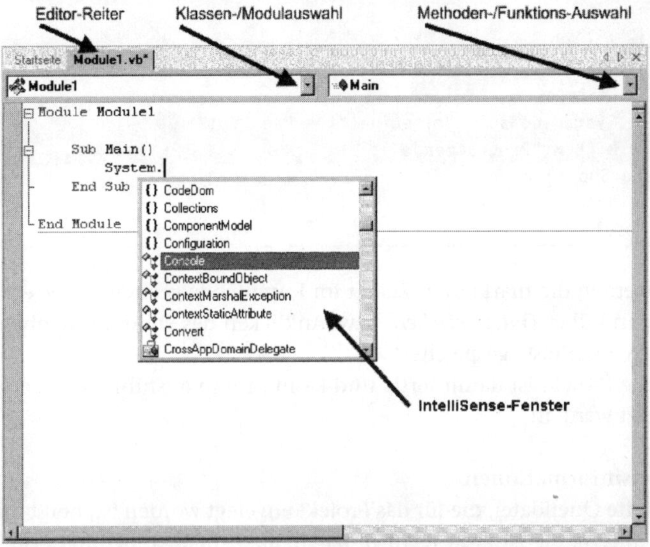

Auswahllisten

Das Editorfenster enthält am oberen Rand zwei Auswahllisten für Klassen bzw. Module und für Methoden bzw. Funktionen. Diese ermöglichen es, in größeren Quellcode-Dateien schnell an eine bestimmte Position zu springen. Dazu wird immer zuerst der entsprechende Abschnitt in der linken Liste und danach ein Eintrag aus den verfügbaren Definitionen der rechten Liste ausgewählt.

IntelliSense

Während der Code-Eingabe unterstützt dieser Editor den Programmierer durch die so genannte IntelliSense-Funktionalität. Dazu gehören kleine Fenster, die während des Eintippens automatisch geöffnet werden und die möglichen Objekte, Anweisungen und andere Elemente anbieten. Sie lassen sich schnell durch Doppelklick oder Auswahl und Drücken der <TAB>-Taste in den Code übernehmen.

Programmcode

Für ein erstes kleines Programm soll der folgende kurze Quellcode eingegeben werden. Seine Erklärung folgt in Kapitel 3.

```
' Bsp1001.vb

Module Bsp1001

    Sub Main()
        System.Console.WriteLine("Ich kann VB!")
        MsgBox("Programmende")
    End Sub

End Module
```

Dazu werden die markierten Zeilen im Rumpfcode geändert bzw. eingefügt und über *Datei/Speichern* bzw. Anklicken des Diskettensymbols in der Symbolleiste gespeichert.

Das erste Projekt ist damit fertig und kann nun in ausführbaren Code übersetzt werden!

Versionsinformationen

Die zweite Quelldatei, die für das Projekt angelegt worden ist, heißt *AssemblyInfo.vb.* Sie ist zwar recht nützlich, aber nicht unbedingt erforderlich. Sie dient nämlich der Definition der Versionsangaben, die im Windows-Arbeitsplatz über *Datei/Eigenschaften* im Register *Version* angezeigt werden. Bei dieser Datei handelt es sich um keinen Rumpfcode. Sie enthält vielmehr alle vollständigen Anweisungen, lediglich die Versionsangaben selbst fehlen noch. Deshalb muss sie auch nicht unbedingt bearbeitet werden!

Die folgende, verkürzte Darstellung von *AssemblyInfo.vb* zeigt alle Anweisungen für die Definition der Programmdateieigenschaften.

```
' AssemblyInfo.vb
Imports System
Imports System.Reflection
Imports System.Runtime.InteropServices

' ... Kommentare ...

<Assembly: AssemblyTitle ("1. Beispiel")>
```

```
<Assembly: AssemblyDescription("Kursbeispiel rororo")>
<Assembly: AssemblyCompany("rororo")>
<Assembly: AssemblyProduct("VB .NET")>
<Assembly: AssemblyCopyright("2003, H. Erlenkötter")>
<Assembly: AssemblyTrademark("")>
<Assembly: CLSCompliant(True)>
' ... GUID und Kommentare
<Assembly: AssemblyVersion("1.1.*")>
```

Diese in spitze Klammern (< ... >) gesetzten Ausdrücke sind so genannte *Attribute* und geben über den Code hinaus zusätzliche Informationen zu Programmen oder Programmteilen an. Diese Attribute werden von Visual Studio mit leeren Zeichenketten in den Klammern in der Form "" erzeugt. Diese müssen nur, wie in den Markierungen gezeigt, ausgefüllt werden. Wo in den Dateieigenschaften das jeweilige Attribut dann auftaucht, zeigt die folgende Tabelle.

Attribut	**Versionsangabe**
AssemblyTitle	Beschreibung
AssemblyDescription	Kommentare
AssemblyCompany	Firma
AssemblyProduct	Produktname
AssemblyCopyright	Copyright
AssemblyTrademark	Marken
CLSCompliant	keine; gibt an, ob das Programm kompatibel (True) oder inkompatibel (False) zu anderen Sprachen ist
AssemblyVersion	Produktversion

Die Datei *AssemblyInfo.vb* enthält auch ein Attribut namens *Guid*. Dadurch wird eine 128-Bit-Ganzzahl (16 Bytes x 8 Bit) festgelegt, die überall verwendet werden kann, wo ein eindeutiges Kennzeichen für dieses Programm erforderlich ist. So etwas kommt jedoch nur in sehr fortgeschrittenen Anwendungen vor und wird im Rahmen dieses Buches nicht verwendet.

2.1.3 Das Programm übersetzen

Bevor ein Programm gestartet werden kann, muss der für Menschen lesbare Quellcode in ein Format übersetzt werden, das von der jeweiligen Plattform verarbeitet werden kann. Dies übernimmt der Compiler. Bevor er jedoch für ein Projekt das erste Mal aufgerufen wird, sollten auf jeden Fall noch einige Projekteinstellungen kontrolliert werden, da sie von Quellcodeänderungen abhängig sind. Diese Einstellungen werden nicht im *Eigenschaftenfenster* des Projektes angezeigt, sondern müssen separat aufgerufen werden.
Diese so genannten *Eigenschaftenseiten* können auf verschiedene Arten geöffnet werden. Am schnellsten geht dies über das Kontextmenü des Projektes. Dazu muss man

1. mit der rechten Maustaste im *Projektmappen-Explorer* das Projekt anklicken
2. aus dem Kontextmenü den Befehl *Eigenschaften* anklicken.

Daraufhin wird das folgende Dialogfeld geöffnet.

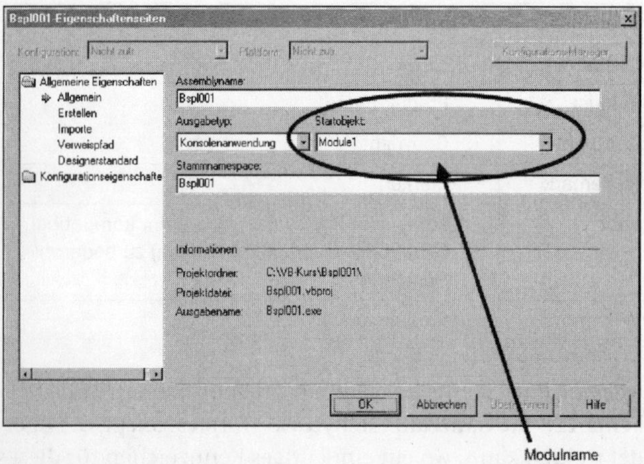

Die einzelnen Seiten werden durch Anklicken eines der Listeneinträge im linken Bereich aufgerufen. Wichtig ist hier unter *Allgemeine Eigenschaften/Allgemein* die Angabe zu *Startobjekt*. Sie gibt die Stelle im Programm an, die als Erste ausgeführt wird, und muss unbedingt mit dem

im Quellcode verwendeten Modulnamen übereinstimmen oder *Sub Main* lauten. Alle anderen Einträge bleiben unverändert.
Im Quellcode des Beispiels ist der Modulname geändert worden, daher ist auch hier eine Korrektur vorzunehmen. Tippen Sie einfach den neuen Modulnamen ein oder wählen Sie ihn aus der Liste aus und schließen Sie dann das Dialogfeld mit <*OK*>.

> *Hinweis*:
> Das *Startobjekt* muss nur einmal angegeben werden, es sei denn, der Modulname einer Konsolenanwendung wird erneut geändert.

Jetzt kann das Programm übersetzt werden. Dazu kann einer der folgenden Befehle aufgerufen werden:

Befehl	**übersetzt werden**
Erstellen/Projektmappe neu erstellen	alle Dateien aller Projekte
Erstellen/Projektmappe erstellen	geänderte Dateien aller Projekte
Erstellen/Bspl001 neu erstellen	alle Dateien von Projekt *Bspl001*
Erstellen/Bspl001 erstellen	geänderte Dateien von *Bspl001*

Für die kleinen Beispiele dieses Buches führen alle Befehle zum gleichen Ergebnis, da immer nur ein Projekt je Projektmappe vorhanden ist und zunächst gar keine, später nur einfache Abhängigkeiten zwischen den Dateien bestehen.
Sofern keine Tippfehler aufgetreten sind und das Startobjekt korrekt angegeben wurde, wird in der Statuszeile von Visual Basic einfach nur *Erstellen erfolgreich* oder *Neues Erstellen erfolgreich* angezeigt. Das fertige Programm ist dann in dem Projektordner im Unterverzeichnis *bin* bzw. *obj/Debug* als *Bspl001.exe* gespeichert worden.
Sind jedoch Fehler im Programm vorhanden, die der Compiler erkennen kann, dann wird unterhalb des Arbeitsbereichs ein weiteres Fenster, die so genannte *Aufgabenliste* geöffnet. Sie enthält dann für jeden Fehler und Folgefehler eine Zeile mit einer kurzen Beschreibung, dem Namen der Datei und der Zeilennummer, in der er aufgetreten ist.

Beispiel:
Wenn der Modulname geändert, die Projekteigenschaft *Startobjekt* jedoch nicht angepasst wurde, wird in der *Aufgabenliste* folgende Zeile angezeigt:

«Sub Main» wurde nicht in «Bspl001.Module1» gefunden.

Um derartige Fehler schnell zu korrigieren, muss die entsprechende Zeile nur doppelt angeklickt werden. Daraufhin wird meistens der Fehler im Quellcode markiert oder – wie in diesem Beispiel – über ein Dialogfeld eine Korrektur angeboten.
Das Programm ist nun fertig und kann bei Bedarf auf anderen Rechnern installiert werden (Kapitel 1.2 beachten).

2.1.4 Das Programm starten

Das fertige Programm kann sofort aus der Entwicklungsumgebung aufgerufen werden. Dazu wird die Tastenkombination *<Strg>*+*<F5>* gedrückt, was dem Befehl

Debuggen/Starten ohne Debuggen

entspricht. Daraufhin wird bei Konsolenanwendungen ein *Eingabeaufforderung*-Fenster geöffnet, in dem dann unter anderem die Programmausgaben angezeigt werden. Für *Bspl001* sieht dies folgendermaßen aus:

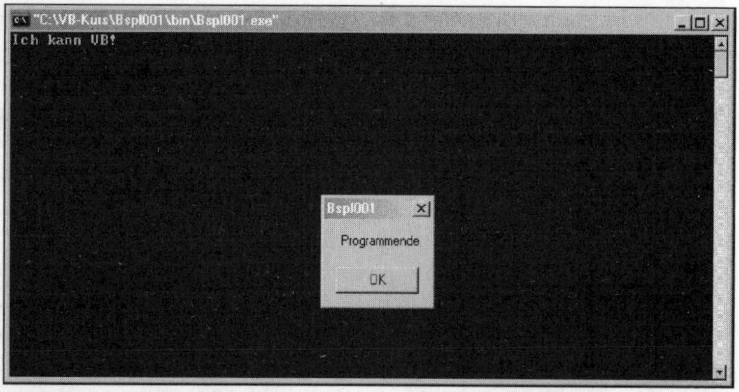

Wie man sieht, führen die Programmanweisungen zu zwei verschiedenen Ausgaben. Zuerst erscheint der Text im *Eingabeaufforderung*-Fenster, und danach wird für den nächsten Text ein eigenes Fenster mit <*OK*>-Schaltfläche erzeugt. Mehr dazu wird in Kapitel 3 erläutert. Erst wenn diese angeklickt wird, wird das Programm beendet.

Damit man die Programmausgaben danach noch in Ruhe lesen kann, hält die Entwicklungsumgebung das *Eingabeaufforderung*-Fenster mit der Meldung

```
Press any key to continue
```

weiterhin geöffnet. Erst auf einen Tastendruck hin wird es dann geschlossen.

2.1.5 Hilfe-Informationen anfordern

Ein Vorteil der Entwicklungsumgebung besteht in dem schnellen Zugriff auf Informationen zu Sprach- und Bibliotheksanweisungen. Einerseits wird dynamisch Hilfe zu den gerade durch die Maus markierten Objekten und Anweisungen angeboten, andererseits kann man auch selbst in der Hilfe nachschlagen.
Dynamische Hilfe wird im rechten unteren Fensterbereich über die Reiterkarte *Dynamische Hilfe* angeboten. Befindet sich der Cursor beispielsweise innerhalb des Wortes *Console*, dann werden hier Themen genau dazu angeboten, wie das nachstehende Bild zeigt.

In der Menüleiste dieses Fensters befinden sich drei Schaltflächen, über die man selbst in den Hilfe-Informationen nachschlagen kann:

Inhalt	Suche über Inhaltsverzeichnis
Index	Suche über Stichwortverzeichnis
Suchen	Volltextsuche

Jede Schaltfläche öffnet ein weiteres Fenster, das sich standardmäßig im rechten oberen Projektansichtsbereich befindet.
Eine weitere Möglichkeit besteht darin, den Cursor auf eine Anweisung zu positionieren, zu der man weitere Informationen wünscht, und dann die Taste *<F1>* zu drücken. Dadurch wird im Arbeitsbereich ein Fenster mit den entsprechenden Erklärungen geöffnet.

2.2 Mit dem SDK arbeiten

Eine Alternative zur Entwicklungsumgebung von Visual Basic besteht in der direkten Arbeit mit dem SDK. Diese Technik ist übersichtlicher, wenngleich ihr der Komfort einer IDE fehlt, und in mancher Hinsicht einfacher zu bedienen, wenn man nicht unbedingt die Komplexität von Visual Studio benötigt.
Die direkte Arbeit mit dem SDK erfolgt im Kommandomodus. Daher muss dazu ein *Eingabeaufforderung*-Fenster geöffnet werden. Bei der Installation von VB wird bereits eines fertig eingestellt und ins *Start*-Menü eingetragen. Es wird aufgerufen über

Start/Programme/Microsoft Visual Studio .NET 2003/Visual Studio .NET Tools/Visual Studio .NET 2003 Command Prompt

Bei der Vorversion lautet der Befehl dazu:

Start/Programme/Microsoft Visual Studio .NET/Visual Studio .NET Tools/Visual Studio .NET-Eingabeaufforderung

> *Tipp*:
> Über die rechte Maustaste das Kontextmenü zum Befehl öffnen und dann die *Eigenschaften* aufrufen. Hier kann man das eigene Projektverzeichnis unter *Arbeitsverzeichnis* bzw. *Ausführen in* eintragen.

Wenn ein normales Konsolenfenster benutzt wird, muss jedes Mal zuerst mit Hilfe der *PATH*-Anweisung angegeben werden, wo die Bibliotheksdateien und der Compiler des SDK gespeichert sind. Dazu wird der folgende Befehl eingegeben und mit <RETURN> ausgeführt:

```
SET PATH=%PATH%;C:\Windows\Microsoft.net\Framework\v1.1.4322
```

Bei der Vorversion heißt das letzte Verzeichnis *v1.0.3705*.
Damit sind die notwendigen Vorarbeiten abgeschlossen und es kann gearbeitet werden.

2.2.1 Den Code eingeben

Für die Eingabe des Quellcodes kann jeder beliebige Editor benutzt werden, der keine Sonderzeichen für beispielsweise Zeichenformate mit abspeichert. Der von Windows mitgelieferte Editor bietet sich hier an. Er kann sowohl über das *Start*-Menü als auch im Kommandomodus aufgerufen werden.
Um zum Beispiel eine neue Datei *Bspl001.vb* einzugeben, lautet die Kommandozeile:

```
notepad Bspl001.vb
```

Nach einer Rückfrage *Möchten Sie eine neue Datei erstellen?* wird dann nach Bestätigung ein leeres Fenster geöffnet. Hier kann nun das Beispiel eingegeben werden, wie die folgende Abbildung zeigt.

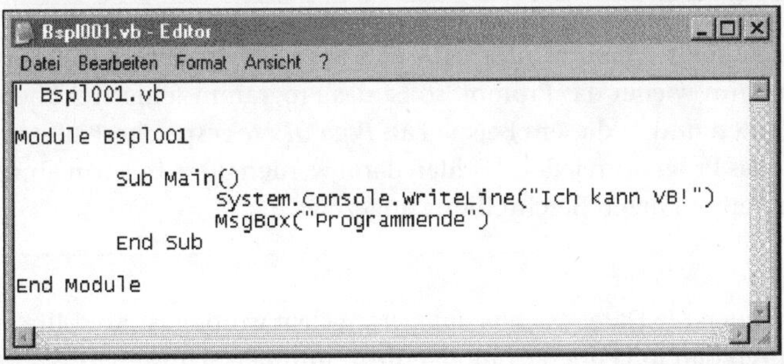

Nach dem abschließenden Speichern ist der Quellcode fertig und kann übersetzt werden.

> *Hinweis*:
> Falls gewünscht, kann man auf diese Weise ebenfalls die Datei *AssemblyInfo.vb* aus Kapitel 2.1.2 anlegen. Sie ist aber nicht zwingend notwendig.

2.2.2 Das Programm übersetzen

Den Compiler muss man bei der Arbeit mit dem SDK durch einen vollständigen Befehl aufrufen. Er heißt *vbc* und benötigt neben dem Namen der zu übersetzenden Datei auch Angaben über die im Programm verwendeten Bibliotheken des SDK. Hier wurde *MsgBox* aus der Bibliothek *Microsoft.VisualBasic* (siehe Kapitel 3.2) benutzt, und daher lautet der Befehl:

```
vbc /imports:microsoft.visualbasic Bspl001.vb
```

Dieses Kommando führt im Konsolenfenster zu folgendem Ergebnis:

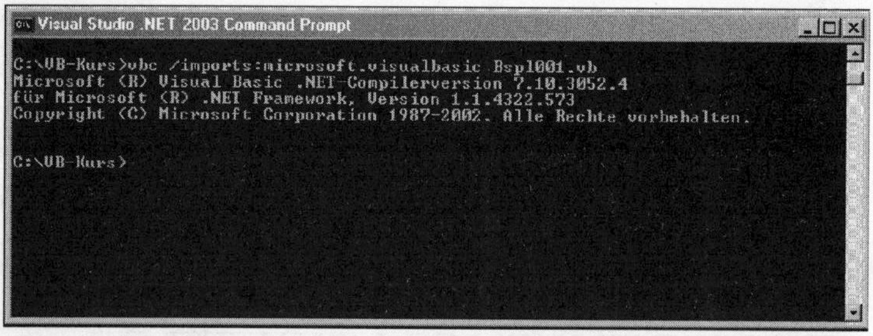

Es werden zuerst Versionsinformationen des Compilers angezeigt. Erscheint dann wieder das Prompt, so ist das Programm fehlerfrei übersetzt worden und in diesem Beispiel als *Bspl001.exe* gespeichert.
Enthält das Programm jedoch Fehler, dann werden diese in Form einer Liste mit einer kurzen Beschreibung angezeigt.

> *Hinweis*:
> Wenn auch die Datei *AssemblyInfo.vb* angelegt worden ist, so sollte sie durch den folgenden Compileraufruf mitübersetzt werden:

```
vbc /imports:microsoft.visualbasic Bspl001.vb AssemblyInfo.vb
```

2.2.3 Das Programm starten

Um das Programm auszuführen, muss es nur im Konsolenfenster aufgerufen werden:

```
Bspl001
```

Seine Ausgabe sieht dann so aus:

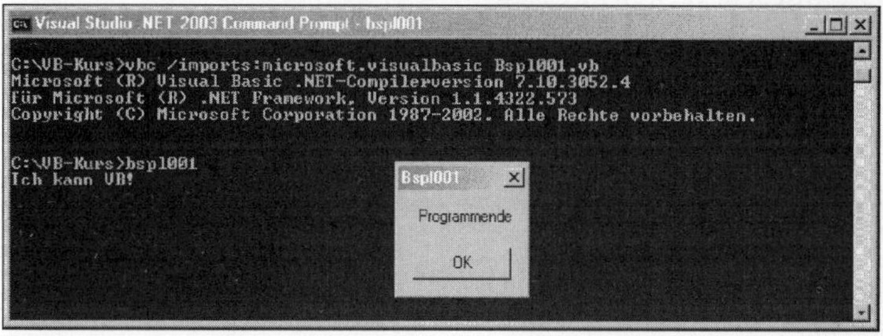

Wieder wird der erste Text im Konsolenfenster und der zweite in einem eigenen Dialogfeld angezeigt. Klickt man auf *<OK>*, ist das Programm beendet. Hierbei erscheint nun keine Meldung, die dazu auffordert, eine Taste zu drücken, denn diese wurde ja von der Entwicklungsumgebung erzeugt, um das Fenster geöffnet zu halten.
Über den Arbeitsplatz kann das Programm natürlich ebenfalls gestartet werden. Hier macht sich das kleine Dialogfeld dann bezahlt, denn es hält dann das Fenster ebenfalls geöffnet, sodass man die Ausgaben lesen kann.

2.3 Mit den Download-Dateien arbeiten

Wer die Beispiele dieses Buches nicht alle eintippen will, kann sie auch aus dem Internet herunterladen.
Sie sind auf der Site *www.erlenkoetter.de* im Downloadbereich zu finden.

IDE
Wenn die Dateien mit der Entwicklungsumgebung genutzt werden sollen, so muss zunächst, wie in Kapitel 2.1.1 beschrieben, ein Projekt an-

gelegt werden. Dabei ist die für das jeweilige Beispiel richtige Projektvorlage, d.h. Konsolen- oder Windows-Anwendung, zu wählen. Die dabei automatisch erzeugte Quelldatei wird dann über das Kontextmenü der rechten Maustaste mit dem Befehl *Aus Projekt ausschließen* entfernt. Anschließend wird die fertige Beispieldatei über das Kontextmenü des Projektobjektes mithilfe des Befehls *Hinzufügen/Vorhandenes Element hinzufügen* in das Projekt aufgenommen. Beim Kompilieren ist dann besonders darauf zu achten, dass das Startobjekt, wie in Kapitel 2.1.3 beschrieben, auch richtig lautet.

SDK

Wird mit dem SDK gearbeitet, kann die Datei sofort, wie in Kapitel 2.2.2 beschrieben, übersetzt und anschließend gestartet werden.

2.4 Zusammenfassung

Die wichtigsten Punkte dieses Kapitels noch einmal in der Zusammenfassung:

- Visual Basic .NET arbeitet projektorientiert, das heißt, dass für jede Anwendung zunächst ein Projekt angelegt werden muss, damit alle zugehörigen Dateien und Einstellungen für die Entwicklungstools gespeichert werden können.
- Für Visual-Basic-Projekte kann man zwischen verschiedenen Vorlagen auswählen, je nachdem, ob man *Konsolenanwendungen*, *Windows-Anwendungen* oder Anwendungen für *ASP.NET* entwickeln will. Konsolenanwendungen verfügen dabei gegenüber Windows-Anwendungen über keine grafische Benutzeroberfläche.
- Über das *Eigenschaften*-Fenster kann man viele Einstellungen für die Projektobjekte ändern, wie beispielsweise den Namen einer Quelldatei.
- Die Entwicklungsumgebung benötigt die korrekte Angabe des *Startobjektes*.
- Visual-Basic-Programme können auch ohne die Entwicklungsumgebung bearbeitet und erstellt werden. Dazu wird im *Eingabeaufforderung*-Fenster direkt mit dem SDK gearbeitet.

2.5 Übungen

Aufgabe 1

Was ist ein Visual-Studio-Projekt?

Aufgabe 2

Worauf weist die folgende Fehlermeldung hin?
«Sub Main» wurde nicht in *«Bspl001.Module1»* gefunden.

Aufgabe 3

Der Compiler soll direkt von der Konsole aufgerufen werden (siehe Kapitel 2.2.2). Was könnte die Ursache für die folgende Fehlermeldung sein?

```
Der Befehl "vbc" ist entweder falsch geschrieben oder
konnte nicht gefunden werden.
```

3 Das erste Programm

Im vorangegangenen Kapitel wurde anhand eines kleinen Programms beschrieben, wie Visual-Basic-Programme erstellt werden, ohne die Anweisungen und den Aufbau des Codes zu erläutern. Dieses wird nun sofort nachgeholt.
Außerdem verdeutlicht dieses Kapitel die Beziehungen zwischen Visual Basic und .NET. Vorweggenommen sei, dass vielleicht der Name *Visual Basic für .NET* das Produkt besser beschrieben hätte.

3.1 Der Programmcode

Das Ergebnis des ersten kleinen Programms wurde bereits in den Kapiteln 2.1.4 und 2.2.3 dargestellt. Es zeigt den kurzen Text *Ich kann VB!* im *Eingabeaufforderung*-Fenster und das Wort *Programmende* in einem Dialogfeld an. Für diese Aufgabe benötigt es die folgenden Anweisungen:

```
' Bspl001.vb                                          (1)

Module Bspl001                                        '(2)

    Sub Main()                                        '(3)
        System.Console.WriteLine("Ich kann VB!")      '(4)
        MsgBox("Programmende")                        '(5)
    End Sub                                           '(6)

End Module                                            '(7)
```

Die Anweisungen stehen jede für sich in einer eigenen Zeile und sind für die nachstehenden Erläuterungen durchnummeriert.

(1) Die erste Zeile ist ein Kommentar, das heißt keine Programmanweisung, sondern eine Anmerkung des Programmierers. Hier enthält sie den Dateinamen des Quellcodes. Solche Dateien tragen die Namenserweiterung *VB*. Kommentare beginnen in einer Zeile entweder mit dem Apostroph (') oder mit dem Schlüsselwort *REM* (engl. **rem**ark) und reichen bis zum Zeilenende. Kommentare werden vom Compiler nicht übersetzt. Sie dienen allein den Programmierern zum besseren Verständnis des Codes. Kommentare zu schreiben, erscheint manchem Programmierer als überflüssiges und lästiges Beiwerk, doch spätestens dann, wenn nach geraumer Zeit ein Programm geändert werden muss, ist er für jeden Hinweis dankbar, den er als Kommentar im Programm vorfindet.

(2) Das gesamte Programm besteht hier aus einem Modul. Module sind Programmblöcke mit besonderen Zugriffseigenschaften. Ein Modul wird von Visual Studio stets standardmäßig erzeugt. Das Schlüsselwort *Module* mit einem eindeutigen Namen für diesen Block kennzeichnet seinen Anfang. Die Zeile endet hier mit einem Kommentar, nämlich der Nummer dieser Erklärung. In (1) muss kein Apostroph vor dieser Nummer stehen, da der Kommentar dort ja bereits am Zeilenanfang beginnt.

(3) Durch *Main* wird der Startpunkt einer jeden Anwendung festgelegt. Diese Stelle wird beim Programmaufruf gesucht, und dann werden die ihr folgenden Anweisungen abgearbeitet. Deshalb muss jede Anwendung genau einmal *Main* enthalten. Dies wird hier durch das Schlüsselwort *Sub* als Prozedur definiert. Das ist zwar nicht die einzige, aber die häufigste Variante. Eine Prozedur ist ein benannter Block, der separat aufgerufen werden kann und dessen Anweisungen dann komplett nacheinander ausgeführt werden. Die runden Klammern hinter dem Prozedurnamen *Main* müssen hier zwar nicht geschrieben, sollten aber zum besseren Verständnis gesetzt werden. Deshalb fügt der eingebaute Editor von Visual Studio sie auch immer automatisch an.

(4) Diese Anweisung gehört zur *.NET*-Bibliothek und gibt den Text, der in Anführungszeichen in den Klammern steht, auf der Konsole bzw. im *Eingabeaufforderung*-Fenster aus. Sie besteht aus drei durch einen Punkt getrennten Bezeichnungen, deren letzte, *WriteLine*, die eigentliche Anweisung darstellt. Es handelt sich dabei um eine Methode der Klasse *Console*, die wiederum zum so genannten Namensraum *System* gehört. Die Angabe in der Klammer wird auch

ihr Parameter oder Argument genannt. Mehr dazu folgt im Anschluss an diese Erläuterung.

(5) Dies ist eine Funktion aus der VB-Bibliothek. *MsgBox* (engl. **Message Box**) erzeugt ein Dialogfeld, das den im Funktionsparameter angegebenen Text anzeigt. Durch weitere, optionale Argumente können auch der Dialogtitel und die enthaltene Schaltfläche spezifiziert werden.

(6) Jede Prozedur wird durch eine Zeile mit *End Sub* beendet.

(7) Ein Modul-Block wird mit *End Module* abgeschlossen.

Schreibweise

Noch ein Wort zur Schreibweise der Anweisungen und Namen in VB-Programmen: Visual Basic unterscheidet nicht zwischen Groß- und Kleinschreibung! Anweisungen wie *Module Bspl001, MODULE BSPL001* und *moDul bspl001* führen alle zum gleichen Ergebnis. Auch *system.console.writeline* wird genauso akzeptiert wie *System.Console.WriteLine*. Allerdings sollte man sich an die hier im Buch verwendete Schreibweise halten, denn sie folgt den empfohlenen Regeln und ermöglicht auch die Zusammenarbeit mit .NET-Anwendungen, die in einer Sprache verfasst wurden, die zwischen Groß- und Kleinschreibung unterscheidet.

Nach dieser kurzen Erläuterung sollen die vier Bausteine, aus denen das Programm besteht, nun etwas genauer unter die Lupe genommen werden, denn sie zählen zu den wichtigsten Elementen der Sprache.

3.2 Die Struktur

In Visual Basic .NET können die Anweisungen eines Programms nicht einfach hintereinander aufgelistet werden. Der Code muss vielmehr aus ganz bestimmten Bausteinen bestehen, die wiederum andere Bausteine beinhalten. Es ist auch nicht egal, welche was enthalten. Alle diese Teile tragen einen Namen, der vom Programmierer beliebig festgelegt werden kann, mit einer Ausnahme: *Main*. Da diese Stelle beim Start des Programms von der Laufzeitumgebung gesucht wird, darf sie nicht anders heißen, denn sonst kann sie ja nicht gefunden werden.
Die Abbildung auf der nächsten Seite zeigt das grundsätzliche Aufbauschema am Beispiel des Programms *Bspl001*. Der äußere Rahmen ent-

spricht der Datei *Bspl001.vb*, die hier den gesamten Programmcode enthält.

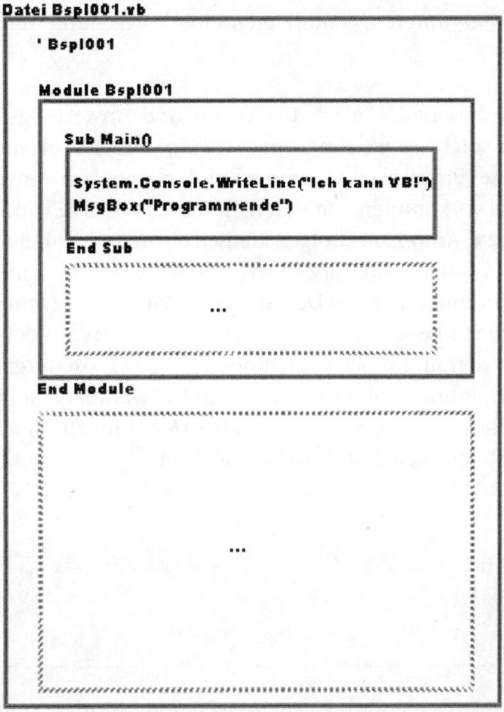

Module

Der gesamte Code des Programms setzt sich aus einem oder mehreren speziellen Blöcken zusammen. Einer dieser möglichen Blocktypen heißt *Module*. In einem Modul werden Anweisungen und Daten zusammengefasst, die überall in der Anwendung verfügbar sein müssen. Jedes Modul muss dabei einen eindeutigen Namen tragen; mehrere Module mit gleichem Namen sind nicht erlaubt. Außerhalb dieser Blöcke dürfen keine Anweisungen, sondern lediglich Kommentare stehen. Nur am Dateianfang sind noch ganz spezielle Deklarationen erlaubt, die im nächsten Kapitel erläutert werden.

Module sind nicht der einzige Blocktyp, aus dem sich Programme zusammensetzen. In den weiteren Kapiteln werden Sie noch Klassen und

Strukturen kennen lernen. Diese verfügen über ähnliche Leistungsmerkmale. Das soll jedoch erst später erläutert werden.
Ein Programm kann auch mehr als einen solchen Block enthalten. Das soll durch den unteren, gepunkteten Block angedeutet werden.

Main

Innerhalb dieser Blöcke werden Daten und Anweisungsfolgen definiert. Eine solche Anweisungsfolge ist *Main*. Sie fasst die ausführbaren Befehle eines Programms zusammen und muss in jeder Anwendung genau einmal vorkommen. *Main* ist hier durch *Sub* und *End Sub* begrenzt. So definierte Anweisungsfolgen heißen Prozeduren. Eine zweite Art, die innerhalb der Hauptblöcke wie den Modulen vorkommen kann, sind die Funktionen, deren Definition im Kapitel 5.4.2 erklärt wird. Als eine solche Funktion lässt sich *Main* übrigens ebenfalls definieren.
In einem Programmblock dürfen noch weitere Prozeduren und Funktionen vorkommen, deren Namen dann frei wählbar sind. Die Pflichtbestandteile eines Programms sind also *Main* und ein Block, der *Main* umschließt. Dies zeigt das folgende Beispiel.

```
' Das kleinste Programm

Module Mini
    Sub Main()
    End Sub
End Module
```

Nur der Name des Moduls kann hier verändert werden, ohne dass Fehler auftreten.
Innerhalb von *Main* stehen nun also die ausführbaren Befehle. Diese gehören zu zwei großen Gruppen des .NET-Frameworks.

.NET-Framework

Bei der ersten Anweisung in Bspl001, *WriteLine,* handelt es sich um einen Aufruf des .NET-Frameworks. Framework heißt zu deutsch etwa so viel wie Rahmen oder Gerüst. Es ist eine Sammlung einer sehr großen Anzahl von so genannten Klassen. Was das ist und wozu man Klassen erstellt, erläutert Kapitel 6. Zunächst soll es einfach genügen, dass Klassen Codeblöcke darstellen, die Daten und Anweisungen für einen gemeinsamen Zuständigkeitsbereich zusammenfassen.
Das .NET-Framework kann nicht nur in Visual Basic, sondern auch in

anderen Sprachen wie beispielsweise C# und C++ benutzt werden. Seine Anweisungen werden in einer Punktschreibweise formuliert, die typisch für viele objektorientierte Programmiersprachen ist. Diese bilden nämlich die Umgebung im Programm ab. Das bedeutet, dass beispielsweise auch das Objekt Bildschirm im Programm irgendwo wiederzufinden ist. Des Weiteren werden solche Objekte manipuliert, indem ihre Funktionalitäten oder die ihrer Klasse – man sagt zu derartigen Funktionen dann auch Methoden – aufgerufen werden. Dies geschieht in eben dieser Punktschreibweise. Entsprechende Beispiele aus dem Alltag wären etwa:

- Tür.schließen
- Hammer.zuschlagen
- Fenster.öffnen

Oder, wenn zum Beispiel nicht irgendeine Tür gemeint ist, in folgender Form:

- MeinHaus.Tür.schließen

Damit lässt sich nun der Aufruf *System.Console.WriteLine* leichter verstehen. Die Klasse heißt *Console* und gehört zu einer Gruppe namens *System*. Solche Gruppen heißen **Namensraum**, weil sie viele Namen für einen bestimmten Bereich zusammenfassen. Man hätte das Ganze statt *System.Console* beispielsweise aber auch *Computer.EinAusgabegeräte* nennen können. Die Klasse *Console* umfasst den Bildschirm und die Tastatur. Eine ihrer Fähigkeiten heißt *Anzeigen*, und der Aufruf *Computer.EinAusgabegeräte.Anzeigen* lautet für .NET eben *System.Console.WriteLine*. Jetzt wird vielleicht auch verständlich, warum es nicht einfach *WriteLine* heißt. Wer soll denn etwas anzeigen? Wessen Ausgabe soll dazu benutzt werden? Deshalb muss bei .NET alles zu einer Klasse gehören.

Das .NET-Framework besteht aus vielen Namensräumen mit Hunderten von Klassen und ist in einer ganzen Anzahl DLL-Dateien gespeichert. Um den Rahmen dieses Buches nicht zu sprengen, werden daher am Beispiel der wichtigsten Klassen die Grundlagen und die Philosophie von .NET dargestellt, sodass man auch die Definitionen anderer Klassen verstehen und sie einsetzen kann.

VB-Bibliothek
Die Funktion *MsgBox* ist keine Klassenmethode und gehört auch nicht zum «normalen» .NET-Framework, sondern zur Laufzeitbibliothek von Visual Basic. Ihre Anweisungen können ausschließlich in Visual Basic benutzt werden. *MsgBox* öffnet ein Dialogfeld, dessen Aussehen von ihren Parametern bestimmt wird. Die VB-Bibliothek besteht aus einem Namensraum, der *Microsoft.VisualBasic* heißt, und ist in der Datei *Microsoft.VisualBasic.dll* gespeichert. Diese entspricht in etwa der Laufzeitbibliothek früherer VB-Versionen. Dieses Buch hat .NET im Titel, deshalb werden diese Anweisungen nicht beschrieben, wenn das .NET Framework gleichwertige enthält. Letzteren wird dann stets der Vorzug gegeben.

3.3 Das Programmlayout

Quellprogramme müssen sowohl vom Compiler als auch vom Programmierer verstanden werden. Vom Ersten, damit das Programm in eine ausführbare Anwendung übersetzt werden kann, und vom Zweiten, damit Änderungen ausgeführt werden können, ohne zuerst den Code mühselig entziffern und entwirren zu müssen. Das gilt es beim Textlayout einer Quelldatei zu beachten.
Bei der Gestaltung kann man nun keinesfalls seiner Kreativität freien Lauf lassen, denn Visual Basic ist nicht formatfrei, sondern zeilenorientiert. Das heißt, dass prinzipiell zunächst jede Anweisung in einer eigenen Zeile stehen muss. Zu Zeiten, als Basic-Programme noch mit Zeilennummern versehen waren, begannen die Anweisungen auch noch alle am Zeilenanfang. So ein Programm ist aber nicht mehr schnell zu überschauen, wie das folgende Beispiel demonstriert.

```
' Bsp1001.vb
Module Bsp1001
Sub Main()
System.Console.WriteLine("Ich kann VB!")
MsgBox("Programmende")
End Sub
End Module
```

Will man hier die eigentlichen Programmanweisungen, also den Inhalt von *Main*, identifizieren, so muss man schon bei diesem kleinen Programm ein wenig suchen. Deshalb werden die einzelnen Blöcke deutlicher hervorgehoben, wenn Leerzeilen davor und dahinter eingefügt und die Blöcke selber etwas eingerückt werden. Ein Beispiel dafür zeigt die nächste Abbildung.

```
' Bspl001.vb

Module Bspl001

        Sub Main()
Bspl001 Main    System.Console.WriteLine("Ich kann VB!")
                MsgBox("Programmende")
        End Sub

End Module
```

Hier erfasst man auf den ersten Blick das Modul und die Prozedur *Main*.

Wie bereits erwähnt, steht in VB jede Anweisung in einer eigenen Zeile. Das ist der grundsätzliche Aufbau. Wenn aber eine Anweisung sehr lang wird, lässt sich das Programm nicht mehr leicht lesen. Wer schon einmal mit einzelnen langen Codezeilen gearbeitet hat, weiß, was gemeint ist. Hat man nämlich dann den Code waagerecht verschoben, um die Zeile durchzulesen, hat man nicht mehr die kürzeren Zeilen darüber und darunter im Blickfeld. Deshalb kann man lange Zeilen auch in mehrere kürzere aufteilen.

```
' Bspl001.vb

Module Bspl001

    Sub Main()
        System.Console. _
            WriteLine("Ich kann VB!")
        MsgBox("Programmende")
    End Sub

End Module
```

Die markierte Anweisung verläuft hier über zwei Zeilen. Dazu muss jede unvollständige Zeile mit einer bestimmten Zeichenfolge abgeschlossen werden. Diese besteht aus mindestens einem Leerzeichen, dem Unterstrich und einer Zeilenschaltung. Dahinter darf kein Kommentar mehr stehen!

Zur besseren Lesbarkeit sollte man die Fortsetzungszeilen wieder etwas einrücken, am besten nicht ganz so weit wie einen separaten Block.

Auch das Gegenteil ist möglich. Gerade bei kurzen, gleichartigen Anweisungen bietet es sich an, sie in ein und derselben Zeile zu schreiben. Dies zeigt das nächste Beispiel.

```
Module Bsp1001

    Sub Main()
        System.Console.WriteLine("Ich kann VB!")
        MsgBox("Programmende")
    End Sub : End Module
```

In diesem Fall wird zwischen den einzelnen Anweisungen ein Doppelpunkt gesetzt. Dieses Verfahren lässt sich aber nicht bei allen Anweisungen anwenden. Ein Prozeduranfang und die erste Anweisung müssen nämlich in einer eigenen Zeile stehen.

> *Hinweis*:
> Das gezeigte Beispiel soll nur die Technik demonstrieren und ist keine Empfehlung, denn gerade die Blockenden sollten in separaten Zeilen stehen. Nur so bleibt der Code übersichtlich.

Schreibt man mehrere Anweisungen in eine Zeile, so bringt dies nicht nur Vorteile. Enthält das Programm in genau dieser Zeile nämlich Fehler, so kann der Compiler nicht mehr angeben, welche Anweisung dafür verantwortlich ist. Lediglich die fehlerhafte Zeile kann er monieren. Also sollte man von dieser Möglichkeit nur selten Gebrauch machen.

Kommentare

Ein anderer wichtiger Punkt beim Codelayout sind die Kommentare. Obwohl von vielen Programmierern meistens als lästig empfunden, sind sie doch ein wichtiger Programmbestandteil. Auch sich selbst tut man nur einen Gefallen, wenn man seinen Code ausreichend durch Kommentare dokumentiert. So kann man auch nach Monaten oder Jahren noch schnell nachvollziehen, was man einmal geschrieben hat. Die folgende Abbildung zeigt ein Beispiel für eine Codedokumentation durch Kommentare.

```
' Name:               Bsp1001.vb
' Aufgabe:            Demonstration des Programmaufbaus
' Erstellt:           3.10.2003
' Programmierer:      H. Mustermann
' Letzte Änderung:

' Hauptmodul
Module Bsp1001

    ' Startpunkt
    Sub Main()
        System.Console.WriteLine("Ich kann VB!")
        MsgBox("Programmende")
    End Sub    ' Main

End Module    ' Bsp1001
```

Zu Beginn eines Programms sollte man übergreifende, allgemeine Angaben festhalten, wie den Dateinamen, den Sinn und Zweck des Programms, seinen Erstellungs- und Änderungszeitpunkt, den Programmierer usw.

Vor jedem Block ist eine kurze Beschreibung angebracht. Diese sollte allgemein angeben, was dieser Programmteil macht und wozu er da ist, nicht, welche Anweisungen er ausführt. Anders gesagt, sollte man nicht den Code in Umgangssprache wiederholen, sondern die Anforderung bzw. Aufgabenstellung darstellen.

Auch die Blockenden werden üblicherweise im Kommentar mit ihrem Namen gekennzeichnet, damit man auch in längeren Code-Listings nicht die Orientierung verliert.

Wenn ein Programm komplizierte Formeln, unübliche Anweisungsfolgen oder «Programmierertricks» enthält, dann sollte es selbstverständlich sein, diese dann ausreichend in Kommentaren zu erläutern.

Im Buch wird auf solche Kommentare weitgehend verzichtet. Einerseits geschieht dies aus Platzgründen und andererseits werden die Beispiele ja ausreichend im Text beschrieben.

3.4 Von VB 6 nach .NET

An dieser Stelle soll Umsteigern von VB 6 kurz beschrieben werden, was mit VB .NET auf sie zukommt. Allerdings ist die Sprache einer so umfangreichen Überarbeitung unterzogen worden, dass dies nur ein grober Überblick über die allerwichtigsten Änderungen sein kann. Die folgende Aufstellung vermittelt aber vielleicht dennoch einen Eindruck von der Philosophie von VB .NET.

- Bei *Dim n, m As Integer* sind nun beide vom Typ *Integer*; *Variant* wird nicht mehr unterstützt, dafür jetzt *Object*.
- *Integer* heißt jetzt *Short*, *Long* heißt *Integer* und ein neuer Typ *Long* ist hinzugekommen.
- Die Deklaration von Zeichenketten fester Länge wird nicht mehr unterstützt.
- *Def...* und *Currency* werden nicht mehr unterstützt, dafür *Decimal* neu.
- Der Gültigkeitsbereich von Variablen ist immer auf ihren Block beschränkt.
- *As Any* wird nicht mehr unterstützt.
- *Option Base* wird nicht mehr unterstützt; die Untergrenze von Arrays lautet immer 0.
- Arrays haben keine feste Größe mehr, nur ihre Dimension ist unveränderbar.
- *Let* und *Set* werden nicht mehr unterstützt; das neue *Set* hat eine andere Bedeutung.
- Zeichenformatierungen für Datum/Uhrzeit, Zahlen und Zeichenketten werden teilweise nicht mehr unterstützt.
- *Eqv* und *Imp* werden nicht mehr unterstützt; stattdessen müssen der Operator = und der Ausdruck *(Not X) Or Y* benutzt werden.
- *GoSub, On ... GoSub* und *On ... GoTo* werden nicht mehr unterstützt.
- *Return* wird in *Sub* und *Function* benutzt.
- *While ... Wend* wurde zu *While ... End While.*
- Parameter sind standardmäßig, *ByVal-* und *ByRef*-Parameter werden auch zurückgegeben.
- Optionale Prozedurparameter müssen einen Standardwert besitzen.
- *Static*-Variablen müssen einzeln deklariert werden.

- Die Funktionen *Date, Date$, Time, Time$, Now* und *Timer* sind durch andere Aufrufe ersetzt worden.
- *Variant*-Versionen von Funktionen werden nicht mehr unterstützt.
- Viele Funktonen sind durch Methoden aus dem .NET ersetzt worden.
- *Type ... End Type* wird zu *Structure ... End Structure.*
- Standardmember müssen ein oder mehrere Argumente benutzen.
- *Property Let, Property Get* und *Property Set* werden nicht mehr unterstützt.
- Aus *Empty* und *Null* wurde *Nothing.*
- Die Dateibehandlung ist um den Namensraum *System.IO* erweitert worden.
- *Initialize* wird durch *Sub New* ersetzt.
- *Option Private Module* wird nicht mehr unterstützt.
- *Scale* wird nicht mehr unterstützt.
- Statt *Terminate* muss *Sub Dispose* und *Sub Finalize* benutzt werden.

3.5 Zusammenfassung

- VB-Programme haben die Dateiendung *VB.*
- VB ist «case insensitive». Das heißt, es wird nicht zwischen Groß- und Kleinschreibung unterschieden. Aus Kompatibilitätsgründen sollte man sich aber unbedingt an eine vorgegebene Schreibweise halten.
- Kommentare werden durch das Schlüsselwort *REM* oder einen Apostroph (') eingeleitet. Beides wirkt bis zum Ende der aktuellen Zeile. Sollen mehrere Zeilen auf einmal als Kommentar geschrieben werden, muss jede Zeile in dieser Weise beginnen.
- Module sind benannte Programmbausteine. Sie enthalten unter anderem die auszuführenden Anweisungen und beginnen mit dem Schlüsselwort *Module,* gefolgt von einem eindeutigen Namen. Ihr Ende wird durch *End Module* gekennzeichnet.
- *Main* muss in jedem ausführbaren Programm genau einmal vorkommen. Als Prozedur wird ihr Anfang und Ende durch *Sub* und *End Sub* gekennzeichnet.
- VB .NET hat nicht nur ein, sondern zwei «Standbeine»: die «normale» .NET-Bibliothek und die VB-Bibliothek. Das heißt, dass im Ge-

gensatz zu den Vorversionen mehrere DLLs zur Laufzeit benutzt werden.

- *System.Console.WriteLine* ist eine Anweisung des .NET für die Konsolenausgabe. Die Bezeichnung setzt sich aus dem Namensraum *System*, der Klasse *Console* und der Methode *WriteLine* zusammen. Die Klasse *System.Console* unterstützt die Ausgabe und Eingabe von Daten über Bildschirm und Tastatur.
- *MsgBox* ist eine VB-Anweisung für die Ausgabe mit grafischer Oberfläche. Sie gehört zum Namensraum *Microsoft.VisualBasic*.
- VB ist keine formatfreie Sprache, das heißt, es gelten bestimmte, verbindliche Regeln für das Layout des Codes.
- Das Ende einer Anweisung wird durch das Zeilenende markiert. Soll eine Anweisung in der nächsten Zeile fortgesetzt werden, muss sie durch mindestens ein Leerzeichen, gefolgt vom Unterstrich und einer Zeilenschaltung, abgeschlossen werden. Dem darf dann kein Kommentar mehr folgen! Soll einer Anweisung in einer Zeile eine weitere folgen, dann muss dazwischen ein Doppelpunkt stehen.
- Damit der Code besser zu überschauen ist, wird der Inhalt von Blöcken wie Modulen, Prozeduren, Funktionen und anderen etwas eingerückt.

3.6 Übung

Aufgabe 4

Experimentieren Sie in *Bspl001* in der *WriteLine*-Anweisung mit dem Zeilenumbruch. In wie viele (nicht leere) Zeilen lässt sich die Anweisung schreiben?

4 Mit Daten arbeiten

Wie andere Programmiersprachen auch, kann VB mit Informationen umgehen, die als Zahlen, Datumsangaben oder Zeichenketten vorliegen können. In diesem Kapitel werden diese unterschiedlichen Datentypen besprochen. Es erläutert, wie sie eingegeben, gespeichert und wieder ausgegeben werden können.

4.1 Dialoge programmieren

Im vorherigen Kapitel wurden bereits zwei Möglichkeiten gezeigt, wie Daten ausgegeben werden können. Dies soll nun etwas genauer beschrieben werden. Zusätzlich wird demonstriert, wie über die Tastatur bei Anwendungen ohne grafische Oberfläche Daten eingegeben werden können. Dies ermöglicht dann für die weiteren Beispiele vollständige Dialoge.

4.1.1 Daten ausgeben

Für die Ausgabe von Daten in einem *Eingabeaufforderung*-Fenster stehen zwei Anweisungen zur Verfügung. Diese sind so flexibel, dass keine weiteren mehr gebraucht werden. Sehen wir uns dazu das folgende Programm einmal im Einzelnen an.

```
' Bspl002.vb

Module MeinErstes                                        '(1)
   Sub Main()                                            '(2)
      System.Console.Write("Hallo Leute,")               '(3)
      System.Console.WriteLine( _
        " ich kann VB!")                                 '(4)
      System.Console.Write( _
```

```
        "Damit kann man schreiben" & Chr(10))          '(5)
       System.Console.WriteLine("und rechnen:")
       System.Console.WriteLine( _
        "5 * 7 =" & Chr(9) & Chr(9) _
        & 5 * 7)                                      '(6)
       ' MsgBox("Programmende")                       '(7)
    End Sub                                           '(8)
End Module                                            '(9)
```

Die Ausgabe dieses Beispiels sieht dann so aus:

```
Hallo Leute, ich kann VB!
Damit kann man schreiben
und rechnen:
5 * 7 = 35
```

(1) Das Modul heißt dieses Mal *MeinErstes*. Diese Namensschreibweise ist typisch für moderne Programmiersprachen. Man fügt einfach alle Wörter einer Bezeichnung zu einem Wort zusammen und schreibt dabei jeden Wortanfang mit einem Großbuchstaben. So lässt es sich einfach leichter lesen.

(2) *Main* darf natürlich nicht fehlen.

(3) Hier erfolgt die Ausgabe mit der im vorherigen Kapitel bereits erwähnten Methode *Write* der Klasse *Console* aus dem Namensraum *System*. Diese Methode gibt die Daten – hier eine Zeichenkette – aus, die ihr als Parameter in Klammern eingegeben werden. Nach der Ausgabe erfolgt kein Zeilenvorschub. Das heißt, alle nachfolgenden Ausgaben beginnen direkt hinter dem letzten, gerade geschriebenen Zeichen.

(4) Statt der Methode *Write* wird hier *WriteLine* aufgerufen. Sie unterscheidet sich von *Write* dadurch, dass sie nach der Datenausgabe am Bildschirm noch einen Zeilenvorschub anfügt. Der Cursor steht danach also in einer neuen Zeile, während er bei *Write* hinter dem letzten Zeichen steht. Man kann diese Methode auch benutzen, um eine Leerzeile zu erzeugen. Dazu wird einfach der Parameter weggelassen (d.h. *System.Console.WriteLine()*). Durch die Kombination aus Leerstelle, Unterstrich und Zeilenschaltung wird hier die Anweisung auf zwei Zeilen verteilt.

(5) Zeilenvorschübe können auch erzeugt werden, indem man direkt das entsprechende Steuerzeichen erzeugt und ausgibt. Dazu wird

die Funktion *Chr* (engl. **Chara**cter) aus der VB-Bibliothek benutzt. Ihr Parameter 10 entspricht dem Codewert des Steuerzeichens *LF* (**L**ine **F**eed), das für Zeilenvorschübe verantwortlich ist. Die Funktion erzeugt dieses Zeichen, das dann an die Stelle des Ausdrucks *Chr(10)* tritt. Durch das Zeichen & wird es mit der vorhergehenden Zeichenkette «verschweißt». Im Zusammenhang mit Zeilenvorschüben tritt auch häufig der Codewert 13 auf. Er steht für das Steuerzeichen *CR* (**C**arriage **R**eturn), das die Schreibmarke zurück an den Zeilenanfang setzt. Um absolut sicherzugehen, dass die Schreibmarke am Anfang einer neuen Zeile steht, wird auch oft die Kombination *Chr(13) & Chr(10)* verwendet.

(6) *Write* bzw. *WriteLine* kann nicht nur eine einzelne Zeichenkette, sondern auch gleich mehrere hintereinander ausgeben. Dazu werden die einzelnen Bestandteile der Ausgabe durch den Operator & verknüpft. Hier geschieht das zum Beispiel mit den Steuerzeichen für Tabulationen, die wieder durch die Funktion *Chr* erzeugt werden. Dieses *«und»* bedeutet, dass zwei Texte direkt aneinander gehängt werden. Außerdem ist man nicht auf Zeichenketten beschränkt, sondern kann beispielsweise auch Rechenergebnisse ausgeben (hier: *5*7*). In dieser Zeile sehen Sie einen weiteren der vielen Operatoren, die VB bereitstellt. Es handelt sich hier um den Multiplikationsoperator (*). Für die Grundrechenarten bietet VB noch die Zeichen + zum Addieren, - zum Subtrahieren und / zum Dividieren. Für das Potenzieren wird in VB das Zeichen ^ benutzt und für den Spezialfall der Ganzzahldivision der umgekehrte Schrägstrich \. Die Vielzahl der Operatoren ist eine Stärke von VB. Sie werden im Laufe des Buches noch an vielen Stellen von ihnen Gebrauch machen.

(7) Wer will, kann hier und in allen folgenden Beispielen die Meldung für das Programmende aus *Bspl001* einfügen. Dadurch bleibt das Eingabeaufforderung- bzw. Konsolenfenster auch dann geöffnet, wenn man das Programm aus dem Arbeitsplatz startet. Hier ist diese Anweisung noch einmal als Kommentar eingefügt. In allen weiteren Beispielen wird im Buch jedoch darauf verzichtet.

(8) *Main* wird wieder korrekt abgeschlossen.

(9) Ebenso wird der Block der Moduldefinition abgeschlossen. In größeren Programmen dürfen ihr nur noch Kommentare und weitere Blockdefinitionen folgen.

Write und *WriteLine* können immer nur einen Wert ausgeben, deshalb müssen mehrere also stets zusammengebaut werden, was hier durch den so genannten Verkettungsoperator & erledigt wird.

Steuerzeichen

Mit der Funktion *Chr* sind im Beispielprogramm Steuerzeichen für Zeilenvorschübe und Tabulationen erzeugt worden. Für diesen Zweck muss man aber genau den Zeichencode kennen, der dazu als Parameter einzusetzen ist. Damit diese nicht immer nachgeschlagen werden müssen, definiert VB diese Steuerzeichen auch als feste Werte, die unter einem Namen abrufbar sind. Diese können alternativ zur Funktion *Chr* verwendet werden. So kann man statt

```
System.Console.Write("Damit kann man schreiben" & Chr(10))
```

eine der folgenden beiden Anweisungen benutzen:

```
System.Console.Write("Damit kann man schreiben" _
& ControlChars.Lf)
System.Console.Write("Damit kann man schreiben" & vbLf)
```

Alle drei erzeugen genau den gleichen Effekt. Die folgende Tabelle führt die wichtigsten Steuerzeichen und ihre Namen auf.

Aufgabe	Konstanten	Chr-Ausdruck
Zeilenwechsel	ControlChars.CrLf vbCrLf ControlChars.NewLine vbNewLine	Chr(13) & Chr(10)
Wagenrücklauf	ControlChars.Cr vbCr	Chr(13)
Zeilenvorschub	ControlChars.Lf vbLf	Chr(10)
Tabulator	ControlChars.Tab vbTab	Chr(9)
Rückschritt	ControlChars.Back vbBack	Chr(8)
Anführungszeichen	ControlChars.Quote	Chr(34)

Das Namensschema besteht aus den Präfixen *vb* bzw. *ControlChars,* gefolgt von den Abkürzungen für Carriage Return (*Cr*), Line Feed (*Lf*), *NewLine*, Tabulation (*Tab*), Backspace (*Back*) und *Quote*.

> *Anmerkung*:
> Die Steuerzeichen für Zeilenvorschübe können plattformabhängig sein. Um ganz sicher die richtigen Codes zu verwenden, kann man in Programmen auch *Environment.NewLine* benutzen. Dadurch wird immer die jeweils gültige Sequenz vom Betriebssystem abgefragt und eingesetzt.

4.1.2 Daten eingeben

Die Klasse *System.Console* verfügt auch über Funktionalitäten zur Dateneingabe. Sowohl ein einzelner Tastenanschlag als auch ganze Wörter und Sätze können dabei eingegeben werden. Wie das funktioniert, sehen Sie im nächsten Beispiel.

```
' Bsp1003

Option Explicit On                                          '(1)
Module Bsp1003
   Sub Sub Main()
      Dim wert As Integer                                   '(2)
      Dim text As String                                    '(3)
      System.Console.Write(Chr(10) & _
       "Bitte Text eingeben + RETURN drücken: ")
      text = System.Console.ReadLine()                      '(4)
      System.Console.Write(Chr(10) & _
       "Bitte eine Taste + RETURN drücken: ")
      wert = System.Console.Read()                          '(5)
      System.Console.WriteLine("Tastencode: " _
       & wert)                                              '(6)
      System.Console.WriteLine("Text: " & text)
   End Sub
End Module
```

Wenn Sie bei der Eingabeaufforderung beispielsweise den Text *Hallo Leute!* eingeben und anschließend die Taste <A> drücken, druckt das Programm die folgenden Zeilen aus:

```
Bitte Text eingeben + RETURN drücken: Hallo Leute!
```

```
Bitte eine Taste + RETURN drücken: A
Tastencode: 65
Text: Hallo Leute!
```

Neu in diesem Programm sind die Benutzung zweier Variablen – das sind Speicherplätze für Daten – sowie die Eingabe von Daten mithilfe von *Read* und *ReadLine*.

(1) Diese Anweisung gehört zu den wenigen, die nicht nur außerhalb eines Modulblock stehen dürfen, sondern sogar unbedingt am Anfang der Datei stehen müssen, wenn sie benutzt werden. Durch *Option Explicit* wird geregelt, wie im Programm Variablen festgelegt werden dürfen. Die Einstellung *On* bewirkt, dass für jede Variable genau ihr Name und ihr Typ – das heißt, welche Art Daten sie speichern soll – festgelegt werden muss, bevor sie verwendet werden kann. Die Einstellung *Off* ermöglicht, dass Variablen automatisch erzeugt werden können, sobald sie benutzt werden. Das mag zwar praktisch klingen, führt aber zu beträchtlichen Problemen, sobald die Programme nur etwas größer werden. So wird bei Tippfehlern im Variablennamen beispielsweise einfach eine weitere Variable erzeugt, ohne dass das sofort auffällt. *Option Explicit On* ist zwar die Standardeinstellung, auch wenn sie nicht benutzt wird; gut dokumentierte Programme sollten aber stets auch derartige Anweisungen enthalten. Wer weiß außerdem, ob ein anderer oder zukünftiger VB-Compiler nicht mit der Einstellung *Off* als Standard arbeitet?

(2) Bevor man hier also jetzt eine Variable verwenden kann, muss man dem Compiler mitgeteilt haben, welche Art von Daten sie speichert (*Integer*) und wie sie heißen soll (*wert*). Dies erledigt die Anweisung *Dim*. Sie erzeugt hier eine Variable namens *wert*, in der ganze Zahlen gespeichert werden können. VB bietet die auch in anderen Sprachen üblichen Typen wie zum Beispiel *Integer* für ganze Zahlen oder *Decimal* für Dezimalzahlen. Die Deklaration muss immer vor der Stelle erfolgen, an der die Variable das erste Mal genutzt, sprich ihr ein Wert zugewiesen wird. VB erlaubt die Deklaration an beliebiger Stelle im Programm und nicht nur zu Beginn eines Blocks. Die Deklaration kann also auch möglichst nah an der Stelle erfolgen, an der die Variable benötigt wird. Es ist also auch eine Schreibweise wie im folgenden Programm möglich.

```
' Bsp1003

Option Explicit On

Module Bsp1003
    Sub Sub Main()
        System.Console.Write(Chr(10) & _
         "Bitte Text eingeben + RETURN drücken: ")
        Dim text As String
        text = System.Console.ReadLine()
        System.Console.Write(Chr(10) & _
         "Bitte eine Taste + RETURN drücken: ")
        Dim wert As Integer
        wert = System.Console.Read()
        System.Console.WriteLine("Tastencode: " _
         & wert)
        System.Console.WriteLine("Text: " & text)
    End Sub
End Module
```

Sie sollten jedoch berücksichtigen, dass ein Zusammenfassen der Variablendeklarationen an einem einzigen Ort die Übersicht über das Programm erhöht. Eine ausführliche Beschreibung der verschiedenen Variablentypen finden Sie in Kapitel 4.3.

(3) Die zweite Variable heißt *text* und soll Text speichern können, also Wörter und Sätze. Dafür wird der Typ *String* verwendet.

(4) Sie sehen hier eine Zuweisung. Der Variablen *text* auf der linken Seite wird ein Wert zugewiesen, und zwar das Ergebnis des Ausdrucks *System.Console.ReadLine()*. Die Methode *ReadLine* (deutsch: *LiesZeile*) der Klasse *Console* übernimmt so lange Eingaben, bis eine der Tasten <RETURN> oder <ENTER> gedrückt wird. Dadurch können ganze Sätze in *text* gespeichert werden. Die letztgenannten Abschlusstasten werden zwar eingelesen, aber nicht mit gespeichert.

(5) Auch das Ergebnis des Ausdrucks *System.Console.Read()* wird gespeichert. Diese Methode liest aber nur einen einzigen, nämlich den ersten Tastenanschlag, muss aber auch mit <RETURN> oder <ENTER> beendet werden. Diese Tasten werden dann nicht mehr eingelesen! Gespeichert wird hier aber nicht das Zeichen selbst, sondern sein Codewert. Das ist immer eine ganze Zahl und genau der Wert, den die Funktion *Chr* benutzt, um das Zeichen zu erzeugen.

(6) Werden Variablen in einem Ausdruck verwendet, in dem sie nicht auf der linken Seite eines Gleichheitszeichens stehen, so wird stets ihr Inhalt eingesetzt. Hier wird also der Codewert mit der Zeichenkette «verschweißt» und ausgegeben.

> *Hinweis*:
> Wenn Sie die Reihenfolge der Anweisungen mit *Read* und *Readline* vertauschen, funktioniert das Programm nicht richtig! Die <RETURN>-Taste von *Read* wird ja nicht mit eingelesen und landet dann beim *ReadLine*, wo sie diese Eingabe sofort beendet.

4.2 Namen importieren

Sind Sie es schon leid, immer *System.Console...* zu schreiben? Das folgende Beispiel zeigt, wie man das etwas abkürzen kann. Dazu verwendet es eine *Imports*-Klausel. Sie ist ebenfalls eine der bereits erwähnten Ausnahmen, die außerhalb von Modulblöcken erlaubt sind.

```
' Bsp1003a.vb

Option Explicit On

Imports System                                              '(1)

Module Bsp1003a
    Sub Sub Main()
        Dim wert As Integer
        Dim text As String
        Console.Write(Chr(10) & _
         "Bitte Text eingeben + RETURN drücken: ")          '(2)
        text = Console.ReadLine()
        Console.Write(Chr(10) & _
         "Bitte eine Taste + RETURN drücken: ")
        wert = Console.Read()
        Console.WriteLine("Tastencode: " & wert)
        Console.WriteLine("Text: " & text)
    End Sub
End Module
```

(1) In der Markierung wird mithilfe von *Imports* ein so genannter Namensraum angegeben. Ein Namensraum ist quasi der Familien-

name mehrerer zusammengefasster Klassen, der im vollständigen Namen immer zuerst aufgeführt wird. Bei unserer Klasse *System.Console* handelt es sich also genau genommen um die Klasse *Console* im Namensraum *System*.

(2) Ist ein Namensraum nun per *Imports* im Programm angegeben, dann reicht in Anweisungen der einfache Name aus Klasse und Methode. Dies ist möglich, weil durch *Imports* alle zum Namensraum gehörenden Namen nun bekannt sind und der Compiler daher weiß, wozu die Methode *Console.WriteLine* gehört. Man kann sich das etwa so vorstellen, als ob durch *Imports* ein Stichwortverzeichnis für den angegebenen Namensraum erstellt würde.

Mit *Imports* lassen sich noch weitere Vereinfachungen erzielen, wie das nächste Beispiel demonstriert.

```
' Bspl003b.vb

Option Explicit On

Imports System.Console                                  '(1)
Imports Microsoft.VisualBasic                           '(2)

Module Bspl003b
   Sub Sub Main()
      Dim wert As Integer
      Dim text As String
      Write(Chr(10) & _
       "Bitte Text eingeben + RETURN drücken: ")        '(3)
      text = ReadLine()
      Write(Chr(10) & _
       "Bitte eine Taste + RETURN drücken: ")
      wert = Read()
      WriteLine("Tastencode: " & wert)
      WriteLine("Text: " & text)
   End Sub
End Module
```

(1) In der Markierung wird mithilfe von *Imports* dieses Mal eine Klasse angegeben.

(2) Diese zweite *Imports*-Anweisung gibt den Namensraum für die VB-Bibliothek an. Er heißt *Microsoft.VisualBasic*.

(3) Ist eine Klasse nun per *Imports* im Programm angegeben, dann

reicht in Anweisungen jetzt der einfache Methodenname aus. Dies ist möglich, weil durch *Imports* nun alle zur Klasse gehörenden Namen bekannt sind – allerdings auch nur diese – und der Compiler daher weiß, wozu die Methode *WriteLine* gehört. Das funktioniert natürlich nur so lange, wie keine zweite Klasse mit gleich lautender Methode verwendet wird. Für die Funktion *Chr* ergibt sich keine Abkürzung, da sie zu keiner Klasse gehört. Man erspart sich jedoch durch die *Imports*-Klausel in (2) den entsprechenden Compilerschalter (siehe Kapitel 2.2.2) in der Befehlszeile, der sonst durch diese Funktion nötig ist.

Aliasnamen

Die *Imports*-Anweisung kann nicht nur alle Namen eines Namensraumes oder eines Elementes importieren, sondern erlaubt auch, Synonyme festzulegen, die kürzer oder einprägsamer sind. Dies zeigt das nächste Beispiel. Es verwendet den Wert *ControlChars.Lf* für Zeilenvorschübe und definiert für *ControlChars* die Abkürzung *CC*.

```
' Bspl003c.vb

Option Explicit On

Imports System.Console
Imports CC = Microsoft.VisualBasic.ControlChars          '(1)

Module Bspl003c
   Sub Main()
      Dim wert As Integer
      Dim text As String
      Write(CC.Lf & _
       "Bitte Text eingeben + RETURN drücken: ")          '(2)
      text = ReadLine()
      Write(CC.Lf & _
       "Bitte eine Taste + RETURN drücken: ")
      wert = Read()
      WriteLine("Tastencode: " & wert)
      WriteLine("Text: " & text)
   End Sub
End Module
```

(1) Durch diese Form der *Imports*-Anweisung wird ein anderer Name festgesetzt. Der neue Name steht dabei vor dem Gleichheits-

zeichen. Hinter ihm muss die volle Bezeichnung stehen, und da *ControlChars* zur VB-Bibliothek *Microsoft.VisualBasic* gehört, lautet er *Microsoft.VisualBasic.ControlChars.*

(2) Neue Namen müssen dann auch benutzt werden, denn durch (1) werden die Namen nicht mehr importiert, sondern nur durch einen anderen ersetzt.

Die *Imports*-Klausel erfüllt also zwei Aufgaben. Erstens lassen sich die .NET-Anweisungen kürzer formulieren, und zweitens lässt sich der Compiler einfacher aufrufen. Sie stehen stets vor Modulen und nach *Option*-Deklarationen. In einer *Imports*-Klausel lassen sich dabei auch mehrere Namensräume und Klassen aufführen, beispielsweise

```
Imports System.Console, Microsoft.VisualBasic
```

In der Entwicklungsumgebung können die *Imports* übrigens auch in den *Eigenschaftenseiten* des Projektes unter *Allgemeine Eigenschaften/Importe* eingetragen werden. Dies wird teilweise auch automatisch gemacht, weshalb beispielsweise die Klausel *Imports Microsoft.VisualBasic* in Programmen nicht zwingend erforderlich ist, solange man in der Entwicklungsumgebung arbeitet. In einem gut dokumentierten Code sollte man jedoch immer die *Imports*-Klausel vorziehen.

> *Hinweis*:
> Alle Bibliotheksklassen des Namensraums *System* sind in der Datei *mscorlib.dll* enthalten, und die VB-Bibliothek heißt *Microsoft.VisualBasic.dll.* Durch *Imports* wird die zugehörige Datei ganz oder teilweise importiert.

4.3 Variablen und Konstanten

Bereits im letzten Kapitel wurde der Begriff Variable kurz angesprochen. In diesem Kapitel wird er nun ausführlich behandelt.

VB kennt eine ganze Reihe von Variablentypen, die auf ein jeweils spezielles Aufgabengebiet zugeschnitten sind. Einer der Grundtypen ist beispielsweise *Integer,* der zur Speicherung von ganzen Zahlen dient. Daneben werden noch Typen benutzt, die als Klassen definiert sind. So werden Zeichenketten als *String*-Objekte gespeichert. In den folgenden Kapiteln werden Sie die einzelnen Variablentypen genauer kennen lernen.

4.3.1 Variablennamen

Variablen erhalten einen eindeutigen Namen. Diese müssen nach ganz bestimmten Regeln aufgebaut sein. Die Namen von Variablen können in VB sehr lang sein, nämlich bis zu 1.023 Zeichen. Diese Angabe gilt für die Länge des gesamten Namens inklusive eventuellem Namensraum- und Klassennamen! Bei der Vergabe eines Namens für eine Variable ist folgendes zu beachten:

- Gültige Zeichen sind A–Z, a–z, 0–9 und der Unterstrich (_). Umlaute (ä, ö, ü etc.) sind als Bestandteile von Variablennamen erlaubt, denn VB benutzt Unicode!
- Groß- und Kleinschreibung ist nicht von Bedeutung. Daher sind die Namen *Summe, summe* und *SUMME* ein und derselbe Variablenname.
- Variablennamen dürfen nicht mit einer Ziffer beginnen.
- Wenn Variablennamen mit einem Unterstrich beginnen, muss mindestens noch ein Zeichen folgen.
- Die Schlüsselwörter von VB (*Dim, As, Do* etc.) können nicht direkt als Variablennamen verwendet werden. Sie dürfen jedoch Bestandteil eines Variablennamens sein (*Do_Tag*). Soll ein Schlüsselwort unbedingt als Variablenname verwendet werden, so ist es in eckige Klammern einzuschließen (z.B. [As]).

Üblicherweise werden Variablennamen mit großem Anfangsbuchstaben geschrieben. Im Folgenden sehen Sie einige gültige Beispiele:

Summe
Xyz
Switch_8
Ein_sehr_langer_Name
SummeDerKunden

Visual Basic unterscheidet nicht zwischen der Groß- und Kleinschreibung. Wenn jedoch Komponenten, die in anderen Programmiersprachen verfasst wurden, auf VB-Programmteile zugreifen, spielt die Schreibweise sehr wohl eine Rolle. Deshalb passt der Editor der Entwicklungsumgebung die Namen automatisch so an, dass sie stets gleich geschrieben sind. Auch als VB-Programmierer sollte man sich darum angewöhnen, Namen immer in ein und derselben Schreibweise zu verwenden.

> *Hinweis*:
> Früher benutzten Programmierer bei Variablennamen häufig den Unterstrich (*Ein_langer_variablenname*), um sie besser lesen zu können. Heute wird eher eine gemischte Groß- und Kleinschreibung (*MeinSehrLangerUndAuchGutLesbarerName*) bevorzugt, die auch Pascal-Schreibweise genannt wird.

4.3.2 Ganze Zahlen

Ganzzahlvariablen dienen der Aufnahme von Zahlen ohne Nachkommateil, wie zum Beispiel 4711, 0 oder -1000000. Da die Größe einer Ganzzahl stark schwanken kann, je nachdem, ob zum Beispiel das Alter einer Person oder die Anzahl der Einwohner eines Landes gespeichert werden soll, bietet VB verschiedene Arten von Ganzzahlvariablen an. Diese unterscheiden sich darin, wie groß (bzw. klein) die Zahl sein darf, die man in ihr speichern kann. Das folgende Programm benutzt eine Ganzzahlvariable, um einen Wert von der Tastatur einzulesen.

```
' Bsp1004.vb

Option Explicit On

Imports System
Imports Microsoft.VisualBasic

Module Bsp1004
   Sub Main()
      Dim X As Short                                  '(1)
      Dim Faktor As Short = 2                         '(2)
      Console.Write(Chr(10) & _
       "Bitte X eingeben : ")
      X = Console.ReadLine()                          '(3)
      Console.WriteLine("Der Wert von X ist " & X)
```

```
        Console.WriteLine(X & " x " & Faktor _
         & " = " & X * Faktor)                          '(4)
    End Sub
End Module
```

Starten Sie das Programm und geben Sie eine Zahl, zum Beispiel 99 ein. Die Ausgabe sieht dann so aus:

```
Bitte X eingeben : 99
Der Wert von X ist 99
99 x 2 = 198
```

Nun zum Programm:

(1) Hier wird eine Variable *X* vom Typ *Short* deklariert. Dieser ermöglicht es, ganze Zahlen zu speichern. Welchen Wert *X* zu Beginn haben soll, wird offen gelassen. Deshalb weist der Compiler ihr den Wert 0 zu. So verfährt er mit allen numerischen Variablen, wenn der Programmierer nichts anderes festlegt.

(2) Eine zweite Variable des gleichen Typs wird hier angelegt. Durch den Zusatz «= 2» wird ihr der Startwert 2 zugewiesen. Diese Zuweisung nennt man auch *Initialisierung* und den konstanten Wert 2 auch *Literal*.

(3) Wie in *Bspl003.vb* erfolgt hier die Eingabe.

(4) Es soll das Produkt aus der eingegebenen Zahl und dem *Faktor* berechnet und angezeigt werden. Dabei soll auch die Aufgabenstellung, hier *99 x 2*, in der Anzeige erscheinen. Deshalb werden als Parameter von *WriteLine* die Variable *X*, die Zeichenkette *« x »*, die Variable *Faktor*, die Zeichenkette « = » und der Berechnungsausdruck *X * Faktor* miteinander verkettet. Auch ein solcher Ausdruck hat einen Datentyp, der sich aus den beteiligten Variablentypen herleitet. Da es sich hier beide Male um den Typ *Short* handelt, hat auch das Ergebnis dieser Berechnung den Typ *Short*.

Die obige Anzeige des Programms ist genau das, was von ihm erwartet wird. Geben Sie aber einen Text ein, beispielsweise *Hallo*, dann sieht das ganz anders aus. Es tritt dann ein Fehler auf, der auszugsweise folgende Informationen enthält:

```
Bitte X eingeben : Hallo
Unbehandelte Ausnahme: ... Die Eingabezeichenfolge hat das
falsche Format.
...
at ... Bspl004.vb:line 14
```

Der Fehler wird also dadurch verursacht, dass in der Anweisung (3) eine Zeichenkette in *X* gespeichert werden soll. Worin besteht das Problem nun genau?
Nun, die Eingabemethode *ReadLine* liefert nun nicht einmal eine Zahl und ein anderes Mal eine Zeichenkette, sondern immer eine Zeichenkette, also den Typ *String*. Wenn nun eine Zahl als Zeichenkette eingegeben wird, dann kann VB diese einfach in einen echten numerischen Wert umwandeln, jedoch nicht, wenn Buchstaben eingetippt wurden. Das Problem besteht also nicht in der Eingabe, sondern in der Umwandlung! Durch wenige Änderungen lässt sich dies beheben, wie das nachstehende Beispiel zeigt.

```
' Bspl004a.vb

Option Explicit On

Imports System
Imports Microsoft.VisualBasic

Module Bspl004a
    Sub Main()
        Dim X As Short
        Dim Faktor As Short = 2
        Dim S As String                                  '(1)
        Console.Write(Chr(10) & _
         "Bitte X eingeben : ")
        S = Console.ReadLine()                           '(2)
        X = Val(S)                                       '(3)
        Console.WriteLine("Der Wert von X ist " & X)
        Console.WriteLine(X & " x " & Faktor _
         & " = " & X * Faktor)
    End Sub
End Module
```

(1) Den Typ *String* haben Sie bereits kurz kennen gelernt. Er entspricht Zeichenketten und wird hier benötigt, um die Eingabe von der

Tastatur ohne Umwandlungen aufzunehmen. Von dort können nämlich nur alphanumerische Daten eingegeben werden. Auch Zahlen wie beispielsweise 55 erscheinen als Text «55».

(2) Die Eingabe wird nun in der Variablen *S* gespeichert. Diese kann nun jede Eingabe aufnehmen, sodass hier kein Fehler mehr auftreten kann.

(3) Um die Daten als Zahlen verarbeiten zu können, müssen sie in einen numerischen Typ umgewandelt werden. Dazu dient hier die Funktion *Val* der VB-Bibliothek. Sie wandelt jede Ziffernfolge, auch wenn sie Leerstellen und Nachkommastellen enthält, in eine Zahl um. Dies geht natürlich nur, solange im Text keine Buchstaben oder Sonderzeichen enthalten sind. Dann bricht die Funktion ab, was insbesondere bedeutet, dass sie den Wert 0 liefert, wenn die Eingabe nur aus Text besteht. Enthält die Eingabe Nachkommastellen (z.B. 1234.55), dann werden diese bei der Zuweisung zu einer Ganzzahlvariablen gerundet.

Wird nun nach dem Programmstart Text eingeben, erscheint als Ergebnis etwa:

```
Bitte X eingeben : Hallo
Der Wert von X ist 0
0 x 2 = 0
```

Geben Sie nach dem Start des Programms die Zahl 16383 ein, so erscheint folgende Ausgabe auf dem Bildschirm:

```
Bitte X eingeben : 16383
Der Wert von X ist 16383
16383 x 2 = 32766
```

Das entspricht genau den Erwartungen. Starten Sie das Programm danach doch noch einmal und geben Sie dieses Mal 16384 ein. Es liefert dann nach einer Fehlermeldung die folgende bzw. eine ähnliche Ausgabe:

```
Bitte X eingeben : 16384
Der Wert von X ist 16384
Unbehandelte Ausnahme: System.OverflowException: Die
arithmetische Operation hat einen Überlauf verursacht.
   at Bsp1001.Bsp1004a.Main() in C:\...\Bsp1004a.vb:line 18
```

Die in der Meldung angegebene, fehlerhafte Zeile Nummer 18 ist die Ausgabeanweisung für das Produkt aus *X* und *Faktor*. Was kann hier falsch sein?
Nun, wie bereits bei der Erläuterung von *Bspl004* erwähnt, hat das Ergebnis dieser Berechnung den Typ *Short*, da beide Faktoren diesen Typ haben. Und der Hinweis, dass die arithmetische Operation einen Überlauf verursacht hat, bedeutet, dass das Rechenergebnis einen Wert hat, der für diesen Datentyp zu groß oder zu klein ist.
Ein weiterer Versuch unterstreicht dies. Geben Sie nun den Wert 32768 ein. Das Resultat sieht dann etwas anders aus:

```
Bitte X eingeben : 32768
Unbehandelte Ausnahme: System.OverflowException: Die
arithmetische Operation hat einen Überlauf verursacht.
    at Bspl004.Bspl004a.Main() in C:\...\Bspl004a.vb:line 16
```

Der Fehler tritt nun bereits in der Zeile 16, also der Umwandlung und Zuweisung zu *X* auf. Was ist hier geschehen? Sie hatten die Variable *X* als vom Typ *Short* deklariert, was nichts anderes bedeutet, als dass Sie 2 Bytes für die Aufnahme der Ganzzahl reserviert haben. In 2 Bytes (= 16 Bits) lassen sich nur Zahlen zwischen -32.768 und 32.767 speichern. Dadurch, dass Sie versucht haben, den Wert 32.768 in *X* zu speichern, wurde der höchstmögliche Wert überschritten und somit der Fehler verursacht. Werden Werte zwischen 16.384 und 32.767 eingegeben, dann führt erst die Berechnung von *X * Faktor* zu einem Ergebnis, das den maximal erlaubten Wert übersteigt. Bei einer 32-Bit-Variablen tritt dieser Effekt erst bei viel größeren Werten auf, denn in 4 Bytes (= 32 Bits) lassen sich Werte von -2.147.483.648 bis 2.147.483.647 speichern.

Diese Beispiele zeigen deutlich, dass man oft einige Überlegung in die Wahl der Variablentypen stecken muss, um vor solchen unliebsamen Überraschungen gefeit zu sein. Dabei gilt es nicht nur, die Typen der Variablen vernünftig auszuwählen, sondern auch die Auswirkungen auf berechnete Ausdrücke müssen berücksichtigt werden.
Die folgende Tabelle fasst die in VB benutzten Variablentypen für ganze Zahlen zusammen. Die Spalte *Bit* gibt an, wie viel Platz eine Variable dieses Typs im Speicher belegt. *Wertebereich* gibt an, wie groß bzw. wie klein die Zahlen für diesen Variablentyp werden können.

Typ (Ganzzahl)	Bit	Wertebereich
Byte	8	0 bis 255
Short	16	-32.768 bis 32.767
Integer	32	-2.147.483.648 bis 2.147.483.647
Long	64	–9.223.372.036.854.775.808 bis 9.223.372.036.854.775.807

Wie Sie sehen, bietet VB eine Vielzahl verschiedener Typen, mit denen man praktisch alle Fälle abdecken kann.

Ganzzahlige Konstanten

In den beiden Beispielen sind auch numerische Literale, das heißt konstante Zahlen benutzt worden, und zwar einmal bei der Initialisierung von *Faktor* und einmal als Parameter für die Funktion *Chr*. Derartige Literale können z.B. folgende Formen haben:

```
-32768S   (dezimal)
&H8000S   (hexadezimal)
&O100000S (oktal)
```

Beginnt eine Zahl mit der Zeichenkombination *&H*, dann handelt es sich bei den folgenden Zeichen um die hexadezimale Schreibweise dieser Zahl. Beginnt die Zahl mit *&O* und folgen darauf direkt weitere Ziffern, so handelt es sich um eine Oktalzahl. Hexadezimale Zahlen bestehen aus den Ziffern 0 bis 9 und den Buchstaben A bis F, Oktalzahlen aus den Ziffern 0 bis 7.

Die Buchstaben *S*, *I* und *L*, die einem Literal angehängt werden können, legen den Typ fest. Dabei steht S für *Short*, I für *Integer* und L für *Long*. Wird kein Typ angegeben, so bestimmt der Compiler den passenden Typ anhand der Größe des Wertes, wobei er den Typ *Short* nicht benutzt. Er verwendet vielmehr standardmäßig den Typ *Integer*. Erst wenn dieser Typ nicht passt, wird *Long* angewendet.

> *Achtung*:
> Hexadezimale und oktale Literale geben die interne binäre Darstellung einer Zahl an, nicht unbedingt ihren Wert! Deshalb entspricht *&H8000S* nicht 32.768, sondern -32.768 und *&H80001* eben 32.768.

Schlüsselwort Const

Auch Variablen können konstant, also unveränderlich sein. Um sie derart zu definieren, bietet VB die Deklarationsanweisung *Const*. Sie sorgt dafür, dass eine Variable während des Programmlaufs nicht mehr geändert werden kann. Die allgemeine Form sieht so aus:

```
Const name As typ = wert
```

Beispiele:

```
Const Apostel As Short = 12
Const Wochentage As Short = 7
```

Konstante Variablen werden oft benutzt, um häufig vorkommende, schwer zu merkende Werte unter einem Namen verwenden zu können. Ein weiterer Vorteil besteht darin, dass man nur im Quellcode die Initialisierung anpassen muss, wenn sich der Wert einmal ändern sollte, statt jede Stelle zu editieren, an der der Wert verwendet wird.

4.3.3 Fließkommazahlen

Wie der Name schon andeutet, dienen Fließkommazahlen der Aufnahme von Zahlen, die einen Nachkommateil benötigen, wie zum Beispiel Pi (3,14159265...). Bei diesen Fließkommazahlen benutzt der Computer eine andere Form der internen Speicherung als bei den Integerzahlen. Ganzzahlen werden – in binärer Form – quasi Ziffer für Ziffer gespeichert. Da Fließkommazahlen einen sehr großen Vorkommateil und auch einen Nachkommateil haben können, wäre eine solche Form der Speicherung vom Platzbedarf her nicht sinnvoll. Stattdessen wird die Zahl in zwei Teilen gespeichert: Der erste Teil enthält den Zahlenwert, beispielsweise 0,314159265, und der zweite Teil einen Faktor, mit dem der erste Teil malzunehmen ist. In unserem Beispiel wäre das 10^1, was zusammen eben den Wert von Pi ergibt. Bei dieser Form der Speicherung kann es jedoch vorkommen, dass man Genauigkeit verliert, da man für die Darstellung des Wertes nur eine begrenzte Stellenzahl zur Verfügung hat. Man muss daher immer im Auge behalten, welche Genauigkeit für spezielle Fälle nötig ist.

Die folgende Tabelle zeigt die gängigen Typen, die VB für Fließkommazahlen bereitstellt:

Typ (Fließkomma)	genau	Bit	Wertebereich (gerundet)
Single	7	32	$\pm 1.4 \times 10^{-45}$ bis $\pm 3.4 \times 10^{38}$
Double	15 - 16	64	$\pm 4.9 \times 10^{-324}$ bis $\pm 1.8 \times 10^{308}$
Decimal	28 - 29	128	$\pm 1.0 \times 10^{-28}$ bis $\pm 7.9 \times 10^{28}$

Die Spalte *genau* gibt an, auf wie viele Stellen die Zahlen (Vor- und Nachkommastellen gemeinsam) *genau* dargestellt werden können. Der Wertebereich gilt sowohl für positive als auch für negative Zahlen. Bei Fließkommazahlen ist also nicht nur die Größe der Zahl, sondern auch die Genauigkeit ein wichtiges Kriterium bei der Wahl des richtigen Typs.

Das folgende Programm verdeutlicht noch einmal die unterschiedlichen Genauigkeiten von *Single*, *Double* und *Decimal*:

```
' Bsp1005.vb

Option Explicit On

Imports System

Module Bsp1005
    Sub Main()
        Dim A As Single                                  '(1)
        Dim B#
        Dim C@
        A = 10.12345678901234567890123456789OF          '(2)
        B = 10.1234567890123456789012345678900
        C = 10.12345678901234567890123456789OD          '(3)
        Console.WriteLine(A)                             '(4)
        Console.WriteLine(B)
        Console.WriteLine(C)
    End Sub
End Module
```

> *Hinweis*:
> Die vielen Dezimalstellen lassen sich nur mithilfe des Windows-Editors eingeben. Der Editor von Visual Basic verkürzt die Zahlen automatisch auf die Genauigkeit des jeweiligen Datentyps.

Nach dem Starten erscheinen folgende drei Zeilen auf dem Bildschirm:

```
10,12346
10,1234567890123
10,1234567890123456789012345568
```

(1) In dieser und den beiden folgenden Zeilen werden Variablen für Fließkommazahlen deklariert. Alle drei Typen von VB werden verwendet: *Single, Double* und *Decimal*. Dies geschieht hier auf zwei verschiedene Arten. Statt den Typ durch den Zusatz *As* anzugeben, kann man auch ein so genanntes Bezeichnerzeichen verwenden, das einfach dem Namen angehängt wird. Durch das #-Zeichen wird hier der Typ *Double* für die Variable *B* und durch das @-Zeichen der Typ *Decimal* für die Variable *C* festgelegt. Achtung: Die Variablen heißen *B* bzw. *C* und nicht *B#* oder *C@*! *Dim B#* ist also gleichbedeutend mit *Dim B As Double,* und *Dim C@* entspricht *Dim C As Decimal*. Diese Deklarationstechnik stammt aus den Anfangszeiten von Basic und ist aus Kompatibilitätsgründen beibehalten worden. Da es aber nicht für alle Typen Bezeichnerzeichen gibt, sollte besser stets die erste Form gewählt werden. Sie ist zudem auch verständlicher.

(2) Anschließend soll allen Variablen der gleiche Wert zugewiesen werden, nämlich 10.1234567890123456789012345678 90. Die Anzahl der Stellen ist jedoch in allen Fällen für die erlaubte Genauigkeit zu groß, sodass bei der Zuweisung Stellen abgeschnitten werden. Eine konstante Dezimalzahl hat automatisch den Typ *Double*. Dies wird durch das angehängte *F* (engl. float) geändert. Es macht die Konstante zu einem *Single*-Wert. Ein angehängtes *R* (engl. real) würde in *Double*-Werte konvertieren.

(3) Der Typ *Decimal* ist für den Einsatz in Berechnungen gedacht, bei denen keine Rundungsfehler auftreten dürfen, beispielsweise in Finanzkalkulationen. Er verfügt über die höchste Genauigkeit. Durch den Buchstaben *D* (engl. decimal) wird aus der *Double*-Konstanten hier ein *Decimal*-Wert.

(4) Abschließend werden die Inhalte der Variablen ausgegeben. Bei genauem Hinsehen erkennen Sie, dass der *Single*-Wert nur bis zur sechsten, der *Double*-Wert bis zur fünfzehnten und der *Decimal*-Wert bis zur achtundzwanzigsten Stelle genau sind. Es gelten dabei alle Ziffern und nicht nur die Dezimalstellen!

Bezeichnerzeichen

Für einige Typen stehen spezielle Zeichen zur Verfügung, die diese Typen eindeutig deklarieren. Sie können in der *Dim*-Anweisung alternativ zur *As*-Klausel dem Variablennamen angehängt werden und erzwingen so ebenfalls den zugeordneten Datentyp. Die folgende Tabelle zeigt die Bezeichnerzeichen und ihre zugehörigen Typen.

Datentyp	**Zeichen**
Integer	%
Long	&
Single	!
Double	#
Decimal	@
String	$

Hinweis:
In den Beispielen dieses Buches werden keine Bezeichnerzeichen benutzt, denn sie sind nicht für alle Typen verfügbar.

Fließkommaliterale

Die konstanten Fließkommawerte lassen sich in VB auf unterschiedlichste Weise darstellen. Die folgenden Beispiele zeigen einige der Möglichkeiten:

Darstellung	**Wert**
8.0	8,0
-.4	-0,4
-24.0e-1	-2,4
-04.E+2	-400,0
18E-2	0,18
1.434E1	14,34

Diese so eingegebenen Konstanten haben automatisch den Typ *Double*. Genau wie Ganzzahlen können auch die Fließkommazahlen durch Anhängen eines Suffixes zu einem anderen Typ werden. So bedeuten *F* (engl. float) *Single, R* (engl. real) *Decimal* und *D* eben *Double*.

Hinweis:
Benutzen Sie immer einen Dezimalpunkt, wenn Sie eine Fließkommazahl ohne Nachkommastellen schreiben, denn *4711* wird als *Integer* betrachtet, nur *4711.0* ist vom Typ *Double*.

4.3.4 Zeichen

Zum Speichern einzelner Buchstaben, Ziffern und Sonderzeichen wird ebenfalls ein spezieller Datentyp verwendet, der Typ *Char*. Er dient dazu, die Zeichen im Unicodeformat zu speichern, wobei sie intern als Zahlenwerte abgelegt werden.

Typ (Ganzzahl)	Bit	Wertebereich
Char	16	0 bis 65.535

Mit 2 Bytes lassen sich 65.536 verschiedene Zahlen darstellen. Jede dieser Zahlen entspricht einem Zeichen. So steht zum Beispiel der Wert 65 in diesem Zeichensatz für den Buchstaben *A*. Möchte man also diesen Buchstaben speichern, steht in Wirklichkeit der Wert 65 an dieser Speicherstelle. Dass es sich dabei um ein Zeichen handeln soll, erkennt der Compiler nur daran, dass Sie den Typ der entsprechenden Variablen als *Char* deklariert haben!
Obwohl das nächste Programmbeispiel nur aus einigen wenigen Programmzeilen besteht, enthält es doch eine ganze Reihe von Eigenschaften der Sprache VB, die im Folgenden erklärt werden.

```
' Bsp1006.vb

Option Explicit On
Option Strict On                                          '(1)

Imports System
Imports Microsoft.VisualBasic

Module Bsp1006
   Sub Main()
      Dim X As Short = 65                                 '(2)
      Dim Y As Char = "B"c                                '(3)
      Console.WriteLine(Chr(X) & " " & Y)                 '(4)
      Console.WriteLine(X + Asc(Y))                       '(5)
   End Sub
End Module
```

Ein Start des Programms ergibt folgende Bildschirmausgabe:

```
A B
131
```

Nun zu den einzelnen Teilen des Programms:

(1) Diese *Option*-Deklaration kontrolliert die automatische Umwandlung der verschiedenen Datentypen. *Option Strict* muss ebenfalls außerhalb der Module am Dateianfang, das heißt, auch vor den *Imports* festgelegt werden. Durch die Einstellung *On* stellen Sie sicher, dass bei Umwandlungen keine Daten verloren gehen oder verfälscht werden. So etwas könnte zum Beispiel passieren, wenn eine Zeichenkette, also mehrere Zeichen, in einer *Char*-Variablen für ein einzelnes Zeichen oder eine Zahl mit Nachkommastellen in einer Ganzzahlvariablen gespeichert werden. Durch *Option Strict On* werden solche Aktionen als Fehler gemeldet, während sie bei *Option Strict Off* durchgeführt werden. Letzteres kann auch durchaus sinnvoll sein, der Programmierer muss dann nur wissen, was er tut. Die Standardeinstellung des Compilers lautet übrigens *Option Strict Off*.

(2) Hier wird eine Variable *X* vom Typ *Short* deklariert, der ebenfalls wie *Char* 2 Bytes groß ist. Sie wird gleichzeitig mit dem Wert 65 initialisiert.

(3) Einzelne Zeichen werden in Variablen vom Typ *Char* gespeichert. Wenn Sie genau hingeschaut haben, haben Sie bemerkt, dass die Zeichenkonstante *"B"* in Anführungszeichen (") eingeschlossen wird, dem dann der Buchstabe *c* direkt folgt. Anführungszeichen begrenzen in VB sowohl einzelne Zeichen als auch Zeichenketten. Um dem Compiler nun die Möglichkeit zu geben, zu kontrollieren, ob für einen *Char*-Wert auch wirklich nur ein Zeichen angegeben wird, kann man den Buchstaben c (= char) anhängen. Angaben wie zum Beispiel *"BB"c* werden dann stets als Fehler angezeigt. Wenn aber, wie in diesem Programm, *Option Strict On* verwendet wird, dann ist der Zusatz *c* Pflicht! Nur so ist es jetzt möglich, dass diese Zuweisung funktioniert. Fehlt das Typkennzeichen, dann wird nämlich jetzt alles, was in Anführungszeichen steht, als *String* eingestuft und kann daher nicht in einer *Char*-Variablen für nur ein Zeichen gespeichert werden. Das bezieht sich nicht nur auf einen

konstanten Wert wie hier, sondern auch auf Variableninhalte. Wenn *Option Strict Off* gilt, lassen sich unter anderem Zeichenketten einer *Char*-Variablen zuweisen (z.B. *Dim Y As Char = "Hallo"*), ohne dass Fehler angezeigt werden. Es wird dann einfach nur das erste Zeichen gespeichert. Wenn man das wirklich will, ist das ja in Ordnung, aber wenn das versehentlich geschieht, dann führt das oft zu schwer aufzufindenden Programmfehlern.

(4) Codewerte und zugehörige Zeichen sind eng miteinander verknüpft. Sie sind eben nur ein anderer Aspekt ein und derselben Sache. Deshalb kann man auch per *Chr* das zu einem Code zugehörige Zeichen erzeugen. Der Wert *65* repräsentiert also den Buchstaben *A* (Unicode 65).

(5) Umgekehrt kann man den Codewert eines Zeichens ermitteln. Dies erledigt die Funktion *Asc*. Durch den Additionsoperator + können dann diese beiden Werte (B = Code 66) zusammengezählt werden. *WriteLine* gibt dann den so erhaltenen numerischen Wert *131* aus.

Die Tatsache, dass man mit den Codewerten arbeiten kann, wird oft ausgenutzt, um Zeichen umzuwandeln. So erhält man beispielsweise immer den zugehörigen Kleinbuchstaben, wenn man zum Code des Großbuchstabens A bis Z den Wert 32 addiert.

Zeichenkonstanten

Wie Sie bereits wissen, werden Zeichenkonstanten durch Anführungszeichen (") begrenzt und enden auf den Buchstaben *c*: *"A"c*. Sie sind vom Typ *Char*. Verwechseln Sie nicht *"A"c* und *"A"*! Im ersten Fall handelt es sich um eine Zeichenkonstante, im zweiten um eine Zeichenkettenkonstante.

4.3.5 Wahrheitswerte

Für logische Werte – auch Wahrheitswerte genannt – wird der Typ *Boolean* benutzt. Er speichert nur die beiden Konstanten:

True logisch wahr
False logisch falsch

Derartige Werte treten bei Vergleichen (siehe Kapitel 5.1.2) und Bedingungen auf (siehe Kapitel 5.2.2).

Wird eine Variable bei der Deklaration nicht initialisiert, beispielsweise wie in

```
Dim Ergebnis As Boolean
```

dann wird ihr automatisch als Standardwert *False* zugewiesen. Soll sie den Wert *True* erhalten, dann muss sie explizit damit initialisiert werden, zum Beispiel:

```
Dim Erlaubnis As Boolean = True
```

Hinweis:
VB unterstützt bei *Option Strict On* keine automatische Konvertierung zwischen Ganzzahlen und *Boolean*-Werten. Bei *Option Strict Off* entspricht *False* jedoch 0 und *True* der -1. Es gibt aber auch spezielle Methoden, die *True* in +1 umwandeln. Deshalb sollte man es vermeiden, Wahrheitswerte als Zahlen auszudrücken.

4.3.6 Arrays

Arrays dienen dazu, eine Anzahl von Werten gleichen Typs zu speichern. Das können die Geburtsdaten einer Klasse, die Tagestemperaturen eines Jahres oder der monatliche Umsatz für ein Jahr sein. Die Arrays werden folgendermaßen deklariert:

```
Dim Wert(5) As Integer
```

Die Deklaration sieht auf den ersten Blick aus wie die einer ganz normalen Variablen. Dem Variablennamen wird jedoch in runden Klammern die gewünschte Anzahl an Einzelwerten, Elemente genannt, abzüglich 1 angehängt. Diese einzelnen Elemente werden in VB .NET beginnend mit dem Index 0 angesprochen und nicht wie in früheren Versionen mit 1! Die obige Deklaration legt somit ein Array von 6 Elementen an, die folgende Indexe haben:

```
Wert[0]
Wert[1]
Wert[2]
Wert[3]
Wert[4]
Wert[5]
```

Bei der Deklaration wird also der höchste Index bzw. der Index des letzten Elementes angegeben.

> *Hinweis*:
> Ein Array-Index hat den Typ *Integer*, das heißt, sein größter Wert und damit die Maximalanzahl an Elementen ist 2.147.483.647.

Das Programm *Bspl007* demonstriert die Deklaration und Wertezuweisung eines Arrays.

```
' Bspl007.vb

Option Explicit On
Option Strict On

Imports System

Module Bspl007
   Sub Main()
      Dim Test(2) As Integer                           '(1)
      Test(0) = 5                                      '(2)
      Test(1) = 62
      Test(2) = 7
      Console.WriteLine(Test(0) & " " & Test(1) _
       & " " & Test(2))                                '(3)
      Console.WriteLine(Test(0) + Test(1) _
       + Test(2))                                      '(4)
   End Sub
End Module
```

Als Ergebnis werden die folgenden Werte geliefert:

```
5 62 7
74
```

(1) Hier wird ein Array aus drei *Integer*-Elementen angelegt, dessen höchster Index dann 2 lautet. Jedes Element enthält den Standardwert, und das ist bei Zahlen eben 0.

(2) Jedes Element kann wie eine normale Variable benutzt werden. Dazu muss in runden Klammern sein Index beginnend mit 0 angegeben werden.

(3) Hier werden die Werte mit Leerzeichen verkettet, sodass sie in einer Zeile einzeln ausgegeben werden können.

(4) Anschließend wird ihre Summe angezeigt.

VB .NET erlaubt es nicht, auf nicht deklarierte Elemente zuzugreifen. Der Compiler überprüft zwar keine Feldgrenzen, zur Laufzeit tritt aber dann ein Fehler auf, wenn beispielsweise die folgende Anweisung im Programm enthalten wäre:

```
Console.WriteLine(Test(3)) 'Index ungültig!
```

Mehrdimensionale Arrays

Natürlich sind Sie in VB nicht auf eine Dimension für Arrays beschränkt. Sie können auch zwei, drei oder mehr Dimensionen benutzen. Jede weitere Dimension wird in den eckigen Klammern durch Komma getrennt angegeben. Die Anzahl der Dimensionen eines Arrays wird auch als Rang des Arrays bezeichnet.

```
' Bsp1008.vb

Option Explicit On
Option Strict On

Imports System

Module Bsp1008
    Sub Main()
        Dim Test(,) As Integer                              '(1)
        Test = New Integer(1, 2) {}                         '(2)
        Test(0, 0) = 1
        Test(0, 1) = 2
        Test(0, 2) = 3
        Test(1, 0) = 4
        Test(1, 1) = 5
        Test(1, 2) = 6                                      '(3)
        Console.WriteLine(Test(0, 0))
        Console.WriteLine(Test(0, 1))
        Console.WriteLine(Test(0, 2))
        Console.WriteLine(Test(1, 0))
        Console.WriteLine(Test(1, 1))
        Console.WriteLine(Test(1, 2))
    End Sub
End Module
```

Das Programm gibt Folgendes aus:

```
1
2
3
4
5
6
```

(1) Hier wird eine etwas andere Deklarationsmethode benutzt. Es fehlen nämlich die Angaben zur Elementeanzahl. Durch das Komma wird aber angegeben, dass es aus zwei Dimensionen besteht, die man sich als Länge und Breite oder Zeilen und Spalten vorstellen kann. Auch eindimensionale Arrays können so deklariert werden. In *Bspl007* lautet dies dann: *Dim Wert() As Integer*.

(2) Derartig deklarierte Arrays müssen dann zusätzlich erzeugt werden. Dies geschieht durch den Operator *New*. Dabei werden dann die Größen für jede Dimension in den runden Klammern hinter der Typangabe festgelegt. Hier ist es also ein Array aus 2 Zeilen und 3 Spalten, da der Index 0 mitgezählt werden muss. Abgeschlossen wird die Anweisung mit den geschweiften Klammern. Sind diese leer, wie hier, dann werden alle Elemente mit Standardwerten belegt.

(3) Auch beim Index werden jetzt mehrere Werte benötigt, für jede Dimension einer. Beachten Sie, dass jeder mit 0 beginnt und die festgelegte Größe nicht überschreitet. Der erste darf hier also nur die Werte 0 und 1 und der zweite 0, 1 und 2 annehmen.

> *Hinweis*:
> Arrays dürfen nicht mehr als 32 Dimensionen haben.

Array initialisieren

Bei großen Feldern, die unter Umständen auch noch mehrere Dimensionen haben, kann es recht mühselig werden, sie mit Werten zu versorgen. Bisher haben Sie nur den Weg kennen gelernt, dass Sie jedes Element einzeln ansprechen und mit einem Wert versehen. VB bietet jedoch auch die Möglichkeit, direkt bei der Deklaration Werte zuzuweisen. Wie das geht, sehen Sie im nächsten Programm.

```
' Bspl009.vb

Option Explicit On
Option Strict On

Imports System

Module Bspl009
   Sub Main()
      Dim Test(,) As Integer = _
       {{1, 2, 3}, {4, 5, 6}}
      Console.WriteLine(Test(0, 0))
      Console.WriteLine(Test(0, 1))
      Console.WriteLine(Test(0, 2))
      Console.WriteLine(Test(1, 0))
      Console.WriteLine(Test(1, 1))
      Console.WriteLine(Test(1, 2))
   End Sub
End Module
```

Es entspricht bis auf die Initialisierung des Arrays genau dem Programm *Bspl008*.

Auf der rechten Seite des Gleichheitszeichens sehen Sie in der Markierung ein Arrayliteral, mit dem *Test* initialisiert wird. Wichtig ist hierbei die richtige Klammerung. Die äußeren Klammern {} umschließen das gesamte Array. Darin sind zwei Elemente enthalten, die wiederum Arrays aus drei Elementen sind. Die erste Dimension ist also 2, die zweite 3. Die Dimensionen werden immer von außen nach innen gelesen.

Die folgende Anweisung deklariert und initialisiert ein eindimensionales Array mit 6 Elementen.

```
Dim Werte() As Integer = {4, 6, 2, 8, 6, 7}
```

Wenn die Initialisierung mithilfe des Operators *New* vorgenommen wird, dann brauchen bei der ihm folgenden Typbezeichnung keine Dimensionen angegeben zu werden, denn diese werden ja durch die angegebenen Elemente festgelegt:

```
      Dim Test(,) As Integer = _
       New Integer(,) {{1, 2, 3}, {4, 5, 6}}
```

Während die Initialisierung in einer einzigen Anweisung ohne *New* möglich ist, muss dieser Operator unbedingt verwendet werden, wenn zuerst nur eine Deklaration vorgenommen wurde:

```
Dim Test(,) As Integer
Test = New Integer(,) {{1, 2, 3}, {4, 5, 6}}
```

Verschachtelte Arrays

Arrays können für alle beliebigen Datentypen erzeugt werden, für Ganzzahlen, für Fließkommazahlen, für Zeichenketten und natürlich auch für Arrays selbst. Für den letzten Fall sieht die Definition dann aber etwas anders aus, wie das folgende Beispiel zeigt.

```
' Bsp1010.vb

Option Explicit On
Option Strict On

Imports System

Module Bsp1010
    Sub Main()
        Dim Test()() As Char = New Char(2)() {}               '(1)
        Test(0) = New Char() {"V"c, "B"c}                     '(2)
        Test(1) = New Char() {"."c}
        Test(2) = New Char() {"N"c, "e"c, "t"c}
        Console.WriteLine(Test(1)(0))                          '(3)
    End Sub
End Module
```

(1) Den Typ des hier deklarierten Arrays *Test()()* lesen Sie am besten von rechts: So wie *Test* eine normale Variable und *Test()* dann ein eindimensionales Array (*()*) mit normalen Variablen als Elementen ist, so ist *Test()()* dann ein eindimensionales Array (()) mit *Test()*-Elementen, also eindimensionalen Arrays mit normalen Elementen. Es wird mithilfe des *New*-Operators angelegt, wobei nur die Dimension des Arrays, nicht die seiner Unterarrays angegeben wird.

(2) Jedes Unterarray wird dann über einen Index angesprochen und separat erzeugt. Eine Initialisierung kann wie hier sofort oder auch später erst erfolgen. Wie Sie sehen, können die einzelnen Arrays

unterschiedliche Anzahl an Elementen besitzen, weshalb die verschachtelten Arrays auch als *ausgefranste Arrays* (engl. jagged) bezeichnet werden.

(3) Auf die einzelnen Elemente wird zugegriffen, indem für jede Ebene der gewünschte Index angegeben wird.

Während die «normalen» ein- und mehrdimensionalen Arrays in jeder Dimension immer die gleiche Länge haben, ist dies bei verschachtelten Arrays nicht so, daher auch der englische Name *jagged arrays*. Um die Buchstaben aus *Bspl010* in einem zweidimensionalen Array zu speichern, müsste es so deklariert werden:

```
Dim Test(,) As Char = New Char(2, 2) {}
```

Dieses Array würde dann leere Plätze beinhalten. Einen weiteren Unterschied lernen Sie noch im Kapitel 5.4.1 im Zusammenhang mit Referenzen kennen.

Größenänderung und Löschung

Große Arrays belegen viel Speicherplatz, daher sollten sie immer so groß angelegt werden, wie gerade nötig ist. Wenn das Array dann voll ist und weitere Daten darin gespeichert werden sollen, kann man es auch jederzeit um zusätzliche Elemente erweitern, und wenn es nicht mehr benötigt wird, kann man es sogar löschen. So wird der belegte Platz wieder frei und kann anderweitig verwendet werden.
Das folgende Beispiel demonstriert diese Möglichkeiten. Es könnte dazu dienen, die täglichen Tiefst- und Höchsttemperaturen zu speichern.

```
' Bspl011.vb

Option Explicit On
Option Strict On

Imports System

Module Bspl011
    Sub Main()
        Dim Liste(,) As Short = _
         {{4, 2, -1, 0, 5, 6, 3}, _
         {11, 10, 8, 9, 12, 14, 11}}                      '(1)
        Console.WriteLine(Liste(1, 6))                    '(2)
```

```
        ReDim Preserve Liste(1, 7)                                '(3)
        Liste(0, 7) = 2                                           '(4)
        Liste(1, 7) = 9
        Console.WriteLine(Liste(1, 7))                            '(5)
        ReDim Liste(2, 8)                                         '(6)
        Console.WriteLine(Liste(1, 6))                            '(7)
        Console.WriteLine(Liste(1, 7))
        Console.WriteLine(Liste(2, 8))                            '(8)
        Erase Liste                                               '(9)
        ReDim Liste(2, 31)                                        '(10)
        Console.WriteLine(Liste(2, 31))                           '(11)
    End Sub
End Module
```

Die Ausgabe dieses Programms sieht folgendermaßen aus:

```
11
9
0
0
0
0
```

(1) Für die Werte wird hier ein zweidimensionales Array angelegt, das auch gleich initialisiert wird. Aufgrund der Daten wird es 2 x 7 Elemente groß. Die erste Gruppe soll hier den Tiefsttemperaturen und die zweite den Höchsttemperaturen für jeweils 7 Tage entsprechen. Diese Anordnung ist bewusst so gewählt worden, wie Sie in (3) noch sehen werden.

(2) Das letzte Element wird zur Kontrolle angezeigt.

(3) Bevor weitere Daten gespeichert werden können, muss das Array vergrößert werden. Dies ermöglicht *ReDim*. Der Zusatz *Preserve* sorgt dafür, dass die Daten erhalten bleiben. Genau genommen wird nämlich ein neues, größeres Array erzeugt, und *Preserve* sorgt dann dafür, dass die Daten aus dem bisherigen Speicherbereich in den neuen kopiert werden. *Liste* wird hier in der letzten Dimension um ein Element erweitert. Nur diese letzte Dimension kann verändert werden, wenn die Daten mittels *Preserve* erhalten bleiben sollen. Durch *ReDim* kann man Arrays natürlich auch verkleinern, jedoch kann die Anzahl der Dimensionen, also der Rang, nicht geändert werden.

(4) Jetzt können weitere Daten aufgenommen werden.
(5) Zur Kontrolle wird das letzte Element wieder angezeigt.
(6) Erneut soll das Array vergrößert werden. Dieses Mal fehlt *Preserve*. Also gehen alle Daten verloren. Dafür kann aber auch jede andere Dimension erweitert werden. Hier wird also quasi noch eine Zeile hinzugefügt.
(7) Die Anzeige dieses Wertes liefert nun 0.
(8) Dass das Array wirklich vergrößert wurde, zeigt diese Ausgabe. Wie man sieht, enthält das Element den Standardwert 0.
(9) Durch *Erase* werden Arrays gelöscht. Es sind danach keine Elemente mehr vorhanden, und jeder Zugriff führt zu einem Fehler. *Erase* kann auch gleich mehrere Arrays löschen. Dazu müssen sie nur durch Komma getrennt aufgelistet werden.
(10) Danach kann man jederzeit das Array mittels *ReDim* in der gewünschten Größe neu anlegen. Der Rang muss jedoch stets der gleiche sein wie bei der Deklaration angegeben.
(11) Auch diese Anweisung dient der Kontrolle.

Jetzt ist auch vielleicht klar, warum für die Größe des Arrays statt 7 x 2 Elementen hier 2 x 7 Elemente gewählt worden sind. Wenn nämlich Daten erhalten bleiben und Temperaturen für eine Anzahl Tage gespeichert werden sollen, dann muss die Dimension für die Tage hinten stehen, sonst kann sie nicht geändert werden. Bei einem Array von 7 x 2 Elementen hätte man in diesem Beispiel nur weitere Temperaturen für 7 Tage speichern können.

> *Hinweis*:
> Alternativ zu *Erase* kann man einem Array auch den Wert *Nothing* zuweisen. *Nothing* entspricht dem Standardwert eines Datentyps, und der ist bei Arrays eben «nichts», das heißt kein Array.

Arrayeigenschaften und -methoden

Arrays sind in vielen Programmiersprachen einfach nur Speicherbereiche, die Daten aufnehmen. Nicht so in VB. Hier verfügen Arrays auch über Funktionalität. Das liegt daran, dass sie genau genommen Objekte sind, die durch eine Klasse namens *System.Array* definiert werden. Diese Klasse legt fest, wie beispielsweise Arrays angelegt, sortiert und durchsucht werden. Dies erleichtert die Arbeit mit Arrays ganz erheblich.

Außerdem verfügen die Felder noch über Eigenschaften, wie beispielsweise ihre Größe und ihren Rang, womit die Anzahl Dimensionen gemeint ist.
Im folgenden Beispiel werden einige der wichtigsten Methoden der Arrays verwendet. Es arbeitet mit zwei Arrays, einer Namens- und einer Punktliste, die sortiert und durchsucht werden.

```
' Bspl012.vb

Option Explicit On
Option Strict On

Imports System

Module Bspl012
   Sub Main()
      Dim Liste() As String = {"Klaus", "Peter", _
       "Paul", "Albert", "Josef"}                         '(1)
      Dim Punkte() As Integer = _
       {23, 55, 21, 43, 51}                               '(2)
      Dim Index As Integer                                '(3)
      Console.WriteLine(Liste.Length)                     '(4)
      Console.WriteLine(Liste.Rank)                       '(5)
      Console.WriteLine(Liste(0))                         '(6)
      Array.Sort(Liste, Punkte)                           '(7)
      Console.WriteLine(Liste(0) & ": " _
       & Punkte(0))                                       '(8)
      Index = Array.BinarySearch(Liste, _
       "Paul")                                            '(9)
      Console.WriteLine(Liste(Index) & ": " _
       & Punkte(Index))                                   '(10)
   End Sub
End Module
```

Nach dem Start zeigt das Programm die folgenden Zeilen an:

```
5
1
Klaus
Albert: 43
Paul: 21
```

(1) Ein Array aus Zeichenketten wird deklariert und initialisiert. Zei-

chenketten haben den Typ *String* (siehe Kapitel 4.3.7). Bei den Namen könnte es sich um Teilnehmer eines Wettbewerbs handeln.

(2) Das zweite Array besteht aus der gleichen Anzahl Ganzzahlen. Dies könnten die erzielten Punkte der jeweiligen Teilnehmer sein. Wenn die Elemente mehrerer Arrays mit gleichem Index zueinander gehören, spricht man auch von Parallelarrays.

(3) Diese Variable wird später benutzt, um den Index eines zu suchenden Namens zu speichern. Array-Indexe haben den Typ Integer.

(4) In manchen Sprachen muss man schon wissen, wie groß ein Array ist, damit nicht mit einem falschen Index zugegriffen wird. In VB ist dies recht einfach. Die Eigenschaft *Length* enthält immer die Größe des Arrays. Beachten Sie, dass keine Klammern hinter *Length* stehen. Eigenschaften sind so etwas wie Variablen. Sie enthalten Werte, die Objekte oder eine Klasse charakterisieren. Weil die Größe aber für jedes Array individuell anders ist, muss die Eigenschaft *Length* sich auf ein Objekt beziehen. Deshalb heißt es hier *Liste.Length* und nicht etwa *Array.Length*. Bei mehrdimensionalen Arrays beschreibt die Eigenschaft *Length* die Anzahl aller Elemente und nicht nur die einer Dimension. Dann ist es besser, die Methode *GetLength* zu verwenden. So liefert beispielsweise *Liste.GetLength(0)* die Anzahl Elemente der ersten Dimension. Auch hier beginnt die Zählung mit 0.

(5) Eine andere objektspezifische Eigenschaft ist *Rank*. Sie liefert eine Ganzzahl, die der Anzahl der Dimensionen entspricht.

(6) Diese Anweisung soll nur vor dem Sortieren das erste Element der Namensliste zur Kontrolle ausgeben.

(7) Mithilfe der Methode *Sort* der Klasse *Array* werden Arrays sortiert. Ein Aufruf *Array.Sort(Punkte)* würde die numerische Liste der Größe nach ordnen. Werden wie hier zwei Arrays angegeben, dann werden beide sortiert, wobei das erste die Sortierfolge bestimmt.

(8) Zur Kontrolle werden Name und Punktestand der ersten Elemente beider Arrays ausgegeben. Wie die Bildschirmanzeige beweist, enthalten sie tatsächlich den alphabetisch ersten Eintrag mit seinem korrespondierenden Punktestand.

(9) Wenn ein ganz bestimmter Eintrag gesucht wird, kann man dies mit der Methode *BinarySearch* erledigen. Ihr erster Parameter ist das zu durchsuchende Array, der zweite das zu suchende Element.

Als Ergebnis liefert sie den Index, unter dem der Wert gefunden wurde, oder eine negative Zahl, wenn die Suche erfolglos war. Dieser Wert wird in der Variablen *Index* gespeichert. *BinarySearch* benutzt intern eine schnelle Binärsuche, die auch große Arrays schnell durchsuchen kann.

(10) Der Inhalt von *Index* wird nun benutzt, um die zugehörigen Elemente anzuzeigen. Wie Sie am Ergebnis sehen, wurde der Eintrag korrekt gefunden.

Dies sind nur ein paar Beispiele für die Funktionalitäten der Arrays. Es gibt noch mehr Eigenschaften und weitere Methoden. Außerdem ermöglicht die Technik des Überladens (siehe Kapitel 6.6) auch zusätzliche Versionen der im Beispiel verwendeten Funktionen.

4.3.7 Zeichenketten

Zeichenketten haben Sie bereits als Literale kennen gelernt. Dieses Kapitel beschreibt nun, was bei VB hinter den Zeichenketten steckt und welche Möglichkeiten sie bieten.
Zeichenketten sind in VB .NET ebenfalls Objekte. Sie verfügen somit wie die Arrays auch über Funktionalität, die durch ihre Klasse namens *System.String* definiert wird. Diese Klasse legt fest, wie beispielsweise Zeichenketten verglichen, formatiert und manipuliert werden. Bei Manipulationen wird aber niemals das Original verändert, sondern immer ein neues Textobjekt erzeugt. Richtige Textverarbeitung ermöglichen *StringBuilder*-Objekte.
Außerdem verfügen Zeichenketten noch über Eigenschaften, wie beispielsweise ihre Größe.

Zeichenketteneigenschaften

Zeichenketten verfügen über zwei Arten von Eigenschaften: ihre Länge und ihr Buchstabe an einer bestimmten Position. In folgendem Beispiel werden sie eingesetzt.

```
' Bsp1013.vb

Option Explicit On
Option Strict On

Imports System
```

```
Module Bsp1013
    Sub Main()
        Dim Text1 As String = _
         "Worte sind Schall und Rauch"                    '(1)
        Console.WriteLine(Text1)
        Console.Write("Dieser Text besteht aus ")
        Console.Write(Text1.Length)                       '(2)
        Console.WriteLine(" Zeichen.")
        Console.WriteLine("Das erste Zeichen: " _
         & Text1.Chars(0))                                '(3)
        Console.WriteLine("Das letzte Zeichen: " _
         + Text1.Chars(Text1.Length - 1))                 '(4)
    End Sub
End Module
```

Das Programm liefert das folgende Ergebnis:

```
Worte sind Schall und Rauch
Dieser Text besteht aus 27 Zeichen.
Das erste Zeichen: W
Das letzte Zeichen: h
```

(1) Der Typ für Zeichenketten heißt *String*. Durch eine einfache Zuweisung eines Zeichenkettenliterals erfolgt die Initialisierung.

(2) Die Eigenschaft *Length* enthält die Länge des Textes, also die Zeichenanzahl.

(3) Man kann auch auf einzelne Zeichen per Index zugreifen. Die Methode *Chars* liefert die zweite Eigenschaft, nämlich das Zeichen an einer bestimmten Position, deren Index als Parameter angegeben wird. Dass dies eine Eigenschaft ist, mag jetzt noch schwer verständlich sein, aber im Kapitel 6.5 wird dies deutlich. Der Index beginnt bei Zeichenketten immer mit 0!

(4) Deshalb ist der größte Index auch der um eins reduzierte Wert der Eigenschaft *Length*. Mit diesem Ausdruck erhält man immer das letzte Zeichen eines Textes. Wie man hier sieht, kann die Verkettung auch durch den Plus-Operator vorgenommen werden.

Zeichenkettenkonstanten (Stringkonstanten)

Zeichenkettenkonstanten werden in Anführungszeichen gesetzt und können aus beliebigen Zeichen bestehen. Ein String kann auch Anführungszeichen enthalten, wie im folgenden Beispiel dargestellt:

```
"Die Meldung lautet: ""Programmende"""
```

Sind in der Zeichenkette Anführungszeichen enthalten, dann müssen diese doppelt angegeben werden. Sie zählen aber nur als 1 Zeichen. Auch die Zeichenkettenliterale sind übrigens Objekte und verfügen somit über die Methoden der Klasse. Wer dies nicht glauben will, kann ja einmal die folgende Anweisung ausprobieren.

```
Console.WriteLine("Hallo Leute".Length)
```

Kopieren, Zerlegen und Zusammenfügen

Zeichenketten werden von Programmen angelegt, kopiert, in Wörter zerlegt und wieder zusammengesetzt. Oft werden Teile daraus entfernt oder andere an ganz bestimmten Stellen eingefügt. All das können Sie mit den Methoden der *String*-Objekte bzw. ihrer Klasse einfach erledigen. Wie dies funktioniert, sehen Sie im folgenden Programm anhand einiger Beispiele.

```
' Bspl014.vb

Option Explicit On
Option Strict On

Imports System

Module Bspl014
    Sub Main()
        Dim Text1 As String = "Rowohlt Verlag"
        Dim Text2 As String = String.Copy(Text1)          '(1)
        Dim Text3, Text4 As String                        '(2)
        Dim Trenner As Char() = {" "c}                    '(3)
        Dim Woerter As String()                           '(4)
        Console.WriteLine(Text2)
        Text3 = String.Concat(Text2, " GmbH")             '(5)
        Console.WriteLine(Text3)
        Text3 = Text3.Insert(8, "Taschenbuch")            '(6)
        Console.WriteLine(Text3)
        Text3 = Text3.Replace("V", "v")                   '(7)
        Console.WriteLine(Text3)
        Text4 = Text3.Substring(8, 11)                    '(8)
        Console.WriteLine(Text4)
        Text4 = Text4.Remove(6, 5)                        '(9)
        Console.WriteLine(Text4)
```

```
        Woerter = Text3.Split(Trenner)                    '(10)
        Console.WriteLine(Woerter.Length)
        Console.WriteLine(Woerter(0))
        Console.WriteLine(Woerter(Woerter.Length - 1))
        Console.WriteLine(String.Join(".+.", _
         Woerter))                                        '(11)
    End Sub
End Module
```

Schauen Sie sich zunächst die Bildschirmanzeige an:

```
Rowohlt Verlag
Rowohlt Verlag GmbH
Rowohlt TaschenbuchVerlag GmbH
Rowohlt Taschenbuchverlag GmbH
Taschenbuch
Tasche
3
Rowohlt
GmbH
Rowohlt.+.Taschenbuchverlag.+.GmbH
```

(1) Durch die Methode *Copy* wird ein Duplikat des in den Klammern angegebenen Zeichenkettenobjektes *Text1* erzeugt.

(2) Hier werden zunächst zwei Variablen vom Typ *String* für später zu erzeugende Zeichenketten deklariert. Wie Sie sehen, kann dies auch in einer einzigen Anweisung geschehen. Dabei wird der Typ nur einmal angegeben und die einzelnen Variablen durch Komma getrennt.

(3) Das Array *Trenner* soll *Char*-Elemente enthalten und wird hier lediglich mit einer Leerstelle initialisiert. Es wird später benutzt, um festzulegen, an welchen Stellen eine Zeichenkette in einzelne Bestandteile zerlegt werden soll.

(4) Das hier deklarierte Array aus Zeichenketten soll die Teile eines in seine Bestandteile zerlegten Textes aufnehmen.

(5) Die Methode *Concat* erzeugt eine neue Zeichenkette, die aus den beiden angegebenen Objekten gebildet wird. Dabei wird der zweite Wert an den ersten angehängt. Das Ergebnis wird in *Text3* gespeichert. Diese Methode kann bis zu drei Zeichenketten gleichzeitig miteinander verbinden. Wird jedoch ein Zeichenkettenarray angegeben, dann werden alle Elemente aneinander gehängt.

(6) Mithilfe von *Insert* wird Text in eine Zeichenkette eingefügt. Der neue String enthält hier ab Position *8* – die Zählung beginnt natürlich wieder bei 0 – das Wort *Taschenbuch*. Diese Methode arbeitet objektspezifisch und muss daher für das Objekt aufgerufen werden, dem Text eingefügt werden soll, und nicht für die Klasse. Wann und warum eine Methode über ein Objekt oder für eine Klasse aufgerufen wird, beschreibt Kapitel 7.3. Hier soll zunächst genügen, dass eine Methode über die Klasse aufgerufen wird, wenn sie mit ihren Werten für alle Objekte immer das gleiche Ergebnis liefert. Beziehen sich die Werte auf ein bestimmtes Objekt, dann muss die Methode über dieses Objekt aufgerufen werden. Die möglichen Aufrufe müssen natürlich vorher definiert worden sein (siehe Kapitel 6.1). Der Aufruf liefert auch hier eine neue Zeichenkette, die wiederum in *Text3* gespeichert wird. Der alte Inhalt geht dabei verloren.

(7) Ein automatisches Suchen und Ersetzen ermöglicht *Replace*. Das erste angegebene Zeichen wird dabei im gesamten String gegen das zweite Zeichen ausgetauscht. Es können sowohl einzelne Zeichen, das heißt *Char*-Werte, als auch Zeichenketten gegeneinander ausgetauscht werden.

(8) Teilketten liefert die objektspezifische Methode *Substring*. Ab dem ersten Wert – beginnend mit 0 – werden so viele Zeichen extrahiert, wie durch den zweiten Wert angegeben wird. Die neu erzeugte Kette wird in *Text4* gespeichert. Fehlt bei dieser Methode der zweite Wert, dann wird eine Teilkette ab der Startposition bis zum Ende der Zeichenkette geliefert.

(9) Wenn Teile eines Textes entfernt werden sollen, kann man dies durch die Methode *Remove* erreichen. Hier werden ab Position 5 die nächsten 6 Zeichen gelöscht.

(10) Die Methode *Split* ist sehr leistungsfähig. Sie zerlegt eine Zeichenkette in einzelne Bestandteile. Sie benötigt in den Klammern als Argument ein Array, das alle *Char*-Werte enthält, die als Trennzeichen angesehen werden sollen. Hier wird über *Trenner* nur das Leerzeichen angegeben. Die folgenden Anweisungen geben zur Kontrolle die Anzahl der Elemente sowie das erste und letzte Element aus.

(11) *Join* arbeitet genau umgekehrt. Die erste angegebene Zeichenkette verbindet alle Elemente des Arrays *Woerter* miteinander.

Typische Anwendungsbeispiele für *Split* und *Join* sind beispielsweise das Zerlegen und Zusammensetzen von IP-, Web- und E-Mail-Adressen, wie

212.101.201.20
http://www.rowohlt.de/
autor@erlenkoetter.de

So liefern die beiden folgenden Anweisungen aus der Adresse einer Website die Homeadresse:

```
Dim Url As String = _
 "http://www.xyz.de/html/index2.htm"
...
Dim H() As String = url.Split(New Char() {"/"c}, 4)
Dim Home As String = String.Join("/",H,0,3)
```

Split wird hier mit zwei Argumenten aufgerufen: dem Array mit Trennzeichen und der maximal gewünschten Komponentenanzahl. Durch den Wert 4 wird die Adresse in das Protokoll (http), einen Leerstring (wegen der //), den Hostnamen und den Rest zerlegt. Auch *Join* wird mit weiteren Parametern aufgerufen. Dadurch wird nur ein Teil des Arrays zusammengesetzt, nämlich beginnend mit dem Index 0 die nächsten 3 Elemente.

Suchen

Oft muss geprüft werden, ob eine Zeichenkette ein ganz bestimmtes Zeichen enthält und an welcher Position es sich befindet. Diese Aufgabe übernehmen die Methoden *IndexOf* und *LastIndexOf*.

```
' Bspl015.vb

Option Explicit On
Option Strict On

Imports System

Module Bspl015
   Sub Main()
      Dim Text1 As String = "Es grünt so grün"
      Console.WriteLine(Text1.IndexOf("ü"))           '(1)
      Console.WriteLine(Text1.LastIndexOf("ü"))       '(2)
   End Sub
End Module
```

Auf dem Bildschirm erzeugt das Beispielprogramm diese Anzeige:

```
5
14
```

(1) Die Methode *IndexOf* sucht im Objekt *Text1* beginnend beim ersten Zeichen nach dem im Parameter angegebenen Wert, hier einem *ü*. Als Ergebnis liefert sie den Index der ersten Fundstelle. Verläuft die Suche negativ, dann wird dies durch *-1* angezeigt.

(2) *LastIndexOf* arbeitet fast genauso. Statt jedoch beim ersten Zeichen zu beginnen, startet hier die Suche am Ende der Zeichenkette.

Sowohl *IndexOf* als auch *LastIndexOf* können auf einen Suchbereich der Zeichenkette beschränkt werden. Dazu können ein Startindex und ein Stoppindex angegeben werden. Hier zwei Beispiele:

```
Text1.IndexOf("ü", 5)
Text1.IndexOf("ü", 5, 10)
```

Im ersten Fall beginnt die Suche beim 6. Zeichen und wird bis zum Textende fortgesetzt. Bei der zweiten Anweisung wird wieder beim 6. gestartet und beim 11. aufgehört. Dieses letzte wird nicht mehr überprüft!
Beide Methoden können sowohl nach Zeichen als auch nach Zeichenfolgen suchen.
Zusätzlich zu *IndexOf* und *LastIndexOf* gibt es noch zwei Methoden, die ähnlich arbeiten: *IndexOfAny* und *LastIndexOfAny*. Beide benutzen als ersten Parameter statt eines *Char*- oder *String*-Wertes ein *Char*-Array und suchen dann nach dem ersten Auftreten eines der aufgeführten Zeichen.

```
Text1.IndexOfAny( _
New Char(){"a"c, "e"c, "i"c, "o"c, "u"c}, 5, 11)
```

Diese Anweisung bewirkt ein Suchen nach dem ersten Vokal im Bereich vom 6. bis zum 12. Zeichen. Große Vokale werden hier nicht gesucht, da die Methoden die Groß-/Kleinschreibung beachten.

Formatieren

Viele Zeichenketten sind im «Rohzustand» nicht unbedingt von einer Anwendung zu gebrauchen. Daher müssen sie meistens aufbereitet werden. In einfachen Fällen müssen nur überflüssige Zeichen entfernt werden. Manchmal sollen aber neue Zeichenketten mit einem bestimmten Aufbau generiert werden. Die Methoden, mit denen solche Effekte erzielt werden, sind im nächsten Programm enthalten.

```
' Bsp1016.vb

Option Explicit On
Option Strict On

Imports System
Imports Microsoft.VisualBasic

Module Bsp1016
    Sub Main()
        Dim Text1 As String = vbCrLf & vbTab _
         & "und so weiter..."                          '(1)
        Text1 = Text1.Trim()                           '(2)
        Console.WriteLine(Text1)
        Text1 = Text1.TrimEnd(New Char() {"."c})       '(3)
        Console.WriteLine(Text1)
        Text1 = Text1.PadLeft(20, "."c)                '(4)
        Console.WriteLine(Text1)
        Text1 = Text1.ToUpper()                        '(5)
        Console.WriteLine(Text1)
        Console.WriteLine(String.Format( _
         "usw. {0} usw.", Text1))                      '(6)
        Console.WriteLine( _
         "usw. {0} usw.", Text1)                       '(7)
        Console.WriteLine(String.Format( _
         "DM {0,7:###.00}", 34.1))                     '(8)
        Console.WriteLine(String.Format( _
         "DM {0,7:###.00}", 0.15))
        Console.WriteLine(String.Format( _
         "DM {0,7:###.00}", 212))
    End Sub
End Module
```

Auch hier sehen Sie zuerst die Anzeige des Programms:

```
und so weiter...
und so weiter
.......und so weiter
.......UND SO WEITER
```

```
usw. .......UND SO WEITER usw.
usw. .......UND SO WEITER usw.
DM 34,10
DM ,15
DM 212,00
```

(1) Die Zeichenkette beginnt hier im Ausgangszustand mit nicht druckbaren Steuerzeichen. Solche Zeichen und das Leerzeichen werden auch als Leerraum (engl. whitespace) bezeichnet. Die Kette endet mit mehreren Punkten, die später auch entfernt werden sollen.

(2) Funktionen gleichen Namens wie *Trim* finden Sie in fast jeder Programmiersprache. Ihre Aufgabe besteht darin, die oft lästigen Leerräume an beiden Enden einer Zeichenkette zu entfernen. Sie wird natürlich für das Objekt aufgerufen, das bearbeitet werden soll.

(3) Auch andere Zeichen können entfernt werden. Dazu werden alle Zeichenkandidaten, die an einem der Enden entfernt werden sollen, in ein *Char*-Array eingetragen und der Methode übergeben. Hier werden durch *TrimEnd* die Punkte am Ende entfernt. Die Methode, die nur Zeichen am Anfang entfernt, heißt *TrimStart*. *Trim* entfernt immer Zeichen an beiden Enden. Sollen mit *TrimEnd* oder *TrimStart* Leerräume entfernt werden, dann lautet ihr Aufruf *TrimStart(Nothing)* bzw. *TrimEnd(Nothing)*. Hinter *Nothing* steckt für Objekte die so genannte Nullreferenz. Überall dort, wo normalerweise ein Objekt zu finden wäre, steht *Nothing*, wenn es fehlt.

(4) Das Gegenteil bewirken die Methoden *PadLeft* und *PadRight*. Sie hängen Zeichen an dem einen bzw. anderen Ende einer Zeichenkette an. Dabei gibt die Zahl (20) die gewünschte Länge des Ergebnisstrings an und der *Char*-Wert das Zeichen, mit dem an der Stelle aufgefüllt wird, die aus dem Namen der Methode hervorgeht. Soll mit Leerzeichen aufgefüllt werden, brauchen Sie nur den *Char*-Wert wegzulassen.

(5) Für die Änderung der Schreibweise stehen zwei Methoden zur Verfügung: *ToUpper* wandelt alle Buchstaben in Großbuchstaben und *ToLower* in Kleinbuchstaben um.

(6) Für komplexere Formatierungen ist die Methode *Format* zuständig. Ihre Parameter bestehen aus einer Zeichenkette, die das Format angibt, gefolgt von bis zu drei Objekten, die in die Formatkette eingebaut werden sollen. Müssen mehr Objekte formatiert werden,

dann besteht der zweite Parameter aus einem Array, dessen Elemente dann eingebaut werden. Die Einfügestellen im Formatstring werden durch geschweifte Klammern markiert. Die Ziffer innerhalb dieser Klammern gibt die Nummer des Parameters an. Hier bedeutet *{0}* also, dass – Sie ahnen es bereits – hier das 1. Objekt, also *Text1*, eingebaut wird.

(7) *Write* und *WriteLine* verfügen übrigens intern über die gleiche Funktionalität. In unserem Fall kann die Anweisung also auch so abgekürzt werden, dass diese Methoden die Formatierung direkt übernehmen, statt erst *String.Format* zu bemühen.

(8) Insbesondere wenn Zahlen in eine Zeichenkette eingebaut werden sollen, werden höhere Ansprüche an die Art und Weise der Einfügung gestellt. Deshalb kann die Einfügemarke weitere Definitionen enthalten. Ihr allgemeiner Aufbau sieht folgendermaßen aus: {Nummer, Länge: Formatierung}. Hier soll also der 1. Wert so formatiert werden, dass er insgesamt 7 Zeichen lang ist. Vor dem Komma können beliebig viele Ziffern (#), nach dem Komma müssen zwei Ziffern (0) erscheinen. Sowohl 0 als auch # sind Platzhalter für Ziffern, bei # wird sie jedoch unterdrückt, wenn es eine führende oder angehängte 0 ist. Bei 0 wird auch die Ziffer 0 angezeigt. Im Format werden das Komma durch den Punkt und der Tausenderseparator durch das Komma dargestellt. In der Anzeige werden die jeweiligen landesspezifischen Zeichen benutzt. Ein paar Beispiele:

{0:G}	1. Wert im Standardformat (G = General)
{0:X}	1. Wert im hexadezimalen Format (X = HeXa)
{0:E}	1. Wert im wissenschaftl. Format (E = Exponent)
{0:N}	1. Wert im Nummernformat (N = Number)
{0:C}	1. Wert im Währungsformat (C = Currency)
{0:00000}	1. Wert immer fünfstellig (z.B. PLZ)
{2,14}	3. Wert mit einer Länge von 14 Zeichen
{1:#,###.00}	2. Wert mit Tausenderseparator und 2 Dezimalstellen

Die Ausrichtung wird durch das Vorzeichen der Längenangabe gesteuert. Positive Werte führen zur rechtsbündigen und negative Werte zur linksbündigen Formatierung.

{2,-14}	3. Wert 14 Zeichen lang linksbündig

Prüfen

Ein anderes Problem stellen die Textvergleiche dar. Verschiedene Methoden stehen hier zur Verfügung, um zu prüfen, ob Zeichenketten ganz oder teilweise identischen Wortlaut haben. Dabei kann die Schreibweise berücksichtigt oder auch außer Acht gelassen werden. Typische Vergleiche zeigt das folgende Beispiel.

```
' Bsp1017.vb

Option Explicit On
Option Strict On
' Option Compare Text                                    '(1)

Imports System

Module Bsp1017
    Sub Main()
        Dim Text1 As String = "beispiel"
        Dim Text2 As String = "Beispiel"
        Console.WriteLine(Text1 = Text2)                 '(2)
        Console.WriteLine(Text1.Equals(Text2))           '(3)
        Console.WriteLine( _
         Text1.ToLower().Equals( _
            Text2.ToLower()))                            '(4)
        Console.WriteLine( _
         String.Compare(Text1, Text2))                   '(5)
        Console.WriteLine( _
         Text1.StartsWith("B"))                          '(6)
        Console.WriteLine( _
         Text1.EndsWith("spiel"))                        '(7)
    End Sub
End Module
```

Die Tests im Programm liefern folgende Ergebnisse:

```
False
False
True
-1
False
True
```

(1) Diese dritte *Option*-Klausel steuert, wie Textvergleiche von den Vergleichsoperatoren durchgeführt werden. Es gibt zwei Einstel-

lungen: *Binary* ist der Standard und berücksichtigt die interne Bitdarstellung, sodass eben Groß- und Kleinbuchstaben etwas anderes sind, und *Text* orientiert sich mehr an der lexikalischen Folge, sodass Groß- und Kleinbuchstaben, ß und ss gleich sind, nicht aber ä und ae oder a.

(2) *WriteLine* gibt hier das Ergebnis des Ausdrucks *Text1 = Text2* aus. Hierbei handelt es sich nicht um eine Zuweisung, sondern um einen Vergleich. Nur wenn ein Variablenname am Anfang einer Anweisung steht, wird das ihm folgende Gleichheitszeichen als Zuweisungsoperator interpretiert. In allen anderen Fällen testet es die beiden Ausdrücke rechts und links davon auf Gleichheit. Wenn keine *Option Compare* angegeben wird, gilt *Option Compare Binary* und damit wird die Groß-/Kleinschreibung berücksichtigt. Daher sind die beiden Zeichenketten nicht gleich, was durch den Ausdruck *False* beschrieben wird. *False* ist ein Literal des Datentyps *Boolean*. Dieser Datentyp kennt nur die zwei so genannten Wahrheitswerte Richtig und Falsch, die in VB *True* und *False* lauten.

(3) Textvergleiche sollten grundsätzlich mit der alternativen Methode *Equals* durchgeführt werden. Sie vergleicht den angegebenen Parameter – hier *Text2* – mit dem eigenen Objekt, für das sie aufgerufen wird. Diese Methode berücksichtigt in jedem Fall, unabhängig von *Option Compare*, die Groß-/Kleinschreibung, sodass das Ergebnis hier *False* (deutsch: Falsch) lautet. Es gibt auch eine Klassenmethode *Equals*, die zwei Zeichenketten miteinander vergleicht: *String.Equals(Text1, Text2)*.

(4) Eine Möglichkeit, den Vergleich schreibweisenneutral durchzuführen, besteht darin, beide Texte vorher einheitlich in Groß- oder Kleinbuchstaben umzuwandeln. Hier wird dies gleich in einer Anweisung bewirkt. Solche verketteten Punktschreibweisen lassen sich am besten von rechts auflösen. Zunächst muss man *Text1.ToLower().Equals(...)* als *IrgendeinStringObjekt.**Equals(...)*** erkennen. Dann sieht man, dass *irgendeinStringObjekt* ja von *Text1.ToLower()* erzeugt und eingesetzt wird.

(5) Wenn Ihnen die Information, dass zwei Ketten verschieden sind, nicht reicht und Sie darüber hinaus wissen wollen, welche nun die größere ist, dann müssen Sie statt *Equals* die Methode *Compare* verwenden. Wie Sie sehen, ist es eine Klassenmethode, denn sie wird für die Klasse *String* aufgerufen und erhält die beiden zu vergleichenden Zeichenketten als Argumente in den Klammern. Sie

berücksichtigt die Groß-/Kleinschreibung und liefert einen negativen Wert, wenn der erste Text kleiner als der zweite ist. Ein positiver Wert zeigt an, dass der erste größer als der zweite ist, und 0 bedeutet, dass sie gleich sind. Größer und kleiner bedeutet in diesem Fall, dass der Text nach den nationalen Regeln vor oder hinter dem anderen einsortiert würde.
Es gibt noch weitere Methoden bzw. -versionen, die ähnlich arbeiten:
Eine Objektmethode, die das Gleiche leistet wie *Compare*, lautet *CompareTo*.

```
Text1.CompareTo(Text2)
```

Sollen nur einzelne Bereiche von Zeichenketten miteinander verglichen werden, dann wird eine andere Fassung (siehe Kapitel 6.6.2) von *Compare* benutzt. Hier wird *Text1* ab der 3. Stelle mit *Text2* ab der 6. Stelle jeweils auf einer Länge von 15 Zeichen miteinander verglichen:

```
String.Compare(Text1, 2, Text2, 5, 15)
```

Die Berücksichtigung der Groß-/Kleinschreibung kann auch abgeschaltet werden. Zu diesem Zweck wird ein weiterer logischer Parameter angegeben. *True* (deutsch: wahr) aktiviert die Abschaltung, *False* deaktiviert sie wieder:

```
String.Compare(Text1, Text2, True)
String.Compare(Text1, 2, Text2, 5, 15, True)
```

Sollen nationale Besonderheiten unberücksichtigt bleiben, dann muss die Methode *CompareOrdinal* verwendet werden:

```
String.CompareOrdinal(Text1, Text2)
String.CompareOrdinal(Text1, 2, Text2, 5, 15)
```

(6) Durch *StartsWith* kann geprüft werden, ob die ersten Zeichen einer Zeichenkette mit einer anderen identisch sind. Auch dieser Test berücksichtigt die Groß-/Kleinschreibung. Deshalb liefert er hier *False*.
(7) Entsprechend vergleicht *EndsWith* das Ende der Zeichenkette mit einer anderen.

4.3.8 Datum und Uhrzeit

Neben Zahlen und Buchstaben bzw. Zeichenketten gibt es auch im Alltag weitere Informationen, die zwar meistens in Textform angegeben werden, aber doch einen ganz bestimmten Aufbau haben, der besonderen Regeln folgen muss. Ein wichtiger Vertreter solcher Typen sind Datum und Uhrzeit. Durch die unterschiedlichen Datums- und Zeitformate, Schaltjahre, Sommerzeit, Zeitzonen usw. gehören sie zu den komplizierten Datentypen.

In VB heißt dieser Typ *Date*. Er beschreibt stets ein Datum inklusive Uhrzeit, also einen sekundengenauen Zeitpunkt. Bei Variablen vom Typ *Date* handelt es sich genau wie bei Arrays und Strings um Objekte. Das heißt, es gibt eine zugehörige Klasse, die die Funktionalität und die Eigenschaften bestimmt. Dazu gehört auch die Prüfung auf ungültige Daten.

Das folgende Beispiel zeigt, wie Datum und Uhrzeit angegeben werden.

```
' Bsp1018.vb

Option Explicit On
Option Strict On

Imports System

Module Bsp1018
   Sub Main()
      Dim Anfang As Date = #00:00#                    '(1)
      Dim Silvester As Date = #12/31/2003#            '(2)
      Console.WriteLine( _
       "Der früheste Zeitpunkt ist {0}", _
       Anfang)                                        '(3)
      Console.WriteLine( _
       "Silvester ist am {0}", Silvester)
   End Sub
End Module
```

Das Programm zeigt Folgendes an:

```
Der früheste Zeitpunkt ist 01.01.0001 00:00:00
Silvester ist am 31.12.2003 00:00:00
```

(1) Die Variable *Anfang* hat den Typ *Date* und wird hier gleich mit einer Uhrzeit initialisiert. Das fehlende Datum wird in einem solchen Fall immer durch den 1. 1. 0001 ersetzt. Mehr zum Aufbau der Datumsliterale folgt im Anschluss an diese kurze Beschreibung. Die Angabe *00:00* wird vom Visual-Studio-Editor übrigens automatisch in *12:00:00 AM* umformatiert. Das entspricht aber genau der angloamerikanischen Schreibweise für Mitternacht.

(2) Die zweite Variable wird nur mit einem Datum (31. 12. 2003) initialisiert. Die fehlende Zeitangabe wird nun von VB automatisch durch 0 Uhr (Mitternacht) ersetzt.

(3) Wenn *Date*-Variablen ausgegeben werden, so werden sie immer vollständig in der landesüblichen Darstellung angezeigt, wie man an der Ausgabe erkennen kann. Diese Darstellung ist abhängig von den Einstellungen in der Systemsteuerung.

Nicht initialisierte Variablen des Typs *Date* erhalten automatisch den 1.1.0001 0:00 zugewiesen. Das ist der Standardwert für *Date.*

Datumsliterale

Datums- und Zeitwerte werden im Quellcode stets von zwei #-Zeichen eingeschlossen. Eine vollständige Angabe besteht dabei nacheinander aus Monat, Tag, vierstelligem Jahr, den Stunden, Minuten und Sekunden. Als Datumstrennzeichen darf entweder der Schrägstrich (/) oder der Bindestrich (-) benutzt werden. Das Trennzeichen für die Uhrzeit ist der Doppelpunkt.
Einige Beispiele:

```
#11/28/2004   14:35:02#
#11/28/2004   02:35:02 PM#
#04-01-1856   11:00:00#
#04-01-1856   11:00:00 AM#
```

Die Uhrzeit kann im 12-Stunden-Format mit dem Zusatz AM bzw. PM oder im 24-Stunden-Format angegeben werden. Fehlen AM und PM, so geht VB vom 24-Stunden-Format aus, nur wenn ausschließlich die Stunde angegeben wird, dann muss unbedingt entweder AM oder PM folgen.
Ungültige Datums- und/oder Zeitangaben erkennt der Compiler sofort und meldet sie als Fehler.

Heutiges Datum und aktuelle Zeit

Immer wieder benötigen Programme das Systemdatum oder die Systemzeit des Computers. Diese aktuellen Angaben können jederzeit abgefragt und angezeigt werden. Von den vielen Möglichkeiten, die VB dazu bietet, zeigt das folgende Beispiel die flexibelste.

```
' Bsp1019.vb

Option Explicit On
Option Strict On

Imports System

Module Bsp1019
    Sub Main()
        Dim Heute, Uhrzeit As Date
        Dim Wochentage() As String = _
         {"Sonntag", "Montag", "Dienstag", _
         "Mittwoch", "Donnerstag", "Freitag", _
         "Samstag"}                                   '(1)
        Heute = DateTime.Today                        '(2)
        Uhrzeit = DateTime.Now                        '(3)
        Console.WriteLine( _
         "Heute ist {1}, der {0:d/MMMM yyyy gg}", _
         Heute, Wochentage(Heute.DayOfWeek))          '(4)
        Console.WriteLine( _
         "Es ist jetzt {0:H:m:s.ffff zzz}", _
         Uhrzeit)                                     '(5)
    End Sub
End Module
```

Die Ausgabe des Programms hängt natürlich von Datum und Uhrzeit ab und sieht beispielhaft so aus:

```
Heute ist Montag, der 27.Oktober.2003 n. Chr.
Es ist jetzt 14:17:4.7895 +01:00
```

Zur Arbeitsweise des Beispiels:

(1) Dieses Zeichenkettenarray wird benötigt, damit die Wochentage in Deutsch angezeigt werden können. Dabei ist es wichtig, dass mit dem Sonntag begonnen wird, wie man in (4) dann sehen wird.

(2) Die Klasse, die für Zeitangaben zuständig ist, heißt *DateTime*. Sie bestimmt die Funktionalität und die Eigenschaften. Über ihre

Eigenschaft *Today* (deutsch: heute) wird das aktuelle Datum abgerufen. Es handelt sich dabei zwar auch um eine kombinierte Datums- und Uhrzeitangabe, jedoch enthalten die Zeitelemente alle 0, was also Mitternacht entspricht.

(3) Eine weitere Eigenschaft von *DateTime* heißt *Now* (deutsch: jetzt). Diese enthält sowohl das aktuelle Datum als auch die aktuelle Zeit. Es gibt auch eine Eigenschaft, die nur die Uhrzeit liefert. Sie heißt *TimeOfDay* und gehört zur Bibliothek *Microsoft.VisualBasic*. Dies führt aber dann dazu, dass das fehlende Datum durch den *1.1.0001* ersetzt wird. Dies kann zu unbeabsichtigten Fehlern führen. Deshalb wird hier *Now* benutzt.

(4) In Verbindung mit den Formatmöglichkeiten der Methoden *Write* und *WriteLine* (siehe auch Kapitel 4.3.7) kann man nun das Datum in jedem gewünschten Format angeben. Hier wird zuerst der zweite Parameter ({1}), also das Ergebnis des Ausdrucks *Wochentage(Heute.DayOfWeek)* in den Text eingebaut. *Heute.DayOfWeek* dient dabei als Index für das Array und liefert eine Zahl von 0 bis 6, die den Wochentag angibt, wobei die 0 dem Sonntag und die 6 dem Samstag entspricht. Deshalb wurde im Array also mit dem Sonntag begonnen. Die Eigenschaft *DayOfWeek* ist vom jeweiligen Datumsobjekt abhängig, denn jedes Datum entspricht ja eventuell einem anderen Wochentag. Daher muss *DayOfWeek* immer für eine Objektvariable aufgerufen werden und nicht für *DateTime*! Danach wird der erste Parameter ({0}) in Verbindung mit einer Formatangabe verwendet. Die Bedeutung der Platzhalterzeichen wird von der nachfolgenden Tabelle beschrieben.

(5) Auch die Uhrzeit kann so nach eigenen Wünschen formatiert werden. Dadurch, dass dabei keine Platzhalter für den Datumsanteil verwendet werden, fehlt dieser Teil des *Date*-Objektes einfach in der Anzeige.

Für die Datums- und Zeitformatierung stehen eine ganze Reihe von Platzhalterzeichen zur Verfügung:

Zeichen	**Aufgabe**
d	Tageszahl
M	Monatszahl
y	Jahreszahl

h	12-Stunden-Zahl
H	24-Stunden-Zahl
m	Minutenzahl
s	Sekundenzahl
f	Sekundenbruchteile
t	Symbol f. Vor-/Nachmittag
z	Zeitzonenverschiebung
gg	n. Chr.

Durch die Wiederholung der Platzhalter für eine Angabe wird ihre Darstellung bestimmt. Ein Zeichen führt dabei zur kürzesten Anzeige, das heißt ohne führende Nullen bzw. nur eines Buchstabens. Die längste Form entspricht dem ausgeschriebenen Namen oder der Anzeige aller Stellen. Im Einzelnen sind folgende Wiederholungen erlaubt:

Tag und Monat:	max. 4	ohne, mit führender Null, abgekürzt und ausgeschrieben
Sekundenbruchteile:	max. 7	von Zehntel bis Zehnmillionstel
Zeitzone:	max. 3	ohne, mit führender Null und inkl. Minuten
Jahreszahl:	max. 4	ohne führende Null, zwei- bis vierstellig
alle anderen:	max. 2	ohne und mit führender Null

Für den Fall, dass nur ein einziges Zeichen angegeben wird und auch keine anderen Datums- und Zeitangaben angezeigt werden sollen, muss man das %-Zeichen davor setzen. Ansonsten wird der Buchstabe als ein vordefiniertes Format verstanden. Ein Beispiel:

{0:%y} führt zu 3
{0:y} führt dagegen zu Oktober 2003

Dieser Effekt rührt daher, dass es auch vordefinierte Formate gibt, die durch nur einen Buchstaben gekennzeichnet sind:

G Standardformat
g kurzes Datum und 24-Stunden-und-Minuten-Zeit

D	langes Datum
d	kurzes Datum
T	lange Zeitangabe
t	kurze Zeitangabe
F	langes Datum und lange Zeitangabe
f	langes Datum und 24-Stunden-Zeit
M, m	Monat und Tag
R, r	Datum und Uhrzeit als GMT
s	Jahr-Monat-Tag 'T' Stunde:Minuten:Sekunden
U	langes Datum und lange Zeitangabe als GMT
u	Jahr-Monat-Tag Stunde:Minuten:Sekunden 'Z'
Y, y	Monat und Jahr

Hinweis:
Welche Trennzeichen und ob die Symbole für Vor- und Nachmittag angezeigt werden, bestimmen die regionalen Einstellungen der Systemsteuerung.

Datumsberechnungen

Der Datentyp *Date* bzw. die Klasse *DateTime* ermöglicht auch Berechnungen. So kann man sowohl die Zeitspanne zwischen zwei Zeitangaben als auch neue Termine berechnen. Das Prinzip wird von dem nachstehenden Programm demonstriert.

```
' Bspl020.vb

Option Explicit On
Option Strict On

Imports System
Imports Microsoft.VisualBasic

Module Bspl020
   Sub Main()
      Dim Datum As Date
      Dim Dauer As TimeSpan                        '(1)
      Dim Eingabe As String
      Dim Tage As Double                           '(2)
      Console.Write("Ein Datum mit Uhrzeit: ")
      Eingabe = Console.ReadLine()                 '(3)
      Datum = DateTime.Parse(Eingabe)              '(4)
```

```
        Dauer = DateTime.Now.Subtract(Datum)              '(5)
        Console.WriteLine( _
         "Das ist {0} Tage und {1} Stunden her" _
         , Dauer.Days, Dauer.Hours)                       '(6)
        Console.Write("Anzahl Tage: ")
        Tage = Val(Console.ReadLine())                    '(7)
        Console.WriteLine( _
         "In {0} Tagen ist der {1}" _
         , Tage, DateTime.Now.AddDays(Tage))              '(8)
    End Sub
End Module
```

Am 18.10.2003 um 18:06 Uhr liefert das Programm beispielsweise dieses Ergebnis:

```
Ein Datum mit Uhrzeit: 1.1.2003 0:00
Das ist 299 Tage und 18 Stunden her
Anzahl Tage: 14
In 14 Tagen ist der 10.11.2003 18:08:40
```

Es funktioniert folgendermaßen:

(1) Für Zeitdifferenzen, also Angaben zu einer Zeitdauer, wird der Datentyp *TimeSpan* benötigt. Die hier deklarierte Variable soll nachher die Zeitspanne zwischen zwei Terminen speichern.
(2) Die Variable *Tage* wird deklariert, um eine Frist zu speichern. Sie ist vom Typ *Double* und nicht *Integer*, weil dies eine Umwandlung erspart, denn diese Frist wird später als *Double* benötigt.
(3) Datum und Uhrzeit werden als Zeichenkette eingelesen. Dabei gelten hier jetzt nicht die Regeln für Literale, sondern die der regionalen Einstellungen. Das heißt, dass auf deutschen Systemen üblicherweise das Format *t.m.yy h:m:s* funktioniert. Allerdings muss man beachten, dass zweistellige Jahreszahlen unter Umständen nicht dem richtigen Jahrhundert zugewiesen werden. So werden meistens die Jahresangaben 29 als 2029 und 30 als 1930 interpretiert.
(4) Die Klasse *DateTime* bestimmt die Funktionalität des Datentyps *Date*. Dazu gehört auch eine Methode, die aus einer Zeichenkettendarstellung das richtige Datum erzeugt, wobei ungültige Zeitangaben als Fehler abgewiesen werden. Dies ist die Methode *Parse*. Der ihr übergebene Parameter wird analysiert, und wenn alles in

Ordnung ist, liefert sie ein *Date*-Objekt, das dann der Variablen *Datum* zugewiesen wird.

(5) Auch die Differenz wird nicht einfach per Minuszeichen ermittelt, sondern von einer Methode namens *Subtract*. Ihr Parameter wird vom Objektwert abgezogen, wobei ein *TimeSpan*-Objekt erzeugt und der Variablen *Dauer* zugewiesen wird. Das Objekt, für das diese Methode hier aufgerufen wird, ist dasjenige, das von *DateTime.Now* erzeugt wird. Man hätte dies auch als zwei Anweisungen schreiben können: *Dim Jetzt As Date = DateTime.Now* und *Dauer = Jetzt.Subtract(Datum)*. Derartige Verkettungen der Punktschreibweise sind aber typisch für objektorientierte Sprachen und sparen so manche Variable.

(6) Die errechnete Dauer kann nun in unterschiedlichen Einheiten angegeben werden. Dazu muss man nicht mehr viel rechnen. Die Werte zu den Tagen, Stunden, Minuten, Sekunden und Millisekunden stehen als Eigenschaften des Objektes zur Verfügung und müssen nur abgefragt werden. So liefern *Dauer.Days* hier die vollen Tage und *Dauer.Hours* die vollen Stunden. Die anderen Eigenschaften lauten entsprechend *Minutes*, *Seconds* und *Milliseconds*. Will man eine Zeitspanne nicht in einzelne Einheiten aufteilen, sondern nur in einer Einheit angeben, dann muss man nur *TotalDays*, *TotalHours*, *TotalMinutes*, *TotalSeconds* und *TotalMilliseconds* benutzen.

(7) Hier wird eine Frist als Textdarstellung eingelesen, die per *Val* dann in eine echte *Double*-Zahl umgewandelt wird.

(8) Diese Frist kann dann von einem Termin an berechnet werden. Dies macht für Tagesfristen die Methode *AddDays*. Ihr Parameter wird benutzt, um die entsprechende Anzahl Tage zum Objekttermin hinzuzuzählen. Dieser Objekttermin ist hier wieder *DateTime.Now*, also der aktuelle Zeitpunkt. Es gibt auch die Methode *Add*, die ein *TimeSpan*-Objekt addiert, und die weiteren Methoden *AddYears*, *AddMonths* usw. für die Addition der jeweiligen Anzahl Jahre, Monate usw.

4.3.9 Ein Typ für alle Fälle

Ein Allroundtyp für VB ist der Typ *Object*. Derartig deklarierte Variablen können so gut wie alles speichern. Das ermöglicht beispielsweise Anweisungen wie diese:

```
Dim Var1 As Object
...
Var1 = 243.35                     ' Double gespeichert
...
Var1 = DateTime.Now               ' Date-Objekt
...
Var1 = New Integer() {23, 44, 4}  ' Integer-Array
...
Var1 = "Alles OK!"                ' String-Objekt
...
```

Aber Vorsicht, in umgekehrter Richtung können solche Zuweisungen erhebliche Probleme aufwerfen. Wann und wie der Typ *Object* sinnvoll benutzt wird, stellen spätere Kapitel dar.
Dieser Datentyp wird übrigens automatisch für nicht deklarierte Variablen verwendet, wenn *Option Explicit Off* eingestellt ist.

4.3.10 Typen konvertieren

Unter dem Begriff Konvertierung versteht man die Eigenschaft von VB, Datentypen automatisch oder auf Wunsch in andere Typen umzuwandeln. Das folgende Programm zeigt, wie VB mit Variablen unterschiedlicher Typen in einem Ausdruck umgeht:

```
' Bspl021.vb

Option Explicit On
Option Strict On                                        '(1)

Imports System

Module Bspl021
    Sub Main()
        Dim Wert1, Wert4 As Integer                     '(2)
        Dim Wert2 As Single, Wert3 As Double            '(3)
        Wert1 = 4
        Wert2 = 7.3F                                    '(4)
        Wert3 = Wert1 + Wert2                           '(5)
        Console.WriteLine(Wert3)
        Wert4 = CInt(Wert2 + Wert3)                     '(6)
        Console.WriteLine(Wert4)
        Wert4 = CInt(Wert2) + CInt(Wert3)               '(7)
        Console.WriteLine(Wert4)
    End Sub
End Module
```

Die Ausgabe lautet:

```
11.3000001907349
19
18
```

(1) Die *Option-Strict*-Anweisung bestimmt, wie bzw. ob automatische Konvertierungen von VB durchgeführt werden können. In der Einstellung *On* lässt sie nur solche automatische Konvertierungen zu, bei denen keine Informationen verloren gehen, also nur Umwandlungen in umfassendere Typen. Dies ist die empfohlene Einstellung.

(2) In einer Anweisung können auch gleich mehrere Variablen deklariert werden. Haben sie den gleichen Typ, werden sie einfach hintereinander, durch Kommas getrennt, aufgezählt.

(3) Haben Variablen unterschiedliche Typen, können sie auch in einer *Dim*-Anweisung deklariert werden. Dabei muss jede aber eine eigene *As*-Klausel verwenden. Man hätte diese auch zusammen mit den beiden Integer-Variablen deklarieren können: *Dim Wert1, Wert4 As Integer, Wert2 As Single, Wert3 As Double.*

(4) Hier wird durch den Buchstaben *F* die Konstante zu einem *Single*-Wert. Ohne ihn wäre sie vom Typ *Double.*

(5) In dieser Zeile wird einer *Double*-Variablen *Wert3* die Summe aus einer *Integer*-Variablen *Wert1* und einer *Single*-Variablen *Wert2* zugewiesen. Eine solche Zeile würde in vielen Sprachen eine Fehlermeldung hervorrufen; nicht so in VB. Sie erlaubt Ihnen das Verarbeiten von gemischten Ausdrücken ohne große Probleme. Damit das klappt, hat VB einen ganzen Satz von Regeln, nach denen es die für die Berechnung notwendige Konvertierung der unterschiedlichen Typen vornimmt. Als Grundregel gilt dabei, dass Typen automatisch in einen anderen Typ umgewandelt werden, solange keine Information verloren geht. So kann also *Integer* in *Single* und *Single* in *Double* konvertiert werden. In der umgekehrten Reihenfolge würden Stellen verloren gehen. Deshalb werden in solchen Fällen bei *Option Strict On* vom Compiler Fehlermeldungen erzeugt, während bei *Option Strict Off* die Zahlen einfach gerundet oder abgeschnitten werden.

(6) Neben der automatischen Umwandlung kann man auch explizit eine Variable in einen anderen Typ umwandeln. Das ist hier not-

wendig, denn es soll die Summe aus einem *Single-* (*Wert2*) und einem *Double*-Wert (*Wert3*) einer *Integer*-Variablen zugewiesen werden, und *Option Strict On* verhindert die automatische Umwandlung. Durch die Funktion *CInt* wird diese Summe nun in eine ganze Zahl konvertiert, wobei der Dezimalwert gerundet wird. Bei solchen expliziten Umwandlungen ist natürlich der Programmierer dafür verantwortlich, dass dies ohne Informationsverlust durchgeführt werden kann.

(7) In dieser Anweisung wird jeder Wert für sich zuerst konvertiert und danach die Summe gebildet. Durch die Rundungen erhält man dann oft wie hier ein anderes Ergebnis.

Was zeigt nun dieses Beispiel?
Nun, schauen Sie sich zuerst einmal die erste Zahl in der Ausgabe an. Sie stimmt nicht mit dem mathematischen Ergebnis überein. Diese Abweichung um 0.0000001907349 kommt durch die Umwandlung des *Single*-Wertes in *Double* zustande. Nicht jede *Single*-Zahl lässt sich exakt in eine *Double*-Zahl umwandeln. Das liegt einfach am internen Aufbau dieser Fließkommazahlen. Andere Werte wie 7.5F oder 7.25F funktionieren dagegen einwandfrei. Man muss also bei Fließkommazahlen besonders sorgfältig den Typ bestimmen. Deshalb wird auch meistens *Double* benutzt.
Bei *Option Strict Off* arbeitet die automatische Umwandlung immer wie die Anweisung in (6). Das ist aber unter Umständen nicht immer sinnvoll, wie man in (7) sehen kann. Bei *Option Strict Off* kann man die explizite Umwandlung zwar einsetzen, muss aber nicht. Bei *Option Strict On* muss man sie verwenden. Deshalb sollte man sie immer deklarieren, damit keine unbeabsichtigten Konvertierungen erfolgen.

Die Umwandlungsfunktionen für die verschiedenen Zieldatentypen enthält die folgende Tabelle.

Zieltyp	**Funktion**
Boolean	CBool
Byte	CByte
Char	CChar
Date	CDate
Double	CDbl
Decimal	CDec

Integer	CInt
Long	CLng
Object	CObj
Short	CShort
Single	CSng
String	CStr

Alternativ kann man auch die Funktion *CType* einsetzen, die mit zwei Parametern arbeitet, dem umzuwandelnden Wert oder Ausdruck und dem Zieldatentyp, zum Beispiel

```
Wert4 = CType( Wert2 + Wert3, Integer)
```

Oftmals liegen Daten in Zeichenkettenform vor, die von ihrer Bedeutung her einem anderen Typ entsprechen. So haben Sie bereits in *Bspl004* gesehen, dass Zahlen über die Tastatur nur in Zeichenkettenform eingegeben werden können. Um damit rechnen zu können, müssen sie in einen numerischen Typ umgewandelt werden. Dies wurde dort mithilfe der Funktion *Val* erledigt.
Auch eine Klasse namens *Convert* stellt einige Methoden bereit, um die Zeichen wieder in ihren «richtigen» Kontext zu stellen. *Bspl022* demonstriert dies an zwei exemplarischen Beispielen.

```
' Bspl022.vb

Option Explicit On
Option Strict On

Imports System

Module Bspl022
   Sub Main()
      Dim Text1 As String = "true"                    '(1)
      Dim Text2 As String = "12,45"                   '(2)
      Console.WriteLine( _
       Convert.ToBoolean(Text1))                      '(3)
      Console.WriteLine( _
       Convert.ToSingle(Text2) * 2)                   '(4)
   End Sub
End Module
```

Produziert wird folgende Anzeige:

```
True
24.9
```

(1) Diese Zeichenkette enthält die Textform eines logischen Wertes.
(2) Eine Zeichenfolge wie diese stellt eine Dezimalzahl dar. Beachten Sie, dass als Dezimalzeichen das regional gültige benutzt wird!
(3) Mithilfe der Methode *ToBoolean* der Klasse *Convert* wird ein richtiger logischer Wert vom Typ *Boolean* erzeugt. Entspricht die Zeichenkette nicht einem der beiden Werte *True* und *False*, dann wird ein Fehler erzeugt.
(4) *ToSingle* wandelt den Inhalt der Zeichenkette in einen *Single*-Wert um, sodass damit gerechnet werden kann. Enthält die Textdarstellung jedoch ungültige Zeichen, zum Beispiel Buchstaben oder Leerzeichen, dann wird auch hier ein Fehler produziert.

Die folgende Tabelle listet die Datentypen von VB zusammen mit den passenden Umwandlungsmethoden der Klasse *Convert* auf.

Zieltyp	**Klassenmethode**
Boolean	ToBoolean
Byte	ToByte
Char	ToChar
Date	ToDateTime
Decimal	ToDecimal
Double	ToDouble
Integer	ToInt32
Long	ToInt64
Short	ToInt16
Single	ToSingle
String	ToString

4.4 Zusammenfassung

- Die Klasse *System.Console* unterstützt die Ausgabe und Eingabe von Daten.
- Die Funktion *Chr* erlaubt das Erzeugen von Tabulatorzeichen, Zeilenvorschüben usw. Sie gehört zu *Microsoft.VisualBasic.*
- Die Zeichen +, -, * und / dienen unter anderem als Rechenzeichen für die Grundrechenarten.
- Variablen sollten vor ihrem ersten Gebrauch definiert werden. Deshalb wird *Option Explicit On* empfohlen.
- Eine Typdefinition beginnt mit dem Schlüsselwort *Dim*, dem ein Variablenname und der Zusatz *As* mit Typangabe folgt. Mehrere Variablen können, durch Komma getrennt, gleichzeitig deklariert werden.

  Beispiele:

  Dim X, Wert As Integer

  Dim Bst, EinZeichen As Char
- Bei Fließkommazahlen ist nicht nur die Größe der Zahl, sondern auch ihre Genauigkeit zu berücksichtigen.
- Durch *Const* werden Variablen definiert, deren Wert nicht verändert werden kann.
- Zeichenkonstanten (z.B. "X"c) werden wie Zeichenketten (z.B. "X") durch Anführungszeichen eingeschlossen, jedoch ein c angehängt.
- Felder sind Objekte mit Eigenschaften und Funktionalität. Die wichtigste Eigenschaft heißt *Length* und gibt die Anzahl aller Elemente an. *Rank* liefert die Anzahl Dimensionen.
- Zeichenketten sind Objekte der Klasse *String* und verfügen über Eigenschaften und Funktionalität.
- Umwandlungen können mit den Konvertierungsfunktionen *CInt*, *CBool* usw. und mithilfe der Klasse *Convert* erfolgen.
- Damit keine unbeabsichtigten Umwandlungen passieren, sollte immer *Option Strict On* benutzt werden.

4.5 Übungen

Aufgabe 5

Welche Ausgabe liefert das folgende Programm?

```
' Aufg05.vb

Option Explicit On
Option Strict On

Module Aufg05
    Sub Main()
        System.Console. _
         WriteLine("12+3/3=" & (12 + 3 / 3))
    End Sub
End Module
```

Aufgabe 6

Schreiben Sie ein Programm, das einen Tastenanschlag von der Tastatur einliest und den Tastencode wieder ausgibt. Der Dialog soll beispielsweise folgendermaßen aussehen:

```
Bitte drücken Sie eine Taste: k
Der Tastencode lautet:
107
```

Aufgabe 7

Welche vier Fehler enthält das folgende Programm?

```
' Aufg07.vb                                                    '(1)
' Achtung! Dieses Programm ist fehlerhaft                      '(2)
                                                               '(3)
                                                               '(4)
Option Explicit On                                             '(5)
Option Strict On                                               '(6)
Imports Microsoft.VisualBasic                                  '(7)
                                                               '(8)
Module Aufg07                                                  '(9)
    Sub Main()                                                 '(10)
        Dim Ein As String                                      '(11)
```

```
        System.Console.Write( _                             '(12)
         vbCrLf & "Bitte geben Sie Text ein: ")             '(13)
        Ein = System.Console.ReadLine()                     '(14)
        System.Console.WriteLine _                          '(15)
         ("Ihre Eingabe lautet: " Ein)                      '(16)
        End                                                 '(17)
End Module                                                  '(18)
```

Aufgabe 8

Was ist an diesem Programm fehlerhaft?

```
' Aufg08.vb

Option Explicit On
Option Strict On

Imports System
Imports Microsoft.VisualBasic

Module Aufg08
    Sub Main()
        Dim Wert, Ergebnis As Integer
        Wert = 589145
        Ergebnis = Wert * 14412
        Console.WriteLine("Das Ergebnis lautet: " _
         & Ergebnis)
    End Sub
End Module
```

Aufgabe 9

Was wurde hier falsch gemacht?

```
' Aufg09.vb
Option Explicit On
Option Strict On
Imports System
Imports Microsoft.VisualBasic
Module Aufg09
    Sub Main()
        Dim Zahlen() As Integer = {12, 34, 22}
        Console.WriteLine( _
         Zahlen(1) & vbCrLf _
```

```
        & Zahlen(2) & vbCrLf _
        & Zahlen(3) & vbCrLf)
    End Sub
End Module
```

Aufgabe 10

Schreiben Sie ein Programm, das zwei Zeichenketten über die Tastatur einliest und sie ohne Verwendung des Verkettungsoperators zusammengefügt in einer dritten Variablen speichert.

5 Kontrollstrukturen

In diesem Kapitel werden die Kontrollstrukturen, Prozeduren und Funktionen besprochen. Um den Programmfluss zu kontrollieren, bietet VB alle gängigen Kontrollstrukturen an, die Sie auch von anderen Programmiersprachen her kennen.

5.1 Entscheidungen treffen

Einer der wichtigsten Mechanismen, den Programmablauf flexibel zu steuern, besteht in Entscheidungen, aufgrund dessen Anweisungen dann ausgeführt oder übergangen werden.

5.1.1 Einfache Verzweigungen

Um den Programmfluss abhängig von einem zu bewertenden Ausdruck verzweigen zu lassen, benutzt VB das Schlüsselwort *If.* Ihm folgt der zu bewertende Ausdruck. Ist dieser wahr, werden die folgenden Anweisungen bis zu einem *End If* ausgeführt. Ist er falsch, wird hinter dem Block weitergemacht. Die *If*-Anweisung kann noch um einen *Else-* und einen *ElseIf*-Zweig erweitert werden. Diese werden ausgeführt, wenn der Ausdruck hinter dem *If* falsch ist. Wie diese Regeln in einem Programm aussehen, zeigt das folgende Beispiel:

```
' Bsp1023.vb

Option Explicit On
Option Strict On

Imports System
```

```
Module Bsp1023

    Sub Main()
        Dim Wert As Double
        Console.Write("Bitte eine Zahl eingeben: ")
        Wert = Convert.ToDouble(Console.ReadLine())
        If Wert = 10.0 Then                                   '(1)
            Console.WriteLine("Der Wert ist zehn.")
        Else
            If Wert > 10.0                                    '(2)
                Console.WriteLine( _
                  "Der Wert ist groesser als zehn.")
            Else                                              '(3)
                Console.WriteLine( _
                  "Der Wert ist kleiner als zehn.")
            End If                                            '(4)
        End If
    End Sub
End Module
```

Ein Beispieldialog kann so aussehen:

```
Bitte eine Zahl eingeben: 9,99
Der Wert ist kleiner als zehn.
```

Beachten Sie, dass die Zahl mit regionalem Dezimalzeichen eingegeben wird!

(1) Hinter dem Schlüsselwort *If* folgt der zu bewertende Ausdruck. In diesem Beispiel wird auf Gleichheit geprüft. VB benutzt dafür ein einfaches Gleichheitszeichen (=). Dem Ausdruck kann dann das Wort *Then* folgen.

(2) Hier wird das Schlüsselwort *Then* weggelassen. Wie man vielleicht erkennen kann, ist der Code unter Verwendung von *Then* aber besser zu lesen. Deshalb sollte man es auch benutzen. Der VB-Editor fügt es sogar automatisch ein.

(3) Die Anweisung *Else* ist optional, das heißt, man kann sie auch weglassen. Wird sie benutzt, dann wird der Anweisungsblock hinter dem *Else* bis zum *End If* ausgeführt, wenn die Bedingung hinter *If* nicht wahr ist.

(4) Jede *If*-Struktur muss mit einem *End If* abgeschlossen werden.

Kurze *If*-Anweisungen darf man auch in einer Zeile schreiben. Dann ist *Then* auf jeden Fall Pflicht und *ElseIf* sowie *End If* dürfen nicht verwendet werden. Ein Beispiel:

```
If Wert = 0 Then Ist0 = True : Text = "ok" Else Ist0 = False
```

Wie man an dem Beispiel auch sehen kann, können *If*-Anweisungen geschachtelt werden. Eine zu tiefe Verschachtelung macht das Programm jedoch unübersichtlich. In diesem Fall versucht man besser *Select* einzusetzen (siehe Kapitel 5.1.3).
Statt zu verschachteln, kann man die Folgetests auch durch ein *ElseIf* ausführen. Das gleiche Beispiel sieht dann so aus:

```
' Bspl023a.vb

Option Explicit On
Option Strict On

Imports System

Module Bspl023a

    Sub Main()
        Dim Wert As Double
        Console.Write("Bitte eine Zahl eingeben: ")
        Wert = Convert.ToDouble(Console.ReadLine())
        If Wert = 10.0 Then
            Console.WriteLine("Der Wert ist zehn.")
        ElseIf Wert > 10.0 Then                              '(1)
            Console.WriteLine( _
             "Der Wert ist groesser als zehn.")
        Else                                                 '(2)
            Console.WriteLine( _
             "Der Wert ist kleiner als zehn.")
        End If
    End Sub
End Module
```

(1) Diese *ElseIf*-Anweisung ist prinzipiell wie die *If*-Anweisung aufgebaut. Während *If* aber den ersten Test beschreibt, gibt *ElseIf* einen Ausdruck an, der erst dann überprüft wird, wenn der vorangegangene falsch ist. Innerhalb eines *If ... End If*-Blocks dürfen mehrere

ElseIf vorkommen. Sie werden dann der Reihe nach ausgewertet, bis einer *True* liefert.

(2) *Else* darf nur einmal vorkommen, und ihm darf dann auch kein *ElseIf* mehr folgen.

5.1.2 Logische Ausdrücke

Im vorherigen Kapitel wurde davon gesprochen, dass ein Ausdruck wahr oder falsch ist. Wenn VB von wahr oder falsch spricht, werden für falsch der *Boolean*-Wert *False* und für wahr der *Boolean*-Wert *True* benutzt.
Als Vergleichsoperatoren benutzt VB die folgenden Zeichenkombinationen:

<	kleiner als
>	größer als
<=	kleiner oder gleich
>=	größer oder gleich
<>	ungleich
=	genau gleich

Neben den Vergleichsoperatoren, die zwei Werte miteinander vergleichen, benötigt man noch so genannte logische Operatoren, die mehrere Vergleiche miteinander verknüpfen können. VB kennt als wichtigste Operatoren den UND-, den ODER- und den NICHT-Operator. Es werden dafür folgende Operatoren benutzt:

NICHT	*Not*	(höchster Vorrang)
UND	*And*	
ODER	*Or*	(niedrigster Vorrang)

Zusätzlich kennt VB noch drei ähnliche Operatoren mit etwas anderer Funktionsweise:

AndAlso	(Rang wie *And*)
OrElse	(Rang wie *Or*)
Xor	(Rang wie *Or*)

Der Einsatz dieser Operatoren wird im nächsten Programm vorgestellt.

```
' Bsp1024.vb

Option Explicit On
Option Strict On

Imports System

Module Bsp1024
   Sub Main()
      Dim A, B As Integer
      Console.Write( _
       "Bitte erste Ganzzahl eingeben (a): ")
      A = Convert.ToInt32(Console.ReadLine())
      Console.Write( _
       "Bitte zweite Ganzzahl eingeben (b): ")
      B = Convert.ToInt32(Console.ReadLine())
      If (A = 1 AndAlso B = 2) Then _
       Console.WriteLine("a=1 und b=2")                 '(1)
      If (A = 3 OrElse B = 6) Then _
       Console.WriteLine("a=3 oder b=6")
      If (A >= 1 And A <= 49) Then _
       Console.WriteLine("a>=1 und a<=49")
      If (A = 0 Xor B = 0) Then _
       Console.WriteLine("nur a oder b = 0")            '(2)
      If (Not (A = 1)) Then _
       Console.WriteLine("a nicht gleich 1")            '(3)
      If (A <> 1) Then _
       Console.WriteLine("a ungleich 1")
   End Sub
End Module
```

(1) In den ersten drei *If*-Anweisungen werden jeweils zwei Vergleiche miteinander verknüpft. Die *AndAlso*-Verknüpfung ergibt nur dann wahr, wenn beide Bedingungen erfüllt sind. Bei der *OrElse*-Verknüpfung reicht es, wenn eine Bedingung erfüllt ist. Es können natürlich auch beide Bedingungen erfüllt sein. Der Compiler optimiert dabei die Verarbeitung derart, dass der Test abgebrochen wird, wenn das Endergebnis bereits feststeht. So kann das Ergebnis einer *AndAlso*-Verknüpfung nicht mehr wahr liefern, wenn der erste Teil bereits falsch ist, und eine *OrElse*-Verknüpfung kann nicht mehr falsch werden, wenn bereits der erste Teil wahr ist. Der jeweils rechte Teil wird dann in solchen Ausdrücken erst gar nicht mehr ausgewertet. Anders ist dies bei *And* und *Or*. Sie funktionieren hier

wie *AndAlso* und *OrElse*, werten aber auf jeden Fall beide Vergleiche aus.

(2) Der Operator *Xor* arbeitet ähnlich wie *Or*. Er liefert aber nur dann wahr, wenn entweder die erste oder die zweite Bedingung wahr ist, nicht beide gleichzeitig. Deshalb heißt er auch exklusives Oder (engl. exclusive **or**).

(3) Die Wirkung dieser beiden nächsten *If*-Zeilen ist identisch. Beide sind wahr, wenn *A* ungleich *1* ist. Beim ersten Test wird dazu der NICHT-Operator *Not* verwendet, beim zweiten der Ungleichheitsoperator <>. Vorzuziehen ist in diesem Fall der Ungleichheitsoperator, da die meisten Leute ihn einfacher verstehen können. Der NICHT-Operator wird hingegen häufig dann eingesetzt, wenn der Wahrheitswert eines komplexen Vergleiches umgedreht werden soll, wie in folgendem Beispiel:

```
If Not(A > B And A <> 5 And (A < 12 Or B = 17))
```

Wenn Sie das Programm übersetzen und starten und die Zahlen 3 und 0 eingeben, ergibt sich folgende Ausgabe auf dem Bildschirm:

```
Bitte erste Ganzzahl eingeben (a): 3
Bitte zweite Ganzzahl eingeben (b): 0
a=3 oder b=6
a>=1 und a<=49
nur a oder b = 0
a nicht gleich 1
a ungleich 1
```

> *Hinweis*:
> Die Operatoren *Not, And, Or* und *Xor* können zusammen mit ganzen Zahlen auch Bitoperationen ausführen.

Mit diesen Operatoren lassen sich alle logischen Ausdrücke formulieren, auch die Operatoren *Eqv* und *Imp* der früheren VB-Versionen. So kann *Eqv* durch den Gleichheitsoperator und *A Imp B* durch den Ausdruck *(Not A) Or B* ersetzt werden.

5.1.3 Mehrfachverzweigungen

Bei der Vorstellung der *If*-Anweisung wurde erwähnt, dass es nicht sinnvoll ist, das *If* zu stark zu verschachteln, da die Konstruktionen unübersichtlich werden. Als Ersatz bietet sich die Anweisung *Select* an. Ein Beispiel sehen Sie im Folgenden:

```
' Bsp1025.vb

Option Explicit On
Option Strict On

Imports System

Module Bsp1025
    Sub Main()
        Dim Zahl As Integer
        Console.Write( _
         "Bitte eine Zahl kleiner als 13 eingeben: ")
        Zahl = Convert.ToInt32(Console.ReadLine())
        Console.Write("Das war ")
        Select Case Zahl                                '(1)
            Case 0                                      '(2)
                Console.WriteLine("0")
            Case 1 To 4                                 '(3)
                Console.WriteLine("1, 2, 3 oder 4")
            Case 5, 7, 9                                '(4)
                Console.WriteLine("5, 7 oder 9")
            Case 6, 8, 10 To 12                         '(5)
                Console.WriteLine("6, 8, 10, 11 oder 12")
            Case Is < 0                                 '(6)
                Console.WriteLine("ein negativer Wert")
        End Select
    End Sub
End Module
```

(1) Hinter *Select* und dem optionalen Schlüsselwort *Case* folgt ein auszuwertender Ausdruck oder wie hier eine Variable. Dieser Wert wird nun mit den Konstanten hinter einer Anweisung *Case* verglichen. Das Programm «hangelt» sich an den *Case*-Anweisungen entlang, bis es die richtige findet. Dann läuft das Programm an dieser Stelle weiter. Trifft es dann auf ein weiteres *Case*, springt die Verarbeitung auf *End Select*, um da fortzufahren.

(2) Wenn hinter *Case* ein Literal steht, wird auf Gleichheit getestet. Das entspricht hier also dem Vergleich *Zahl = 0*.

(3) Eine Bereichsangabe ist ebenfalls möglich. Dazu wird das Schlüsselwort *To* verwendet. Dies entspricht dem logischen Ausdruck *Zahl = 1 Or Zahl = 2 Or Zahl = 3 Or Zahl = 4*.

(4) Eine andere Möglichkeit ist die Auflistung einzelner Literale ...

(5) ... und die beliebige Kombination von Aufzählungen und Bereichsangaben. Die Werte sollten nur aufsteigend sein.

(6) Es muss auch nicht unbedingt auf Gleichheit geprüft werden. Auch die anderen Vergleichsoperatoren <, >, <=, >= und <> sind erlaubt. Sie werden dann zusammen mit dem Schlüsselwort *Is* angegeben und führen zu Vergleichen wie in diesem Fall *Zahl < 0*. Fehlt *Is*, dann setzen es der VB-Editor und der Compiler automatisch ein.

Hinter *Case* dürfen natürlich nicht nur Literale angegeben werden. Auch Variablen und komplexere Ausdrücke sind erlaubt. Der Typ des Ergebnisses muss nur zu dem Typ des auszuwertenden Ausdrucks passen, da er ja indirekt auf der rechten Seite eines Vergleichs steht.
Damit alle erlaubten Möglichkeiten abgedeckt werden, sollte ein *Select*-Block auch eine Klausel enthalten, die für alle nicht explizit genannten Fälle gilt. Dies demonstriert das nächste Beispiel.

```
' Bsp1026.vb

Option Explicit On
Option Strict On

Imports System
Imports Microsoft.VisualBasic

Module Bsp1026

   Sub Main()
      Dim Zeichen As Char
      Console.Write( _
       "Bitte geben Sie einen Buchstaben ein :")
      Zeichen = Chr(Console.Read())                    '(1)
      Select Case Zeichen
         Case "A"c, "a"c                               '(2)
            Console.WriteLine("Buchstabe A")
         Case "B"c, "b"c
            Console.WriteLine("Buchstabe B")
```

```
        Case "C"c, "c"c
            Console.WriteLine("Buchstabe C")
        Case Else                                              '(3)
            Console.WriteLine("Kenn ich nicht!")
        End Select
    End Sub
End Module
```

Die nächste Abbildung zeigt vier Programmdurchläufe mit ihren Ausgaben auf dem Bildschirm.

```
Bitte geben Sie einen Buchstaben ein :a
Buchstabe A
Bitte geben Sie einen Buchstaben ein :b
Buchstabe B
Bitte geben Sie einen Buchstaben ein :c
Buchstabe C
Bitte geben Sie einen Buchstaben ein :k
Kenn ich nicht!
```

(1) Das Programm soll den eingegebenen Buchstaben überprüfen. Ein einzelnes Zeichen kann zwar mit *Read* eingelesen werden, geliefert wird dabei aber der Codewert vom Typ Integer. Dieser wird hier in das zugehörige Zeichen umgewandelt.

(2) Soll die Groß-/Kleinschreibung unberücksichtigt bleiben, dann stehen beide Zeichen in einer *Case*-Anweisung direkt hintereinander.

(3) Neben den verschiedenen *Case*-Blöcken kann ein *Select*-Block auch eine einzige *Case Else*-Anweisung enthalten. Sie entspricht quasi dem *Else* beim *If* und gilt für alle nicht durch *Case* aufgeführten Fälle. Wenn *Case Else* benutzt wird, muss es als letzte Klausel angegeben werden.

Außer mit integralen Ausdrücken arbeitet *Select* auch mit Zeichenketten, wie das nächste Beispiel zeigt.

```
' Bsp1027.vb

Option Explicit On
Option Strict On
' Option Compare Text

```

```
Imports System
'Imports Microsoft.VisualBasic

Module Bsp1027

    Sub Main()
        Dim Wort As String
        Console.Write( _
         "Bitte geben Sie ""Test"" ein: ")
        Wort = Console.ReadLine()
        Select Case Wort
            Case "Test"
                Console.WriteLine("Gut gemacht")
            Case "test", "TEST"
                Console.WriteLine("Na ja...")
            Case Else
                Console.WriteLine("War das zu schwer?")
        End Select
    End Sub
End Module
```

Der Vergleich mit den Konstanten erfolgt abhängig von *Option Compare*. Daher muss entweder jede mögliche Groß-/Kleinschreibung separat getestet werden, oder man gibt *Option Compare Text* an. Experimentieren Sie, indem Sie das Kommentarzeichen entfernen!

5.2 Programmteile wiederholen

Oft müssen eine ganze Reihe von Anweisungen mehrmals wiederholt werden. Das kann daran liegen, dass etwas so lange erneut gemacht werden muss, bis es einwandfrei funktioniert hat, oder auch daran, dass eine Reihe von Daten in gleicher Weise verarbeitet werden muss. Den Steuerungsmechanismus für solche Wiederholungen nennt man Schleifen. Von ihnen gibt es zwei Grundtypen:

Zählschleifen werden üblicherweise eingesetzt, wenn zu Beginn bereits feststeht, wie oft ein Block erneut ausgeführt werden muss.

Bedingungsschleifen eignen sich hervorragend in Situationen, in denen sich erst während der Verarbeitung ein erneuter Durchlauf herausstellt.

5.2.1 Zählschleifen

Die *For*-Schleife wird benutzt, wenn man bestimmte Programmteile mehrfach ausführen will und bereits im Voraus weiß, wie oft das zu geschehen hat. Im Gegensatz dazu stehen die *While*- und die *Do*-Schleifen, die in den nächsten Kapiteln vorgestellt werden.
Eine *For*-Schleife funktioniert folgendermaßen:

```
' Bspl028.vb

Option Explicit On
Option Strict On

Imports System
Imports Microsoft.VisualBasic

Module Bspl028

    Sub Main()
        Dim I As Integer                                    '(1)
        Console.Write("Erste Schleife: ")
        For I = 10 To 12                                    '(2)
            Console.Write(I & " ")
        Next I                                              '(3)
        Console.Write(vbCrLf & "Zweite Schleife: ")
        For I = 13 To 12 Step -1                            '(4)
            Console.Write(I & " ")
        Next                                                '(5)
        Console.WriteLine()
    End Sub
End Module
```

Das Programm enthält zwei *For*-Schleifen, die folgende Ausgabe produzieren:

```
Erste Schleife: 10 11 12
Zweite Schleife: 13 12
```

(1) Für Zählschleifen wird eine so genannte Zählvariable benötigt, die üblicherweise *I* heißt. Braucht man weitere, so heißen diese meistens *J*, *K* usw. Der schnellste Datentyp für diese Variable ist Integer, aber auch andere numerische Typen wie *Short*, *Long*, *Decimal* usw. können benutzt werden.

(2) Durch das Schlüsselwort *For* wird die Schleife gesteuert. Der erste Ausdruck *I=10* initialisiert die Zählvariable mit ihrem Startwert. Diese Anweisung wird daher nur einmal zu Beginn ausgeführt. Das nachfolgende *To 12* prüft, ob der Rumpf der *For*-Anweisung weiter ausgeführt werden soll oder ob die Schleife zu beenden ist. Solange die Zählvariable kleiner oder gleich diesem Wert ist, wird die Schleife ausgeführt. Die Anweisungen, die jedes Mal zu wiederholen sind, folgen dieser Klausel.

(3) Abgeschlossen wird die Schleife durch die Anweisung *Next*, gefolgt von der Zählvariablen. Diese wird dadurch um eins erhöht und der nächste Durchlauf gestartet.

(4) Die zweite Schleife zeigt Ihnen, dass die Variable auch rückwärts gezählt werden kann. Dazu dient der Ausdruck *Step -1*. Er gibt die Schrittweite an und kann sowohl negative wie auch positive Werte festlegen. Fehlt *Step*, dann gilt automatisch *Step +1*.

(5) *Next* kann auch ohne Zählvariable angegeben werden.

Wie Sie bereits gelesen haben, kann VB Variablen nicht nur zu Beginn eines Blocks deklarieren, sondern an jeder beliebigen Stelle. Von dieser Fähigkeit macht das folgende kurze Programm Gebrauch:

```
' Bsp1029.vb

Option Explicit On
Option Strict On

Imports System

Module Bsp1029

    Sub Main()
        Console.WriteLine()
        For I As Integer = 10 To 12
            Console.Write(I & " ")
        Next
        Console.WriteLine()
    End Sub
End Module
```

Bei der Festlegung des Startwertes wird die Variable gleichzeitig initialisiert. Mit anderen Worten: Sie hat bis zu diesem Zeitpunkt noch gar nicht existiert. Eine so definierte Zählvariable ist nur für die Schleife gültig und existiert danach nicht mehr (siehe Seite 143). Man muss sich also nicht jedes Mal einen neuen Namen bei der nächsten Zählschleife ausdenken.

5.2.2 Bedingungsschleifen

Die *While*-Schleife und die *Do*-Schleife sind eng miteinander verwandt, sie können das Gleiche leisten wie die *For*-Schleife. Der wesentliche Unterschied ist, dass die Kontrollvariablen nicht an einer Stelle zusammengefasst sind, sondern an mehreren Stellen des Programms gepflegt werden müssen.
Die *While*-Schleife im folgenden Programm macht nichts anderes, als die Variable *Zaehler* hochzuzählen und auszudrucken. Ab einem bestimmten Wert wird die Schleife verlassen. Die *Do*-Schleife läuft so lange, bis der Benutzer die Zahl *Null* eingibt und damit den Abbruch der Schleife bewirkt. Die *Do*- und *While*-Schleifen werden häufig dann eingesetzt, wenn nicht von vornherein bekannt ist, wie oft sie durchlaufen werden sollen. Dies trifft allerdings in unserem Beispiel nur für die *Do*-Schleife zu. Die *While*-Schleife ist hier so konstruiert, dass die Anzahl der Durchläufe bereits zu Beginn feststeht.

```
' Bsp1030.vb

Option Explicit On
Option Strict On

Imports System

Module Bsp1030

   Sub Main()
      Dim Zaehler As Integer = 1
      While Zaehler < 5                                 '(1)
         Console.Write(Zaehler & " ")
         Zaehler += 1                                   '(2)
      End While                                         '(3)
      Console.WriteLine()
      Do                                                '(4)
         Console.Write( _
         "Bitte eine Zahl eingeben (0=Ende): ")
         Zaehler = Convert.ToInt32(Console.ReadLine())
```

```
        Loop While Zaehler <> 0                       '(5)
    End Sub
End Module
```

(1) Hinter dem Schlüsselwort *While* folgt die Bedingung zum Weitermachen. Ist sie wahr, wird der Anweisungsblock bis zum *End While* abgearbeitet. Andernfalls setzt das Programm die Arbeit nach diesem Block fort.

(2) Hier lernen Sie einen neuen Operator kennen. Durch ihn wird zuerst eine Rechenoperation, hier eine Addition, und danach eine Zuweisung durchgeführt. Dies ist eine Kurzschreibweise für *Zaehler = Zaehler + 1*. Derartige Operatoren gibt es auch für alle Rechenoperatoren, zum Beispiel -=, *= usw.

(3) Jede *While*-Schleife muss mit *End While* abgeschlossen werden. Das frühere *Wend* ist nicht mehr erlaubt!

(4) Diese *Do*-Schleife hat im Gegensatz zur *While*-Schleife die Eigenschaft, dass das Programm auf jeden Fall den Anweisungsblock einmal ausführt, da die Prüfung erst am Ende der Schleife erfolgt.

(5) Das *While* in dieser Zeile hat prinzipiell den gleichen Aufbau wie bei der *While*-Schleife. Nur ist hier zu beachten, dass vor dem *While* das Schlüsselwort *Loop* steht. Dadurch wird die *Do*-Schleife mit einem Test für einen erneuten Durchlauf abgeschlossen. Liefert die Bedingung *True*, so wird die Schleife neu gestartet, ansonsten wird mit der folgenden Anweisung weitergemacht.

Statt des Schlüsselwortes *While* kann man bei der *Do*-Schleife auch *Until* verwenden. Das dreht dann allerdings die Logik um und die Schleife wird so lange wiederholt, bis die Bedingung wahr wird, also solange sie falsch ist!

Außerdem ermöglicht die *Do*-Schleife die Prüfung der Bedingung auch zu Beginn, sodass sie unter Umständen gar nicht durchlaufen wird. Diese nennt man dann auch abweisende Schleifen oder kopfgesteuerte Schleifen im Gegensatz zu annehmenden bzw. fußgesteuerten Schleifen.

Das ergibt dann insgesamt die folgenden 5 Möglichkeiten:

Abweisende Schleifen:

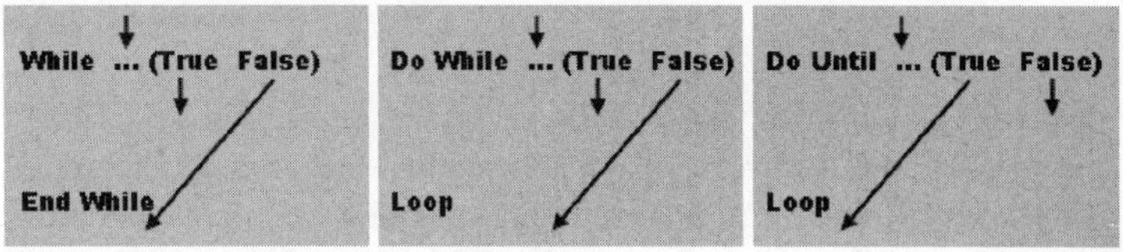

Annehmende Schleifen:

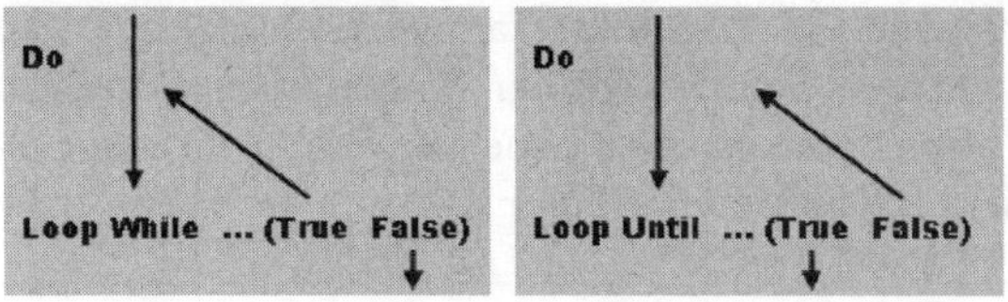

Die Pfeile in den vorstehenden Abbildungen symbolisieren den Programmfluss, je nachdem, ob die Testbedingung *True* oder *False* liefert.

5.2.3 Schleifen für Sammlungen

Spezielle Objekte, wie zum Beispiel Arrays, enthalten eine mehr oder weniger große Sammlung von Daten. Oft muss bei ihnen Element für Element in gleichartiger Weise verarbeitet werden. Dies kann natürlich mit einer ganz normalen Zählschleife geschehen. Für Sammlungen gibt es jedoch bei VB eine spezielle Schleife.

```
' Bsp1031.vb

Option Explicit On
Option Strict On

Imports System

Module Bsp1031

    Sub Main()
        Dim Zahlen() As Integer = {123, 12, 0, 21, 4}
        For Each I As Integer In Zahlen
```

```
            Console.WriteLine(I)
        Next
    End Sub
End Module
```

Hinter den Schlüsselwörtern *For Each* steht wiederum die Schleifensteuerung. Durch *I As Integer* werden Typ und Name eines Elementes angegeben. Weil es sich hier um ganze Zahlen vom Typ *Integer* handelt, lautet also auch der Typ für die Steuerung der Schleife *Integer*. Wenn VB jedoch ohne Verluste den Typ konvertieren kann, dann dürfen auch andere verwendet werden. Wer Lust hat, kann es ja einmal mit *Char* oder *Double* statt *Integer* versuchen. Über den Namen *I* kann innerhalb der Schleife dann jedes Element angesprochen werden. Dem Schlüsselwort *In* folgt immer der Name der Sammlung.

> *Hinweis*:
> Das *For Each* stellt ganz bestimmte Anforderungen an die Sammlungsobjekte. Deshalb funktioniert dieser Schleifentyp nur bei Arrays und besonderen anderen Klassen.

Als konventionelle Schleife programmiert, sieht die Verarbeitung übrigens beispielsweise so aus:

```
...
    For I As Integer = 0 To Zahlen.Length - 1
    Console.WriteLine(Zahlen(I))
    Next
...
```

Hier ist *I* unabhängig vom Typ der Arrayelemente und in der Regel immer als *Integer* definiert, während die Variable bei *For Each* stets zum Elementetyp passen muss!

5.3 Sprünge

VB erlaubt innerhalb von Schleifen auch Sprünge ans Schleifenende und an den Schleifenanfang sowie direkte Sprünge zu ganz bestimmten Anweisungen.

5.3.1 Absoluter Sprung

Die Anweisung *Goto* ist bei vielen Programmierern verpönt, da ihr übermäßiger Einsatz ein Programm nicht nur unübersichtlich macht, sondern auch schwer auffindbare Fehler erzeugen kann. Ein Programm kommt auch fast immer ohne *Goto* aus; die vorhandenen Kontrollstrukturen bieten hier genug Möglichkeiten. Dennoch kann es Fälle geben, wo es sogar sinnvoll ist, ein einzelnes *Goto* einzusetzen. Dieser Fall tritt unter Umständen dann auf, wenn aus einer tief verschachtelten Schleifenkonstruktion an deren Ende verzweigt werden soll. Ein Beispiel:

```
' Bsp1032.vb

Option Explicit On
Option Strict On

Imports System

Module Bsp1032
   Sub Main()
      Dim I, J As Integer
      For I = 0 To 100
         For J = 1000 To 1 Step -1
            If I = 50 And J = 999 Then GoTo Ende        '(1)
         Next I
      Next J
Ende:                                                   '(2)
      Console.Write( _
       "Programm wurde beendet mit ")
      Console.WriteLine( _
       "i = " & I & " und j = " & J)
   End Sub
End Module
```

Das Programm liefert folgende Ausgabe:

```
Programm wurde beendet mit i = 50 und j = 999
```

(1) Die Anweisung *Goto* benötigt ein Sprungziel, an das sie verzweigen soll. Diese Sprungziele werden durch so genannte *Zeilenmarken* gekennzeichnet.

(2) Eine Marke besteht aus einem gültigen Namen, gefolgt von einem Doppelpunkt (*Ende:*). An dieser Sprungmarke wird die Programmausführung fortgesetzt.

Ein Sprung mit einer *Goto*-Anweisung ist nur innerhalb einer Prozedur möglich, das heißt, Start und Ziel des Sprungs müssen sich im gleichen Block - hier *Main* - befinden.

5.3.2 Schleifen aussetzen

Manchmal muss der Programmfluss eines Schleifenrumpfes unterbrochen und an die Schleifenkontrolle der innersten Schleife übergeben werden. Am Beispiel des folgenden Programms heißt das, dass in (1) – falls die Bedingung erfüllt ist – an die *Next*-Anweisung in (2) verzweigt und *I* erhöht sowie erneut getestet wird. Es wird überprüft, ob der Anweisungsrumpf weiter abgearbeitet werden soll. Dadurch kann ein Programm also innerhalb von Schleifen die Anweisungen überspringen, die in manchen Situationen überflüssig sind.

```
' Bspl033.vb

Option Explicit On
Option Strict On

Imports System

Module Bspl033

   Sub Main()
      For I As Integer = 1 To 5
         If I = 3 Then GoTo Neu                         '(1)
         Console.Write(I & " ")
Neu:  Next                                              '(2)
      Console.WriteLine()
   End Sub
End Module
```

Das Programm zeigt die folgenden vier Ziffern auf dem Bildschirm an:

```
1 2 4 5
```

Eine *Continue*-Anweisung kennt VB nicht (mehr)! Deshalb wird eine Schleifenunterbrechung durch *Goto* realisiert. Die Sprungmarke wird dazu möglichst an das Schleifenende gesetzt. Aber Vorsicht, die Anweisung, die die Bedingung verändert, darf dabei nicht übersprungen werden!

```
' Bspl034.vb

Option Explicit On
Option Strict On

Imports System

Module Bspl034
    Sub main()
        Dim Zaehler As Integer = 1
        While Zaehler < 5
            If Zaehler = 3 Then
                GoTo Neu
            Else
                Console.Write(Zaehler & " ")
            End If

' Hier können weitere Anweisungen folgen

Neu:        Zaehler += 1
        End While
        Console.WriteLine()
    End Sub
End Module
```

Hier steht die Marke vor der letzten Anweisung des Schleifenrumpfes, die die Variable aus der Schleifenbedingung verändert. Alle anderen Befehle werden übersprungen, nur diese nicht, denn sonst entsteht eine Endlosschleife.

5.3.3 Schleifen abbrechen

Statt Schleifen nur zu unterbrechen, um Anweisungen zu überspringen, können Schleifen auch komplett abgebrochen werden. Die Verarbeitung wird dann mit der ersten Anweisung hinter der Schleife fortgesetzt.

```
' Bsp1035.vb

Option Explicit On
Option Strict On

Imports System

Module Bsp1035
    Sub Main()
        Dim Zaehler As Integer = 100, Summe As Integer
        While Zaehler > 0
            If Zaehler < 50 Then Exit While
            Summe += Zaehler
            Zaehler -= 1
        End While
        Console.WriteLine("Summe ist: {0}", Summe)
    End Sub
End Module
```

Durch *Exit While* wird hier die Schleife sofort beendet, wenn der Wert der Variablen unter 50 sinkt. Den gleichen Effekt hätte man natürlich auch erreicht, wenn die Bedingung *Zaehler >= 50* lauten würde, aber das Beispiel soll ja auch nur die Verwendung von *Exit While* demonstrieren. Mit *Exit Select, Exit For* und *Exit Do* kann man die entsprechenden anderen Strukturen verlassen.

5.4 Prozeduren

Ein weiteres wichtiges Element der Programmstruktur bilden die Prozeduren wie beispielsweise *Main*. VB kennt zwei Grundtypen: einfache Prozeduren und Funktionen. Der Hauptunterschied zwischen diesen beiden besteht darin, dass Funktionen an die aufrufende Stelle Werte zurückliefern können, die die Funktion ersetzen. Dies können einfache Prozeduren nicht, weshalb sie auch nicht als Teil eines Ausdrucks verwendet werden können, wohl aber Funktionen.

5.4.1 Einfache Prozeduren

Eine einfache Prozedur haben Sie bereits kennen gelernt: *Main*. Derartige Prozeduren stellen eine Gruppe von Anweisungen dar, die eine ganz bestimmte Aufgabe erfüllen. Damit man diese nicht immer wieder eingeben muss, kann man sie zu einer Prozedur zusammenfassen und dann bei Bedarf immer wieder aufrufen.

Definition
Als Beispiel für eine neue Prozedur soll die Aufgabe dienen, einen Vorschub von drei Zeilen auszuführen. Wie dies als eigene Prozedur definiert wird, zeigt das nachstehende Programm.

```
' Bsp1036.vb

Option Explicit On
Option Strict On

Imports System

Module Bsp1036
    Sub Vorschieben()                                         '(1)
        For Zeile As Integer = 1 To 3
            Console.WriteLine()
        Next
    End Sub                                                   '(2)

    Sub Main()
        Console.WriteLine("Start")
        Vorschieben()                                         '(3)
        Console.WriteLine("Mitte")
        Call Vorschieben()                                    '(4)
        Console.WriteLine("Ende")
    End Sub
End Module
```

(1) Jede Prozedurdefinition beginnt mit dem Schlüsselwort *Sub*, dem ein eindeutiger Name folgt. Üblicherweise endet der Name mit runden Klammern, um ihn als Prozedurnamen von Variablennamen zu unterscheiden. Diese dürfen aber auch weggelassen werden. Als Namen sollte man immer ein Verb wählen, das die Aufgabe der Prozedur beschreibt.

(2) Nach der letzten Prozeduranweisung steht *End Sub*. Jede Definition muss damit abgeschlossen werden. Der ganze Prozedurblock kann vor oder hinter *Main* und anderen Prozeduren definiert werden. Er muss jedoch vollständig in einem Hauptblock wie *Module* enthalten sein.

(3) Aufgerufen wird eine Prozedur durch eine Anweisung, die nur aus ihrem Namen besteht, mit oder ohne Klammern.
(4) Man kann auch das Schlüsselwort *Call* davor schreiben. Solche Aufrufe unterscheiden sich aber durch nichts von denen in (3).

Das Programm erzeugt die folgende Darstellung:

```
Start



Mitte



Ende
```

Durch jeden Aufruf werden also stets die gleichen drei Leerzeilen erzeugt.

Parameterübergabe
Prozeduren kann man sich in einem Programm als Spezialisten vorstellen, die immer wiederkehrende Aufgaben möglichst effektiv lösen können. Damit sie ihre Aufgabe erledigen können, benötigen sie in der Regel zusätzliche Angaben darüber, was oder womit sie etwas tun sollen. Statt also für jede gewünschte Anzahl Leerzeilen oder jede andere Länge einer auszugebenden Linie immer wieder eine neue Prozedur zu definieren, ist es besser, eine Allround-Prozedur zu schreiben, der man alle nötigen Informationen mitgibt.
Diese Technik, eine Prozedur mit Parametern zu versorgen, zeigt das nächste Beispiel. Es definiert eine Prozedur, die Linien in jeder gewünschten Länge bis zu einer Obergrenze ausgibt. Diese wird auf 80 Zeichen festgelegt, weil genau so viele Zeichen in eine Zeile des *Eingabeaufforderung*-Fensters passen.

```
' Bspl037.vb

Option Explicit On
Option Strict On

Imports System

Module Bspl037
```

```
    Sub Main()
        Dim Text As String
        Dim Laenge As Integer
        Console.Write("Text eingeben: ")
        Text = Console.ReadLine()
        Laenge = Text.Length
        Console.WriteLine(Text)
        Unterstreichen(Laenge)                          '(1)
        Unterstreichen(Laenge, "="c)                    '(2)
        Console.WriteLine("Strichlänge: {0}", _
         Laenge)                                        '(3)
    End Sub

    Sub Unterstreichen(ByRef anzahl As Integer, _
     Optional ByVal zeichen As Char = "-"c)             '(4)
        If anzahl > 80 Then anzahl = 80                 '(5)
        For I As Integer = 1 To anzahl
            Console.Write(zeichen)
        Next
        Console.WriteLine()
    End Sub
End Module
```

Wird nur kurzer Text eingegeben, sieht die Anzeige wie folgt aus:

```
Text eingeben: Achtung, wichtig!
Achtung, wichtig!
-----------------
=================
Strichlänge: 17
```

Bei sehr langem Text stellt sich das Bild so dar:

```
Text eingeben: Dies ist eine besonders lange Zeile, die zu einem
Umbruch im Eing
abeaufforderung-Fenster führt.
Dies ist eine besonders lange Zeile, die zu einem Umbruch im
Eingabeaufforderung
-Fenster führt.
--------------------------------------------------------------------------------
================================================================================
Strichlänge: 80
```

(1) Die Prozedur heißt *Unterstreichen* und wird hier mit einer Variablen in Klammern aufgerufen. Diese enthält genau die Anzahl Zeichen, aus denen die Linie bestehen soll, und entspricht der Anzahl Zeichen, aus denen der eingegebene Text besteht.

(2) Zusätzlich kann ihr ein zweiter Parameter mitgegeben werden, der das Zeichen angibt, aus dem die Linie hergestellt werden soll. Es handelt sich hier um einen optionalen Parameter, da er in (1) weggelassen werden konnte.

(3) Die Prozedur wird so definiert, dass sie den ersten Parameter verändern kann. Dadurch kann sie dem aufrufenden Programmteil mitteilen, wie lang die Linie tatsächlich geworden ist. Um dies zu kontrollieren, wird *Laenge* hier nach dem Aufruf von *Unterstreichen* angezeigt.

(4) Dieses Mal wird die neue Prozedur hinter *Main* definiert. Da sie Parameter übernimmt, müssen jetzt die runden Klammern geschrieben werden. Zwischen ihnen werden die Parameter in der Reihenfolge durch Klammern getrennt definiert, in der sie beim Aufruf angegeben werden müssen. Dabei wird jeder Parameter prinzipiell genau so definiert wie eine Variable, das heißt, sein Name und sein Typ werden deklariert. Jedoch geschieht dies nicht durch *Dim*, sondern durch andere Schlüsselwörter, die die Art der Parameterübergabe festlegen: *ByRef* (engl. **By Ref**erence) und *ByVal* (engl. **By Va**lue). Durch *ByRef* wird festgelegt, dass das Original des Parameters übergeben wird. Solche Daten können dann von der Prozedur geändert und im weiteren Programm mit den neuen Werten verwendet werden. Wird *ByVal* benutzt, dann erhält die Prozedur nur eine Kopie des Wertes. Diesen kann sie zwar ändern, das Original bleibt davon allerdings unberührt. Wird gar nichts angegeben, dann gilt automatisch *ByVal*. Wahlfreien Parametern wird zusätzlich das Schlüsselwort *Optional* vorangestellt. Sie dürfen nur als Letztes angegeben werden, das heißt, ihnen dürfen keine Pflichtparameter, sondern nur weitere optionale Argumente folgen. Außerdem muss ihnen ein Standardwert, hier der Bindestrich, zugewiesen werden.

(5) Hier wird der *ByRef*-Parameter für den Fall, dass er größer als 80 ist, geändert. Diese Korrektur ist dann für den aufrufenden Programmteil sichtbar.

Um im Programm schnell sehen zu können, was Parameter und was normale Variablen sind, werden Parameter üblicherweise mit kleinem Anfangsbuchstaben geschrieben.

Sichtbarkeit, Gültigkeit und Lebensdauer

Für die Aufgabe in *Bspl037* gibt es auch eine andere, wenn auch – das sei deutlich gesagt – schlechtere Lösung. Diese wird aber im Folgenden beschrieben, denn sie ermöglicht die Erläuterung dreier Variableneigenschaften, die bislang außer Acht gelassen worden sind. Dies sind:

Lebensdauer	beschreibt, wie lange ihre Daten erhalten bleiben
Gültigkeit	beschreibt, wo auf sie zugegriffen werden kann
Sichtbarkeit	beschreibt, wo auf sie direkt zugegriffen werden kann

Doch zuerst zum Programm:

```
' Bspl037a.vb

Option Explicit On
Option Strict On

Imports System

Module Bspl037a

    Dim Zeichen As Char = "-"c, _
     Anzahl As Integer                                 '(1)

    Sub Main()
        Dim Text As String                             '(2)
        Dim Laenge As Integer
        Console.Write("Text eingeben: ")
        Text = Console.ReadLine()
        Laenge = Text.Length
        Console.WriteLine(Text)
        Anzahl = Laenge                                '(3)
        Unterstreichen()
        Zeichen = "="c                                 '(4)
        Unterstreichen()
        Console.WriteLine("Strichlänge: {0}", _
         Laenge)
    End Sub
```

```
    Sub Unterstreichen()                                  '(5)
        If Anzahl > 80 Then Anzahl = 80
        For I As Integer = 1 To Anzahl                    '(6)
            Console.Write(Zeichen)
        Next
        Console.WriteLine()
    End Sub
End Module
```

(1) Hier werden erstmals Variablen außerhalb einer Prozedur deklariert. Das ist erlaubt. Nur außerhalb eines Hauptblocks wie einem Modul ist das verboten. Diese beiden Variablen sollen das Zeichen und die Länge einer Linie speichern. Derartige, außerhalb einer Prozedur deklarierte Variablen heißen auch *globale Variablen* oder *Modulvariablen* und sind im ganzen Programm gültig. Ihre Daten bleiben mit dem jeweils aktuellen Wert bis zum Programmende erhalten.

(2) Variablen, die innerhalb einer Prozedur deklariert sind, heißen *lokale Variablen* oder auch *Prozedurvariablen*. Ihre Daten bleiben bis zum Ende der Prozedur erhalten, und das ist nur bei *Main* mit dem Programmende identisch. Alle anderen Prozeduren erzeugen bei ihrem Aufruf ihre lokalen Variablen und verlieren sie samt den Daten an ihrem Ende. Dies kann man verhindern, indem statt *Dim* für die Deklaration *Static* benutzt wird. So definierte statische Variablen behalten ihren Wert auch nach dem Prozedurende bis zum Ende des Programms.

(3) Bevor nun die Prozedur für das Zeichnen der Linie aufgerufen wird, werden die notwendigen Informationen nun in den globalen Variablen gespeichert.

(4) Wenn ein anderes Zeichen gewünscht wird, wird es ebenfalls vorher gespeichert.

(5) Die Prozedur benötigt jetzt keine Parameter mehr, da alle Informationen verfügbar sind.

(6) Variablen, die innerhalb eines Blocks deklariert werden, sind nur innerhalb dieses Bereiches gültig. Danach sind sie unbekannt.

Wenn das Programm gestartet wird, liefert es die gleichen Ausgaben wie *Bspl037*. Das sieht aber anders aus, sobald die Prozedur *Unterstreichen* mit einem gleichnamigen Parameter definiert wird, zum Beispiel so:

```
...
    Sub Unterstreichen( _
     Optional ByVal zeichen As Char = "."c)                    '(1)
        If Anzahl > 80 Then Anzahl = 80
        For I As Integer = 1 To Anzahl
            Console.Write(Zeichen)                             '(2)
        Next
        Console.WriteLine()
    End Sub
...
```

(1) Hier erhält die Prozedur einen Parameter, der den gleichen Namen trägt wie eine globale Variable. Die Schreibweise spielt ja in VB keine Rolle. Dieser Parameter ist optional, damit die Aufrufe weiterhin funktionieren, und erhält als Vorgabe dieses Mal einen Punkt zugewiesen.

(2) Diese Anweisung gibt jetzt nicht etwa, wie vielleicht erwartet, die angegebenen Linienzeichen der globalen Variablen aus, sondern Punkte, so wie sie als Standard für den Prozedurparameter definiert wurden.

Woran liegt das? Die globale Variable namens *Zeichen* ist doch in diesem Bereich gültig. Ja, aber sie ist nicht sichtbar, denn sie wird von dem gleichnamigen Parameter verdeckt. Parameter sind nämlich ebenfalls lokale Variablen, und diese überlagern immer gleichnamige globale Variablen. Das heißt, dass unter einem Variablennamen immer zuerst eine lokale Variable gesucht wird. Die globale Variable kann aber auch benutzt werden. Sie muss dann nur explizit angesprochen werden. Dies geschieht dadurch, dass der Modulname in Punktschreibweise vorangestellt wird.

```
...
            Console.Write(Bspl037a.Zeichen)
...
```

Eine Variable kann also in einem bestimmten Bereich gültig, aber nicht sichtbar sein. Dann muss sie mit ihrem «vollen» Namen angesprochen werden.

Was ist nun an dieser Lösung schlecht?

Die Verwendung globaler Variablen macht ein Programm recht unübersichtlich, denn man muss viel Quellcode lesen, wenn man feststellen will, wo deren Inhalt eventuell geändert wurde. Außerdem kann es schnell passieren, dass sie durch lokale Variablen verdeckt werden, wie gerade demonstriert wurde. Deshalb sind lokale Variablen den globalen stets vorzuziehen. So kann durch Parameterübergabe außerdem genau bestimmt werden, was geändert werden darf und was nicht.

Variable Parameteranzahl

Durch die Definition von optionalen Parametern können zwar Parameter weggelassen, aber keine zusätzlich angegeben werden. Ihre maximale Anzahl ist festgelegt und kann nicht verändert werden. Man kann Prozeduren aber auch so definieren, dass sie jederzeit unterschiedlich viele Argumente übernehmen können, sogar gar keine. Wie das geht, zeigt *Bspl038*.

```
' Bspl038.vb

Option Explicit On
Option Strict On

Imports System

Module Bspl038
    Sub Main()
        Dim Zahlen() As Double = {3, 45.6}
        Add(3, 45.6)                                          '(1)
        Add()
        Add(12.4, 345, 89, 1, 0.45, 12.7)
        AddElements(Zahlen)                                   '(2)
        Console.WriteLine("Array: {0}, {1}", _
         Zahlen(0), Zahlen(1))
    End Sub

    Sub Add(ByVal ParamArray zahlen() As Double)              '(3)
        Dim Summe As Double
        If zahlen.Length = 0 Then Exit Sub                    '(4)
        For Each Z As Double In zahlen
            Summe += Z
        Next
        Console.WriteLine("Summe ist: {0}", Summe)
    End Sub
```

```
    Sub AddElements(ByRef doubleArray() _
     As Double)                                         '(5)
        Dim Summe As Double                             '(6)
        If doubleArray.Length = 0 Then Return           '(7)
        For Z As Integer = 0 To _
         doubleArray.Length - 1                         '(8)
            Summe += doubleArray(Z)
            doubleArray(Z) = 0
        Next
        Console.WriteLine("Summe ist: {0}", Summe)
    End Sub
End Module
```

Es erzeugt diese Ausgabe:

```
Summe ist: 48,6
Summe ist: 460,55
Summe ist: 48,6
Array: 0, 0
```

(1) Das Programm verwendet eine Funktion namens *Add*, die beliebig viele Parameter addieren und die Summe dann anzeigen soll.

(2) Die gleiche Aufgabe hat *AddElements*. Diese Funktion arbeitet jedoch mit einem einzigen Array, das aber beliebig viele Elemente enthalten kann.

(3) Hier wird die Prozedur *Add* definiert. Damit sie beliebig viele Argumente übernehmen kann, wird ein Array als Parameter mit dem Schlüsselwort *ParamArray* definiert. Dieses bewirkt, dass zwar ein Array definiert wird, beim Aufruf aber einzelne Werte übergeben werden können, die als Elemente dieses Arrays behandelt werden. *ParamArray* kann man nur zusammen mit *ByVal* definieren. Eine Änderung der Daten ist daher nie möglich.

(4) Für den Fall, dass gar keine Daten übergeben werden, soll die Prozedur auch gar nichts machen. Sie wird daher vorzeitig beendet. Dazu dient die Anweisung *Exit Sub*. Sie kann beliebig oft in einer Prozedur vorkommen.

(5) Die Prozedur *AddElements* wird dagegen mit einem normalen Array definiert. Sie muss deshalb beim Aufruf auch tatsächlich ein einziges Array als Argument erhalten. Dieses kann aber nun *ByRef* übergeben, das heißt geändert werden.

(6) Bei dieser Variablen handelt es sich um eine lokale Variable, deren

Gültigkeit sich auf diese Prozedur erstreckt. Sie kollidiert daher nicht mit der gleichnamigen Variablen der Prozedur *Add*.

(7) Auch diese Prozedur soll abgebrochen werden, wenn keine Elemente im Array enthalten sind. Dieses Mal wird das mithilfe von *Return* gemacht. *Return* und *Exit Sub* sind gleichwertig.

(8) Da die Daten des Arrays nach der Auswertung geändert werden sollen, wird hier eine normale Zählschleife benutzt. Eine *For-Each*-Schleife ist hier ungeeignet, denn bei ihr werden die Array-Elemente an die Variable ähnlich wie bei *ByVal* auch nur als Kopie übergeben. Man könnte dann zwar *Z* ändern, aber nicht das Array-Element.

Es bestehen also zwei Möglichkeiten, beliebig viele Daten zu übergeben. Entweder man definiert ein einfaches Array, um jedes Mal tatsächlich nur ein Array mit unterschiedlicher Anzahl an Elementen zu übergeben, oder man definiert ein Array als *ParamArray*, wobei dann die Elemente einzeln übergeben werden. Im ersten Fall kann man die Argumente ändern, im zweiten nicht.

Main

Nicht nur eigendefinierte Prozeduren können Parameter übernehmen, auch ein Programm kann bei jedem Start Informationen erhalten, die dann auszuwerten sind. Diese werden Befehlszeilenargumente bzw. -parameter oder auch Startparameter oder Kommandozeilenparameter genannt. Sie können sowohl in der Entwicklungsumgebung als auch – wie der Name ja besagt – im Konsolenfenster in der Befehlszeile angegeben werden.

In der Entwicklungsumgebung werden dazu die Projekt-*Eigenschaftenseiten* aufgerufen. Hier kann man dann im linken Teil über *Konfigurationseigenschaften/Debuggen* die passende Seite aufschlagen. Unter den *Startoptionen* können dann in das Feld *Befehlszeilenargumente* die gewünschten Informationen, z.B. *"Ich kann VB!"* eingetragen werden.

In der Befehlszeile werden die Parameter einfach hinter dem Programmnamen aufgeführt, beispielsweise so:

```
Bspl001b "Ich kann VB!"
```

Damit *Main* diese Parameter übernehmen und auswerten kann, muss die Definition jetzt anders aussehen. Das nächste Beispiel zeigt diese Variante von *Bspl001*.

```
' Bsp1001b.vb

Imports System
Imports Microsoft.VisualBasic

Module Bsp1001b
   Sub Main(ByVal cmdArgs() As String)                    '(1)
      If (cmdArgs.Length < 1) Then                        '(2)
         Console.WriteLine( _
          "usage: Bsp1001b <text>")
         Return
      End If
      Console.WriteLine(cmdArgs(0))                       '(3)
      MsgBox("Programmende")
   End Sub
End Module
```

(1) Für eine Parameterübernahme dürfen die Klammern hinter dem Namen nun nicht mehr leer sein, sondern müssen die zu übernehmenden Informationen beschreiben. Dies geschieht durch den Ausdruck *ByVal cmdArgs() As String*. Außer dem Namen *cmdArgs* (**Com**mand **Arg**uments), unter dem die Parameter in *Main* abrufbar sind, darf hieran nichts verändert werden. Die Übergabe erfolgt also immer in Form eines Arrays aus Zeichenketten.
(2) Zuerst sollte immer geprüft werden, ob auch ausreichend Daten übergeben worden sind, sonst treten zur Laufzeit Fehler auf.
(3) *Main* kann nun jederzeit und beliebig oft über den verwendeten Namen per Index auf diese Parameter zugreifen.

Wie die Nummerierung der Daten zu interpretieren ist, zeigen die folgenden beiden Grafiken.

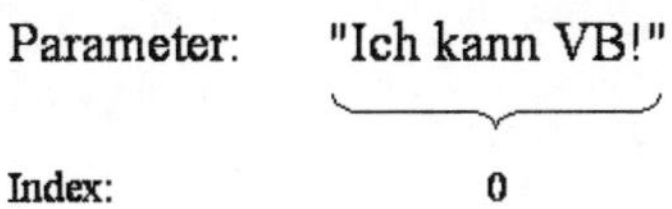

Werden mehrere Wörter in Anführungszeichen angegeben, so zählen sie als eine einzige Information. Um diese einzige und erste abzufragen, muss dazu der Index 0 benutzt werden. Folgen weitere Parameter, so lautet er für diese dann 1, 2 usw.

Parameter: Ich kann VB!

Index: 0 1 2

Werden die Wörter einzeln angegeben, dann endet jede Einzelinformation an einem Wortzwischenraum. Dieser kann aus einem oder mehreren Leer- oder Tabulatorzeichen bestehen. Unter dem Index 0 wird dann das erste Wort geliefert, unter 1 das zweite usw.

5.4.2 Funktionen

Funktionen sind spezielle Prozeduren, die Werte an die aufrufende Stelle zurückgeben können. Diese ist dann für deren Auswertung verantwortlich. Wird die Funktion nämlich wie eine normale Prozedur als Anweisung aufgerufen, dann wird ihre Rückgabe ignoriert. Wird sie aber innerhalb eines Ausdrucks benutzt, wird die Rückgabe eingesetzt. Dies zeigt das nächste Programm.

```
' Bsp1039.vb

Option Explicit On
Option Strict On

Imports System

Module Bsp1039
   Sub main()
      Dim Betrag As Double = 100.0
      Console.WriteLine( _
       "{0:0.00} zzgl. {1:0.00} MwSt", _
       Betrag, MwSt(Betrag))
      Console.WriteLine( _
       "{0:0.00} abzgl. {1:0.00} Rabatt", _
       Betrag, Rabatt(Betrag))
   End Sub

   Function MwSt(ByVal netto As Double) _
    As Double                                    '(1)
      MwSt = netto * 0.16                        '(2)
   End Function
```

```
    Function Rabatt(ByVal betrag As Double) As Double
        Return betrag * 0.05                                '(3)
    End Function
End Module
```

Es liefert das folgende Ergebnis:

```
100,00 zzgl. 16,00 MwSt
100,00 abzgl. 5,00 Rabatt
```

(1) Funktionen werden grundsätzlich wie Prozeduren definiert, nur dass statt *Sub* das Schlüsselwort *Function* benutzt wird. Außerdem folgt den Klammern die Typangabe zum Rückgabewert.
(2) Der zurückzugebende Wert kann dann innerhalb der Funktionsdefinition einfach dem Funktionsnamen zugewiesen werden.
(3) Eine andere Methode verwendet die *Return*-Anweisung, der dann ein Ausdruck oder eine Variable für den Rückgabewert folgt. Achtung: Wird *Return* vergessen, dann wird das zurückgegeben, was dem Namen zugewiesen wurde. Fehlt auch eine derartige Zuweisung, dann wird der Standardwert des Rückgabetyps zurückgegeben, also 0 bei Zahlen.

Auch Funktionen können vorzeitig beendet werden. Dazu kann eine *Return*-Anweisung oder *Exit Function* beliebig oft im Code benutzt werden. Bei *Exit Function* erfolgt die Rückgabe natürlich über den Funktionsnamen.

Main

Oft soll das Betriebssystem beim Programmende darüber informiert werden, mit welchem Erfolg die Anwendung ihre Aufgaben erledigt hat. Dies geschieht dann in Form eines numerischen Wertes, wobei der Wert 0 in der Regel einen fehlerlosen Ablauf und andere Werte jeweils bestimmte Fehler signalisieren.

Für diesen Zweck muss *Main* als Funktion definiert werden. Diese Variante von *Bspl001* sieht dann so aus:

```
' Bsp1001a.vb

Imports System
Imports Microsoft.VisualBasic
Module Bsp1001a
    Function Main() As Integer
        System.Console.WriteLine("Ich kann VB!")
        MsgBox("Programmende")
        Return 0
    End Function
End Module
```

Der jetzt vom Programm gelieferte Rückgabewert kann bei Bedarf vom Betriebssystem ausgewertet werden, um gegebenenfalls notwendige Aktionen einzuleiten.

Main kann natürlich auch gleichzeitig Parameter übernehmen und einen Wert zurückgeben. Dazu muss nur die Funktionsdefinition zusammen mit der Parameterbeschreibung verwendet werden:

```
...
    Function Main(ByVal cmdArgs() As String) As Integer
        ...
        Return 0
    End Function
...
```

5.5 Zusammenfassung

- Als Kontrollstrukturen kennt VB: *If, Select, For, While, Do, For Each, Sub* und *Function.*
- Sprünge erfolgen mittels *Exit Select, Exit For, Exit While, Exit Do, Exit For, Exit Sub, Exit Function* und *Goto.*
- Als Vergleichsoperatoren dienen =, <, >, <=, >= und <>.
- Mehrere Vergleiche werden durch die logischen Operatoren *And, AndAlso, Xor, Or* und *OrElse* miteinander verknüpft.
- Die Rangfolge der vielen Operatoren in VB ist genau geregelt. Eine Liste finden Sie im Anhang.

5.6 Übungen

Aufgabe 11

Welches Wort gibt das folgende Programm aus?

```
' Aufg11.vb

Option Explicit On
Option Strict On

Imports System

Module Aufg11
    Sub Main()
        Dim A As Short = 2, B As Short = 5, _
         C As Short = 7
        If Not (A < B And C <= A + B Or A - B < C) Then
           Console.WriteLine("ROT")
        Else
           Console.WriteLine("GRUEN")
        End If
    End Sub
End Module
```

Aufgabe 12

Schreiben Sie ein Programm, das ein Wort über die Tastatur einliest und es rückwärts wieder anzeigt. Benutzen Sie eine *For*-Schleife.

Aufgabe 13

Erstellen Sie ein Programm, das beliebig viele Wörter als Programmparameter übernimmt und diese sortiert ausgibt. Dabei soll sichergestellt werden, dass mindestens ein Parameter übergeben wird. In der Ausgabe soll jedes Wort in einer separaten Zeile stehen.
Benutzen Sie die *Return*-Anweisung, um die Ursache für das Ende des Programms zu signalisieren. Verwenden Sie für die Ausgabe eine *For Each*-Schleife.

6 Klassen, Instanzen und Objekte

VB .NET ist keine objektbasierende Sprache wie ihre Vorgängerversionen bis zur Version 6, sondern eine objektorientierte, und sie realisiert die Konzepte der Klassendefinition, Vererbung, Polymorphie etc. Sie ist auch keine hybride Sprache wie C++, in der Sie unter anderem auch konventionell strukturiert programmieren können, sondern sie basiert vollständig auf Klassen und verwandten Blöcken. Deshalb gehört es zu den Hauptaufgaben eines VB-Programmierers, solche Klassen zu definieren.

Eine Frage wird dabei immer wieder gestellt: Wann und wozu werden Klassen definiert? Als Antwort kann man zwei Gründe anführen:

- Wenn Sie spezielle Datentypen im Programm einsetzen, die wie Datumsangaben oder Zeichenketten über eigene, charakteristische Eigenschaften verfügen, dann benötigen Sie dafür Klassendefinitionen. Beispiele sind Kfz-Kennzeichen, Telefonnummern und Temperaturwerte.
- Objektorientierte Programme spiegeln die Realität. So wird ein Programm für einen Automobilhändler die gleichen Objekte verwenden, mit denen auch im Unternehmen gearbeitet wird: Autos, Kunden, Ersatzteile, Angebote, Kaufverträge, Reparaturaufträge usw. Für jede Gruppe gleichartiger Objekte benötigen Sie eine Klassendefinition.

Das Primäre sind also die Objekte. Damit Sie mit ihnen arbeiten können, benötigen Sie jedoch jeweils einen Bauplan und ein Regelwerk, wie sie arbeiten. Beides liefern die Klassendefinitionen. Der Unterschied zwischen einer Klasse und einem Objekt liegt darin, dass eine Klasse nur der Bauplan ist, während das Objekt anhand dieses Bauplans erzeugt wird. Man kann daher von einer Klasse beliebig viele Objekte erzeugen. Der Begriff *Instanz* ist in diesem Zusammenhang gleichbedeutend mit dem Begriff *Objekt*.

Die folgende Abbildung beschreibt eine Klasse mit dem Namen *Konto*.

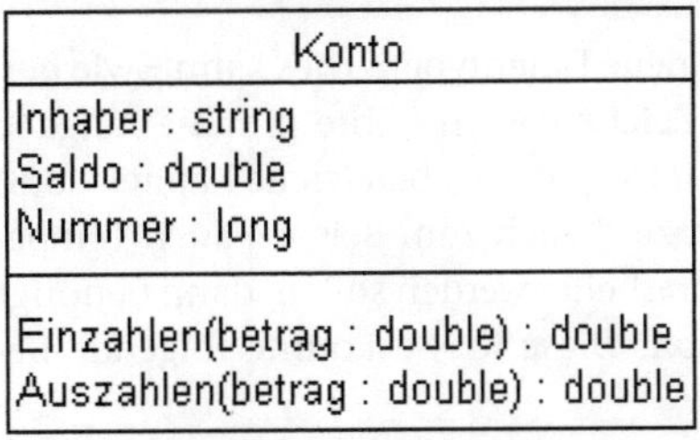

Die drei Datenfelder heißen *Inhaber, Saldo* und *Nummer*. Andere Bezeichnungen für Datenfeld sind Attribut und Eigenschaft. Außerdem verfügt die Klasse über zwei Operationen mit Namen *Einzahlen* und *Auszahlen*. Ein anderer Ausdruck für Operation ist Methode. Der Begriff Funktion beschreibt bei VB üblicherweise Programmcode, der innerhalb von Modulen definiert ist. Oft werden diese beiden Begriffe aber auch synonym verwendet.

Die Objekte dieser Klasse sind Individuen mit ausgeprägten, voneinander unterscheidbaren Eigenschaften. Im nächsten Bild sehen Sie zwei *Konto*-Objekte. Jedes verfügt über die von der Klasse definierten Datenfelder, die aber jedes Mal andere Werte enthalten.

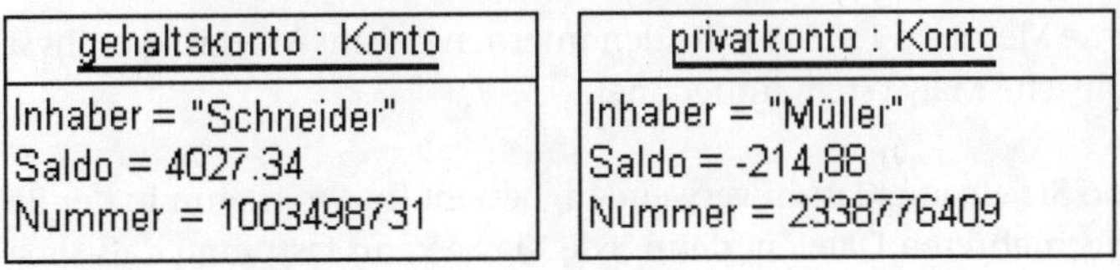

Diese Objekte belegen Platz im Arbeitsspeicher, während die Klasse dem Compiler nur als Muster dient.

Fassen wir zusammen:

Ein Objekt wird durch seine Klasse beschrieben und verfügt über Datenfelder und Methoden. In den Datenfeldern ist quasi das *Wissen* des Objektes gespeichert, und die Methoden bestimmen das *Können*.

6.1 Einfache Klassendefinitionen

Klassen definieren in jedem Fall neue Datentypen. Dies kann – wie beispielsweise bei den Arrays und Zeichenketten – ihre primäre Aufgabe sein. Auch die Klasse *DateTime* für Datumsangaben (siehe Kapitel 4.3.8) erfüllt diesen Zweck. Wenn nun zusätzlich zum Beispiel auch Temperaturwerte als neuer Datentyp verarbeitet werden sollen, dann benötigt man dafür eine Klassendefinition. Diese Klasse könnte folgende Bestandteile umfassen:

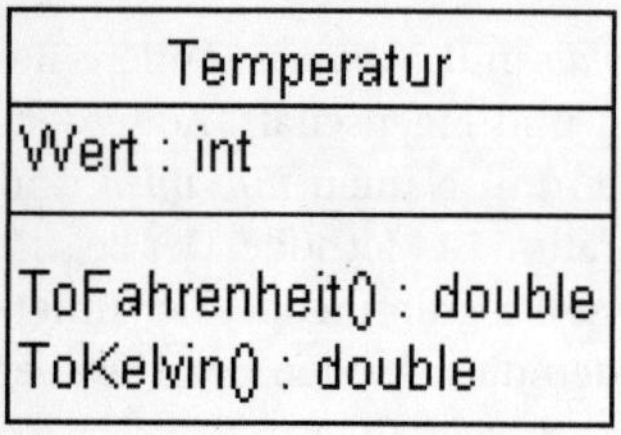

- ein Datenfeld mit Namen *Wert*, das den Temperaturwert in einer intern festgelegten Maßeinheit enthält, zum Beispiel in °C;
- eine Methode namens *ToFahrenheit*, die den internen Celsius-Wert in das in den angloamerikanischen Staaten übliche Maßsystem umrechnet;
- eine Methode *ToKelvin*, die den internen Celsius-Wert in das physikalische Maßsystem umrechnet.

Sobald Sie eigene Klassen verwenden, besteht Ihr Programm in der Regel aus mehreren Dateien, denn jede Klasse kann fast immer als separate Quellcodedatei gespeichert werden. Der Einfachheit halber werden in den folgenden Kapiteln die Klassen eines Programms jedoch in einer einzigen Datei gespeichert.
Die Klasse *Temperatur* kann auf verschiedene Arten implementiert werden. Das folgende Beispiel verwendet eine ganz einfache Definition und arbeitet dann in *Main* mit zwei Objekten dieser neuen Klasse.

```
' Bsp1040.vb

Option Explicit On
Option Strict On
```

```
Imports System

Class Temperatur                                              '(1)

   Public Wert As Integer                                     '(2)

   Public Function ToFahrenheit() As Double                   '(3)
      Return 9.0 / 5.0 * Wert + 32                            '(4)
   End Function                                               '(5)

   Public Function ToKelvin() As Double
      Return Wert + 273.15                                    '(6)
   End Function

End Class                                                     '(7)


Module Bsp1040
   Sub Main()
      Dim Tagestemp As Temperatur                             '(8)
      Tagestemp = New Temperatur                              '(9)
      Tagestemp.Wert = 32                                     '(10)
      Dim Nachttemp As New Temperatur                         '(11)
      Nachttemp.Wert = 14
      Console.WriteLine(Tagestemp.Wert)                       '(12)
      Console.WriteLine(Tagestemp.ToFahrenheit())
      Console.WriteLine(Tagestemp.ToKelvin())
   End Sub
End Module
```

Das Programm liefert die nachstehende Bildschirmausgabe.

```
32
89.6
305.15
```

Am Anfang der Datei wird zunächst die Klasse *Temperatur* definiert. Dieser Ort ist jedoch nicht vorgeschrieben wie in anderen Sprachen, sondern ist frei wählbar. Sie können dafür eine separate Datei verwenden oder die Definition auch ans Dateiende stellen.

(1) Die Klassendefinition beginnt mit dem Schlüsselwort *Class*. Dem folgt zuerst der eigentliche Klassenname und danach die Klassen-

definition. Im Gegensatz zu beispielsweise C++ darf kein Teil davon an anderer Stelle codiert werden.

(2) Hier wird das einzige Datenfeld der Klasse deklariert. Das geschieht genauso wie bei Variablen. Wie Sie sehen, steht die Deklaration allerdings innerhalb der Klasse, jedoch außerhalb jeder Prozedur! Auch solche Klassendatenfelder werden bei VB automatisch mit Werten initialisiert (*0* für Zahlen, *False* für *Boolean, Nothing* für Objekte etc.). Durch das zusätzliche Schlüsselwort *Public* wird die Verwendung dieses Datenfeldes in anderen Klassen erst möglich. Eigentlich heißt es *Public Dim,* aber *Dim* wird üblicherweise weggelassen.

(3) Mit dieser Zeile beginnt die Definition der Funktion bzw. Methode *ToFahrenheit.* Wie bei allen Funktionen steht auch hier wieder der Typ des Rückgabewertes hinter dem Namen (siehe Kapitel 5.4.2). Er muss mit dem Typ, der von der *Return*-Anweisung geliefert wird, übereinstimmen bzw. dazu passen. Auch hier sorgt das Schlüsselwort *Public* dafür, dass die Methode in anderen Klassen benutzt werden kann. Dem Funktionsnamen folgen leere runde Klammern. Die Funktion arbeitet also nicht mit Parametern (siehe Kapitel 5.4.1).

(4) Die *Return*-Anweisung stellt die ganze Funktionalität dieser Methode dar. Es wird also *Wert* in die genannte Formel zur Umrechnung von Celsiusgraden in Fahrenheit eingesetzt, ihr Ergebnis berechnet und an die aufrufende Stelle zurückgegeben.

(5) Mit *End Function* endet wieder die Funktionsdefinition. Achten Sie darauf, dass der ganze Block von (3) bis (5) innerhalb des Klassenblocks, jedoch außerhalb anderer Funktionen steht.

(6) In gleicher Weise erfolgt die Definition der Methode *ToKelvin.* Auch hier wird nur ein berechneter Wert zurückgegeben. Die Formel zur Umrechnung von Celsiusgraden in Kelvin folgt der *Return*-Anweisung.

(7) Mit *End Class* wird die Klassendefinition abgeschlossen.

Der zweite Hauptblock innerhalb der Datei *Bspl040.vb* ist das Modul *Bspl040* mit der Funktion *Main.*

(8) Hier wird ein Objekt mit Namen *Tagestemp* deklariert, dessen Typ *Temperatur* sein soll. *Temperatur* ist die Klasse, die bereits deklariert wurde. In der VB-Terminologie spricht man auch von einer Referenz *Tagestemp* auf ein Objekt der Klasse *Temperatur.*

(9) Erst in dieser Zeile wird ein Objekt der Klasse tatsächlich erzeugt. Das geschieht durch den Operator *New*.

(10) Hier wird dem in der Klasse definierten Datenfeld ein Wert zugewiesen. Damit er im Objekt gespeichert wird, erfolgt der Aufruf über den Objektnamen in der Form *Tagestemp.Wert*. Dieser Aufruf wäre nicht möglich, wenn in (2) der Zusatz *Public* fehlen würde. Allerdings ist das nicht das einzig mögliche Schlüsselwort (siehe Kapitel 6.2).

(11) Sie können beliebig viele Objekte dieser Klasse erzeugen, wobei Sie dies auch, wie in dieser Anweisung, in einer Zeile vornehmen können. Durch den Zusatz *New* wird hier im Gegensatz zu (8) sofort ein Objekt angelegt.

(12) Wie auf das Datenfeld wird in den folgenden Anweisungen auch auf die Methoden zugegriffen. Ihr Rückgabewert ersetzt dabei ihren Aufruf und wird von *WriteLine* dann ausgegeben.

Fassen wir zusammen: Sie haben in diesem Programm ein Modul und eine Klasse angelegt, *Bspl040* und *Temperatur*. Um ein Objekt von einer Klasse zu erzeugen, verwendet man das Schlüsselwort *New*.

6.2 Datenkapselung

Eines der Ziele der objektorientierten Programmierung ist es, die Daten zu kapseln, also gegen unerlaubten oder fehlerhaften Zugriff zu schützen. So ermöglicht es die Klassendefinition von *Temperatur*, dass beispielsweise physikalisch unmögliche Temperaturen unterhalb des absoluten Nullpunktes gespeichert werden können. Damit dies verhindert wird, muss der Zugriff auf das Datenfeld eingeschränkt werden. Die gültige Zugriffsebene für Klasseneigenschaften und -methoden wird dabei durch *Public, Private, Protected, Friend* und *Protected Friend* festgelegt. Für lokale Variablen und Objekte innerhalb einer Methode sind sie nicht zulässig. In der nachstehenden Reihenfolge wird der Zugriff immer restriktiver:

- Das Schlüsselwort *Public*, das auch für die Klasse selbst benutzt werden kann, erlaubt den Zugriff ohne Einschränkungen. Dies ist die Standardzugriffsebene für Methoden und gilt automatisch, wenn keines der anderen Schlüsselwörter verwendet wird.

- Als einzige Kombination ist *Protected Friend* erlaubt. Das entspricht der Kombination von *Protected* und *Friend.*
- Mittels *Friend* können nur noch Klassen des gleichen Projektes, beispielsweise der gleichen Bibliothek (DLL) zugreifen. Dies ist die Standardzugriffsebene für Klassen.
- Eine Zwischenebene wird durch *Protected* festgelegt. Auf diese Teile kann auch von anderen Klassen und Objekten zugegriffen werden, allerdings nur dann, wenn sie zur Vererbungslinie gehören.
- Durch *Private* wird der Zugriff auf Methoden der Klasse selbst beschränkt. Andere Objekte und Klassen können auf diese Teile nicht zugreifen. Für die Klasse *Temperatur* selbst ist *Private* nicht erlaubt. Vielmehr ist *Private* die Standardzugriffsebene für alle Variablen, die mittels einfachem *Dim* deklariert werden.

Wenn es darum geht, die verschiedenen Bestandteile eines Objektes als *Private, Public* oder *Protected* zu definieren, ist es im Allgemeinen sinnvoll, die Datenfelder als *Private* (oder *Protected*) und die Methoden als *Public* zu deklarieren. So werden einerseits die Datenfelder gegen unerlaubte Zugriffe geschützt. Andererseits braucht man öffentliche (*Public*) Methoden, um auf die Datenfelder zuzugreifen.
Wenn man die Klasse *Temperatur* unter Berücksichtigung dieser Überlegungen ändert, sieht das Programm dann folgendermaßen aus:

```
' Bsp1041.vb

Option Explicit On
Option Strict On

Imports System
Imports Microsoft.VisualBasic

Public Class Temperatur                                    '(1)

   Private Wert As Integer                                 '(2)

   Public Sub SetWert( _
    ByVal neuerWert As Integer)                            '(3)
      Wert = CInt(IIf(neuerWert > -273, _
       neuerWert, 0))                                      '(4)
   End Sub
```

```
   Public Function GetWert() As Integer                    '(5)
      Return Wert
   End Function

   Public Function ToFahrenheit() As Double
      Return 9.0 / 5.0 * Wert + 32
   End Function

   Public Function ToKelvin() As Double
      Return Wert + 273.15
   End Function
End Class

Public Module Bsp1041                                      '(6)
   Public Sub Main()                                       '(7)
      Dim Tagestemp As Temperatur
      Tagestemp = New Temperatur
      Tagestemp.SetWert(32)                                '(8)
      Dim Nachttemp As New Temperatur
      Nachttemp.SetWert(14)
      Console.WriteLine(Tagestemp.GetWert())               '(9)
      Console.WriteLine(Tagestemp.ToFahrenheit())
      Console.WriteLine(Tagestemp.ToKelvin())
   End Sub
End Module
```

(1) Auch für Klassen gibt es Zugriffsregeln. Wird – wie bei den bisherigen Beispielen – nichts angegeben, so gilt der Standard, und das ist *Friend*. Der Deutlichkeit halber und damit die Klasse allgemein verwendbar ist, wird hier *Public* festgelegt. Wenn Klassen verschachtelt werden, gelten andere Regeln.

(2) Das Datenfeld ist jetzt durch den Zusatz *Private* vollständig gekapselt. Nur noch Methoden der Klasse können darauf zugreifen.

(3) Damit überhaupt Werte gespeichert werden können, muss es jetzt eine *Public*-Methode geben, die dies ermöglicht. Dies übernimmt *SetWert*. Viele Programmiersprachen wählen dieses Verfahren. Im nächsten Kapitel lernen Sie jedoch die VB-spezifische Lösung dafür kennen. Die Funktion *SetWert* übernimmt einen *Integer*-Parameter, der den dem Datenfeld zuzuweisenden Wert darstellt. Es wird nichts zurückgeliefert, daher wird diese Prozedur als *Sub* definiert.

(4) Dem Feld *Wert* wird hier das Ergebnis des rechts vom Gleichheits-

zeichen stehenden Ausdrucks zugewiesen. Dieser ist von innen nach außen zu lesen: Wenn die im ersten Parameter der Funktion *IIf* stehende Bedingung wahr ist, dann entspricht ihr Ergebnis dem zweiten Parameter, anderenfalls gilt das dritte Argument. Die Rückgabe dieser Funktion hat den Typ *Object*, daher muss er wegen *Option Strict On* hier explizit durch *CInt* in *Integer* konvertiert werden. Wenn hier also der neue Wert größer als -273 °C ist, dann ist das Resultat dieser neue Wert, anderenfalls Null. Nur vernünftige Temperaturen können also gespeichert werden. Die Funktion *IIf* kann immer dann eingesetzt werden, wenn ein *If ... Else* innerhalb einer Anweisung benötigt wird.

(5) Ebenso wird eine *Public*-Methode benötigt, die den Lesezugriff auf das Datenfeld der Klasse erlaubt. Sie liefert den Inhalt zurück und muss daher als Rückgabetyp mindestens *Integer* angeben. Parameter übernimmt diese Methode nicht.

(6) Auch für das Modul soll von nun an die Zugriffsebene angegeben werden.

(7) Das gilt ebenfalls für *Main*.

(8) Für die Speicherung der Temperaturwerte wird nun die Methode mit dem gewünschten Wert als Parameter aufgerufen.

(9) Für die Ausgabe des Wertes muss jetzt die Lesefunktion benutzt werden.

Zwei Hauptgründe sprechen für diese Vorgehensweise:

- Stellen Sie sich vor, Sie haben im Laufe der Programmentwicklung festgestellt, dass für das Datenfeld *Wert* der Typ *Double* besser geeignet ist als der Typ *Integer.* Sie können in der Klassendefinition dann einfach seinen Typ ändern. Zusätzlich müssen Sie dann nur die Methoden, die mit *Wert* arbeiten, so anpassen, dass sie mit dem neuen Datentyp zurechtkommen. Wenn Sie jetzt auch noch dafür gesorgt haben, dass die Rückgabewerte und Parameter der Methoden unverändert geblieben sind, brauchen Sie im Rest des Programms keine Änderungen mehr vorzunehmen. Ohne den Einsatz dieser Klasse hätten Sie unter Umständen an Hunderten oder Tausenden Stellen im Programm den Zugriff auf eine *Wert*-Variable korrigieren müssen.
- Einen zweiten Grund, der dafür spricht, die Datenfelder *Private* zu machen, soll folgendes Beispiel veranschaulichen: Man kann in die

Methode *SetWert* Programmcode einbauen, der dafür sorgt, dass *Wert* nur bestimmte Größen annehmen kann. Auf diese Art lässt sich sicherstellen, dass eine Variable keine für das Programm ungültigen Werte enthält.

6.3 Konstanten, Felder und Eigenschaften

Während andere Programmiersprachen für gekapselte Datenfelder Methoden verwenden, deren Namen wie im letzten Kapitel mit den *Set-* und *Get*-Präfixen versehen werden, benutzt VB eine eigene Implementierung für gekapselte Eigenschaften. Diese und die Verwendung konstanter Datenfelder erläutert dieses Kapitel.
Schauen Sie sich zunächst das folgende Beispiel an. Es arbeitet genauso wie *Bspl041*, definiert *Wert* jedoch als VB-Eigenschaft (engl. property).

```
' Bspl042.vb

Option Explicit On
Option Strict On

Imports System
Imports Microsoft.VisualBasic

Public Class Temperatur

    Private TempWert As Integer                           '(1)
    Private Const Nullpunkt As Double = -273.15           '(2)

    Public Property Wert() As Integer                     '(3)
        Set(ByVal value As Integer)                       '(4)
            TempWert = _
             CInt(IIf(value > Nullpunkt, value, 0))       '(5)
        End Set                                           '(6)
        Get                                               '(7)
            Return TempWert                               '(8)
        End Get                                           '(9)
    End Property

    Public Function ToFahrenheit() As Double
        Return 9.0 / 5.0 * TempWert + 32                  '(10)
    End Function
```

```
Public Function ToKelvin() As Double
        Return TempWert - Nullpunkt
    End Function

End Class


Public Module Bsp1042
    Public Sub Main()
        Dim Tagestemp As Temperatur
        Tagestemp = New Temperatur
        Tagestemp.Wert = 32                                 '(11)
        Dim Nachttemp As New Temperatur
        Nachttemp.Wert = 14
        Console.WriteLine(Tagestemp.Wert)                   '(12)
        Console.WriteLine(Tagestemp.ToFahrenheit())
        Console.WriteLine(Tagestemp.ToKelvin())
    End Sub
End Module
```

(1) Beachten Sie zunächst, dass das Datenfeld umbenannt wurde. Das ist nötig, weil jetzt der neue Prozedurtyp *Property* diesen Namen trägt.

(2) Klassendefinitionen können auch Konstanten enthalten. Immer wenn feststehende Größen in einer Klasse häufig benutzt werden und diese Werte eine bestimmte Bedeutung haben, ist es sinnvoll, sie als Konstanten zu definieren. Dies wird durch das Schlüsselwort *Const* erledigt (siehe Kapitel 4.3.2). Hier wird deshalb die Temperatur des absoluten Nullpunktes in °C als Konstante *Nullpunkt* definiert.

(3) VB fasst die Zugriffsmethoden für verkapselte Datenfelder in einer Prozedur zusammen. Diese speziellen Prozeduren heißen *Properties* bzw. Eigenschaften. Ihr Name ist frei wählbar. Es ist jedoch ein guter Programmierstil, wenn er die Eigenschaft so gut wie möglich beschreibt. Als Rückgabetyp wird der Typ des internen Datenfeldes eingesetzt. Innerhalb dieser Prozedur gibt es dann einen Block *Get ... End Get* und einen Block *Set ... End Set*.

(4) Der *Set*-Block enthält den Code, der die Eigenschaft verändert. Er beginnt mit dem Schlüsselwort *Set*, dem wie bei einer Funktion Parameterdefinitionen folgen.

(5) Hier finden Sie den bereits bekannten Zuweisungsausdruck wie-

der. Allerdings ist das Datenfeld nun natürlich umbenannt und der Wert -273.15 durch die Konstante *Nullpunkt* ersetzt worden.

(6) Abgeschlossen wird der *Set*-Block immer mit *End Set*.

(7) Der *Get*-Block enthält den Code, der den aktuellen Wert liefert. Er besteht aus dem Schlüsselwort *Get*, gefolgt vom Anweisungsblock.

(8) Auch hier wird nur die *Return*-Anweisung ausgeführt.

(9) Der Block wird durch *End Get* beendet.

(10) Der veränderte Name des Datenfeldes sollte natürlich auch in allen anderen Funktion berücksichtigt werden.

(11) Jetzt kann in *Main* die Eigenschaft wie ein Datenfeld benutzt werden. Es sieht zwar so aus, als würde einem Feld ein Wert zugewiesen, in Wirklichkeit überwacht jedoch der Code der Eigenschaftsfunktion *Set* die Zuweisung.

(12) Auch die Ausgabe sieht wie ein Variablenzugriff aus. Tatsächlich wird aber auch hier Code aufgerufen, nämlich der *Get*-Block.

Besonders deutlich wird der Vorteil dieser Eigenschaftsfunktion, wenn man die aktuelle Temperatur eines Objektes um 1 °C erhöhen möchte. In *Bspl041* sieht das dann so aus:

```
Tagestemp.SetWert(Tagestemp.GetWert() + 1)
```

In *Bspl042* vereinfacht sich das zu:

```
Tagestemp.Wert += 1
```

Zwischen Datenfeldern und Eigenschaften muss nicht unbedingt eine 1:1-Beziehung wie im Beispiel bestehen. Auch müssen nicht in jedem Fall sowohl der *Set*- als auch der *Get*-Block definiert sein. So können Sie auch beispielsweise eine Eigenschaft *Frostig* verwenden:

```
...
    Public ReadOnly Property Frostig() As Boolean
        Get
            Return CBool(IIf(TempWert <= 0, True, False))
        End Get
    End Property
...
```

Der Typ der Eigenschaft ist *Boolean*, denn nur sie kann nur die logischen Werte wahr (*True*) und falsch (*False*) «enthalten». Sie ist vom Temperaturwert abhängig, daher gibt es keinen *Set*-Block. Die Eigenschaft kann man daher als schreibgeschützt ansehen. Deshalb muss hier zusätzlich das Schlüsselwort *ReadOnly* benutzt werden. Nur dann darf der *Set*-Block fehlen. Durch den *Get*-Block wird nur ein Abfragen ermöglicht. Er liefert einen Wert, der von der Bedingung *TempWert <= 0* abhängt. Ist sie wahr, wird *True,* ansonsten *False* zurückgegeben.
Entsprechend muss das Schlüsselwort *WriteOnly* eingesetzt werden, wenn kein *Get*-Block definiert werden soll.

6.4 Konstruktoren und Destruktoren

Eine ganz besondere Aufgabe hat bei einer Klasse der Konstruktor. Er heißt immer *Sub New*, kann grundsätzlich nur über den gleichnamigen Operator *New* aufgerufen werden und liefert immer die Referenz auf neu erstellte Objekte.

6.4.1 Der Standardkonstruktor

Wenn der Compiler feststellt, dass vom Programmierer kein Konstruktor definiert wurde, dann baut er automatisch selbst einen ein. Dieser wird Standardkonstruktor genannt, weil er quasi den Grundstandard an Leistung bereitstellt. Der Standardkonstruktor ist immer parameterlos.
Solange der Programmierer keine Gegenmaßnahmen ergreift, kann über den Standardkonstruktor also immer ein Objekt der Klasse erzeugt werden. Man muss dazu nur den Klassennamen kennen und dann eine Anweisung nach folgendem Schema schreiben:

Dim *Objektname* As **New** *Klassenname*

Die kursiv gedruckten Bezeichnungen werden in der Zeile dann durch die gewünschten Namen ersetzt.

6.4.2 Konstruktor definieren

Sobald der Leistungsumfang des Standardkonstruktors nicht mehr ausreicht, müssen Sie selbst einen eigenen Konstruktor in der Klasse definieren. Dies kann erforderlich sein, wenn

- die Datenfelder der Objekte sofort beim Erzeugen mit konstanten Werten initialisiert werden sollen,
- die Datenfelder über Parameter mit variablen Werten initialisiert werden sollen,
- zusätzliche Objekte erzeugt werden müssen oder
- irgendwelche Aufgaben sofort zum Zeitpunkt des Erzeugens für Objekte erledigt werden müssen.

Soll beispielsweise ein Temperaturobjekt sofort mit einem definierten Wert angelegt werden können, dann geht dies nur mithilfe eines speziellen Konstruktors. Dazu wird die Klassendefinition folgendermaßen ergänzt:

```
' Bsp1043.vb

Option Explicit On
Option Strict On

Imports System
Imports Microsoft.VisualBasic

Public Class Temperatur

   Private TempWert As Integer
   Private Const Nullpunkt As Double = -273.15

   Public Sub New(ByVal initWert As Integer)            '(1)
      Wert = initWert                                   '(2)
   End Sub

   Public Property Wert() As Integer
      Set(ByVal value As Integer)
         TempWert = CInt(IIf(value > Nullpunkt, _
          value, 0))
      End Set
      Get
```

```
            Return TempWert
        End Get
    End Property

    Public Function ToFahrenheit() As Double
        Return 9.0 / 5.0 * Wert + 32
    End Function

    Public Function ToKelvin() As Double
        Return Wert - Nullpunkt
    End Function

End Class

Public Module Bsp1043
    Public Sub Main()
        Dim Tagestemp As Temperatur
        Tagestemp = New Temperatur(-300)                    '(3)
        Dim Nachttemp As New Temperatur(14)
        Console.WriteLine(Tagestemp.Wert)
        Console.WriteLine(Tagestemp.ToFahrenheit())
        Console.WriteLine(Tagestemp.ToKelvin())
    End Sub
End Module
```

Die Ausgabe zeigt:

```
0
32
273.15
```

(1) Die Definition eines Konstruktors erfolgt, bis auf zwei Ausnahmen, genau wie eine normale Klassenmethode. Als Erstes steht der Name fest und als Zweites darf kein Rückgabetyp angegeben werden, das heißt, es muss eine *Sub*-Prozedur sein!

(2) Beachten Sie die Zuweisung! Auch der Konstruktor verwendet nämlich für die Initialisierung von *TempWert* die Eigenschaftsmethode *Wert*, denn er soll den Kontrollmechanismus für die Datenkapselung weder umgehen noch ihn doppelt codieren. Das gilt auch für die anderen Methoden zur Umrechnung des Wertes. Ausschließlich die *Property*-Prozedur greift auf die interne Variable zu!

(3) Diesmal wird der zu speichernde Wert des Objektes als Parameter beim Konstruktor angegeben. Wie Sie an der obigen Ausgabe sehen

können, wurde der Wert von -300 nicht übernommen, da er nicht zulässig ist. Der Konstruktor benutzt also korrekterweise die Logik der Eigenschaft.

> *Achtung*:
> Durch die Konstruktordefinition in der Klasse erzeugt der Compiler keinen Standardkonstruktor mehr. Das Programm erzeugt also Fehler, wenn dieser trotzdem weiterhin verwendet wird.

6.4.3 Der Destruktor

Das Gegenstück zum Konstruktor ist der Destruktor. Er wird automatisch aufgerufen, wenn das Programm keinen Bezug mehr zum Objekt besitzt und der von ihm belegte Speicherplatz frei gemacht werden soll. Wann dies genau geschieht, lässt sich jedoch nicht immer vorhersehen. Das folgende Beispiel definiert einen Destruktor für die Klasse *Temperatur* und provoziert seinen Aufruf.

```
' Bsp1044.vb

Option Explicit On
Option Strict On

Imports System
Imports Microsoft.VisualBasic

Public Class Temperatur

    Private TempWert As Integer
    Private Const Nullpunkt As Double = -273.15

    Public Sub New(ByVal initWert As Integer)
        Wert = initWert
    End Sub

    Protected Overrides Sub Finalize()                    '(1)
        Console.WriteLine("Tschüüss...")
    End Sub

    Public Property Wert() As Integer
        Set(ByVal Value As Integer)
            TempWert = CInt(IIf(Value > Nullpunkt, _
```

```
            Value, 0))
        End Set
        Get
            Return TempWert
        End Get
    End Property

    Public Function ToFahrenheit() As Double
        Return 9.0 / 5.0 * Wert + 32
    End Function

    Public Function ToKelvin() As Double
        Return Wert - Nullpunkt
    End Function

End Class

Public Module Bsp1044
    Public Sub Main()
        Dim tagestemp As Temperatur
        tagestemp = New Temperatur(32)
        tagestemp = Nothing                          '(2)
        GC.Collect()                                 '(3)
        tagestemp = New Temperatur(22)               '(4)
        Console.WriteLine(tagestemp.Wert)
    End Sub
End Module
```

Am Bildschirm sehen Sie nach dem Start des Programms:

```
Tschüüss...
22
Tschüüss...
```

(1) Auch der Destruktor trägt immer den gleichen Namen und heißt *Finalize*. Er übernimmt weder Parameter, noch gibt er Werte zurück. Als Zugriffsebene ist für den Destruktor immer *Protected* definiert, denn er wird ja nicht per Programmanweisung aufgerufen. Auch das Schlüsselwort *Overrides* ist Pflicht. Was das bedeutet, wird später im Kapitel 8.7 erläutert. Damit man den Aufruf von *Finalize* erkennen kann, enthält sie hier eine Ausgabeanweisung.

(2) Um die Wirkung des Destruktors zu sehen, muss ein Objekt aufgegeben werden. Dies kann dadurch geschehen, dass man *Tagestemp*,

nachdem ein Objekt erzeugt wurde, die Referenz *Nothing* zuweist. Danach enthält *Tagestemp* kein Objekt mehr, das ursprüngliche mit dem Wert 32 wurde aufgegeben.

(3) Die Entscheidung, wann Speicher freizugeben ist, bleibt der Laufzeitumgebung überlassen. Die Klasse *GC* stellt jedoch Methoden zur Verfügung, die eine Verbindung zu ihrem automatischen Speichermanagement herstellen. So kann hier mit *Collect* eine Speicherfreigabe angestoßen werden.

(4) Damit man auch etwas sieht, wird hier ein neues Objekt erzeugt. Dadurch wird nun auch tatsächlich neuer Speicher verwendet.

Wie die Ausgabe zeigt, wird auch beim Programmende der Speicher freigegeben, was zur erneuten Anzeige des Textes durch *Finalize* führt.
Wann braucht man nun einen Destruktor? Ganz einfach immer dann, wenn Ressourcen von einer Klasse benutzt werden, die nicht automatisch freigegeben werden. Also beispielsweise bei geöffneten Dateien, Datenbank- oder Netzwerkverbindungen.

6.5 Standardeigenschaften

Bei *String*-Objekten ist es möglich, auf einzelne Zeichen wie auf die Elemente eines Arrays zuzugreifen. Für derartige Zugriffe muss eine so genannte Standardeigenschaft definiert werden. Dabei handelt es sich um eine spezielle Methode, die es ermöglicht, dass die Objekte der Klasse teilweise das Verhalten von Arrays simulieren können, ohne selbst auch nur annähernd etwas mit Arrays zu tun zu haben. Dazu müssen Standardeigenschaften immer Parameter übernehmen.
Dies soll das nächste Beispiel veranschaulichen. Es zeigt, wie eine Klasse eine Ganzzahl verkapselt, auf deren einzelnen Ziffern dann per Index zugegriffen werden kann. Dieser beginnt mit 0 bei der niedrigsten Stelle, wie Sie aus dem folgenden Bild ersehen können.

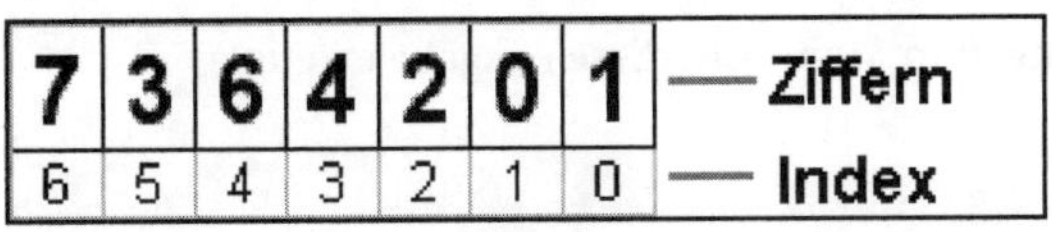

Dazu werden wieder eine Klasse, die das angestrebte Verhalten implementiert, und ein Modul definiert, das *Main* enthält.

```
' Bsp1045.vb

Option Explicit On
Option Strict On

Imports System

Public Class ZahlArr

    Private Zahl As Integer                                  '(1)

    Public Sub New(ByVal z As Integer)                       '(2)
        Zahl = z
    End Sub

    Default Public ReadOnly Property Ziffer( _
     ByVal i As Integer) As Short                            '(3)
        Get                                                  '(4)
            If Zahl < 10 ^ i Then                            '(5)
                Return -1
            Else
                Return CShort((Zahl / Math.Pow(10, i) _
                 Mod 10))                                    '(6)
            End If
        End Get
    End Property

End Class

Public Module Bsp1045
    Public Sub Main()
        Dim Z As New ZahlArr(12345)                          '(7)
        Console.WriteLine(Z.Ziffer(0))                       '(8)
        Console.WriteLine(Z(3))                              '(9)
        Console.WriteLine(Z(5))
    End Sub
End Module
```

Durch die Anweisungen in *Main* wird diese Ausgabe erzeugt:

```
5
2
-1
```

Wie funktioniert das nun?

(1) Durch den Zugriffsmodus *Private* verkapselt die Klasse *ZahlArr* ein Datenfeld *Zahl* vom Typ *Integer*.
(2) Es soll hier nur über den Konstruktor initialisiert werden. Eine Eigenschaft für den Wert von *Zahl* wird daher nicht definiert.
(3) Hier wird die Standardeigenschaft definiert. Ihr Name lautet *Ziffer*. Die Definition entspricht der von «normalen» Eigenschaften. *ReadOnly* wird hier angegeben, weil der *Set*-Block fehlt. Das Schlüsselwort *Default* macht diese Eigenschaft zu einer Standardeigenschaft und darf in einer Klasse nur einmal verwendet werden. Rückgabetyp und Parameter können hier variieren, wobei jedoch mindestens ein Parameter angegeben werden muss, nämlich der Index selbst. Diese Standardeigenschaft arbeitet hier mit einem ganzzahligen Parameter und liefert Werte vom Typ *Short* zurück. Sie simuliert also ein eindimensionales Array mit Elementen vom Typ *Short*.
(4) Wie bei einer Eigenschaftsmethode werden auch die Lese- und Schreibzugriffe eines Indizierers per *Get* und *Set* festgelegt. Hier soll es sich um ein schreibgeschütztes (*ReadOnly*) «Array» handeln. Daher wird nur ein *Get*-Block angelegt.
(5) Ob der Wert des Indexes gültig ist, muss die Klasse in der Regel selbst ermitteln. Deshalb wird er hier zunächst überprüft. Wenn Sie sich noch einmal die letzte Abbildung anschauen, dann erkennen Sie, dass die Zahl beispielsweise für den Index 2 nicht kleiner als 100, also als 10^2 sein darf. Der Wert muss also stets größer oder gleich 10^i sein. Diese Potenz wird hier durch den Potenzoperator ^ berechnet. Der Wert links ist die Basis, der Wert rechts der Exponent. Ist die Zahl nun kleiner als 10^i, dann wird -1 zurückgegeben, um diesen Fehler anzuzeigen.
(6) Im anderen Fall soll die Ziffer an der durch *i* festgelegten Position geliefert werden. Durch diese kleine Berechnung wird diese Ziffer ermittelt. Zunächst wird durch die entsprechende Zehnerpotenz dividiert, was dazu führt, dass die rechts von ihr liegenden Stellen abgeschnitten werden. Diese Zehnerpotenz wird hier mithilfe der Methode *Pow* (engl. **Pow**er) der Klasse *System.Math* berechnet. Ihr erster Parameter ist die Basis und ihr zweiter der Exponent. Die Klasse *Math* stellt für .NET eine Vielzahl mathematischer Funktionen bereit. Die gesuchte Ziffer entspricht dann dem Rest einer Division durch 10. *CShort* sorgt für den korrekten Rückgabetyp.

(7) Ein Objekt der Klasse *ZahlArr* wird erzeugt und über den Konstruktor mit einem Wert initialisiert.
(8) Die gewünschte Ziffer kann nun über die Eigenschaft mit dem Parameter angesprochen und ausgegeben werden.
(9) Der Vorteil einer Standardeigenschaft ist aber der, dass ihr Name ausgelassen werden kann. So sieht das aus, als ob über einen Index auf das Objekt zugegriffen würde. Nur eine Standardeigenschaft ist erlaubt, denn sonst wäre der Aufruf ja nicht mehr eindeutig.

Im zweiten Beispiel simuliert die Klasse ein Array, dessen Elemente auch verändert werden können. Sie beschreibt Textabsätze, dessen Sätze die einzelnen Elemente darstellen und über einen Index angesprochen werden.

```
' Bsp1046.vb

Option Explicit On
Option Strict On

Imports System

Public Class Absatz

   Private ReadOnly SEZ() As Char = _
    {"."c, "?"c, "!"c}                                    '(1)
   Private Saetze() As String                             '(2)

   Public Property Text() As String                       '(3)
      Get
         Return String.Join(" ", Saetze)                  '(4)
      End Get
      Set(ByVal value As String)
         Saetze = value.Split(SEZ)                        '(5)
         For i As Integer = 0 _
          To Saetze.Length - 2                            '(6)
            Dim pos As Integer = _
             Convert.ToInt32( _
             value.IndexOf(Saetze(i)) _
             + Saetze(i).Length)                          '(7)
            Saetze(i) = Saetze(i).Trim() _
             & value.Substring(pos, 1)                    '(8)
         Next
      End Set
```

```
    End Property

    Default Public Property Satz( _
     ByVal i As Integer) As String                      '(9)
       Get                                              '(10)
          If i >= 0 And _
           i < Saetze.Length - 1 Then                   '(11)
             Return Saetze(i)
          Else
             Return ""
          End If
       End Get
       Set(ByVal value As String)                       '(12)
          If i >= 0 And _
           i < Saetze.Length - 1 Then
             Saetze(i) = value                          '(13)
          End If
       End Set
    End Property
 End Class

 Public Module Bsp1046
    Public Sub Main()
       Dim A As New Absatz                              '(14)
       A.Text = "Dies ist ein Test. Gelingt " _
        & "er? Das hoffe ich!"                          '(15)
       Console.WriteLine(A.Text)
       Console.WriteLine(A(0))                          '(16)
       Console.WriteLine(A(1))
       Console.WriteLine(A(2))
       A(0) = "Das war's."                              '(17)
       A(1) = "Prima!"
       A(2) = "Jetzt ist Schluss."
       Console.WriteLine(A.Text)
       Console.WriteLine(A(0))
       Console.WriteLine(A(1))
       Console.WriteLine(A(2))
    End Sub
 End Module
```

Die Ausgabe des Programms sieht dann folgendermaßen aus:

```
Dies ist ein Test. Gelingt er? Das hoffe ich!
Dies ist ein Test.
Gelingt er?
```

```
Das hoffe ich!
Das war's. Prima! Jetzt ist Schluss.
Das war's.
Prima!
Jetzt ist Schluss.
```

(1) Ein Textabsatz soll in seine einzelnen Sätze zerlegt werden. Hierzu eignet sich die *String*-Methode *Split*. Das Array der einzelnen Trennzeichen, das sie benötigt, wird hier definiert. Es besteht aus den Satzendezeichen (*SEZ* = SatzEndeZeichen) Punkt, Fragezeichen und Ausrufezeichen. Durch den Zusatz *ReadOnly* kann das Array nur gelesen, jedoch nicht verändert werden. Im Gegensatz zu *Const* erlaubt *ReadOnly* auch, die Initialisierung statt sofort bei der Deklaration erst im Konstruktor vorzunehmen.

(2) Das Array *Saetze* soll die einzelnen Sätze des Absatzes aufnehmen.

(3) Die Klasse definiert eine normale Eigenschaft *Text*. Sie beschreibt den Inhalt des Textabsatzes.

(4) Soll diese Eigenschaft ausgegeben werden, dann liefert der *Get*-Block eine Zeichenkette, die von *Join* aus allen Sätzen gebildet wird. Als Trennzeichen wird eine Leerstelle zwischen ihnen eingebaut.

(5) Wenn die Eigenschaft verändert wird, werden vom *Set*-Block zwei Dinge erledigt. Zunächst zerlegt er den Absatz, dessen neuer Wert der Eigenschaft ja in *value* übergeben wird, in Sätze. Dies geschieht durch die Methode *Split*. Sie verwendet die in *SEZ* enthaltenen Trennzeichen. Achtung: *Split* erwartet nur zwischen den Elementen ein Trennzeichen. Dadurch, dass aber auch der letzte Satz mit einem Trennzeichen abschließt, enthält *Saetze* zusätzlich als letztes Element einen Nullstring! Das stört nicht weiter, sondern muss nur berücksichtigt werden.

(6) Weil durch *Split* die Trennzeichen entfernt werden, muss der *Set*-Block sie separat wieder einbauen. Das geschieht in dieser Schleife. Sie läuft vom ersten bis zum vorletzten Element von *Saetze*, denn das letzte enthält ja nur den technisch bedingten Nullstring.

(7) Dazu wird zunächst die Position des Satzendes ermittelt. Diese ergibt sich mittels *IndexOf* aus der Position des Satzes im Text, auf den die Satzlänge addiert wird.

(8) Dann kann dem jeweiligen Element das Zeichen angehängt werden. Durch *Substring* wird es als Zeichenkette an der gefundenen

Position geliefert. Gleichzeitig werden von *Trim* führende Leerzeichen entfernt, damit nach dem *Join* nicht zwei Leerstellen die Sätze trennen.

(9) Hier wird wieder die Standardeigenschaft definiert. Sie simuliert ein eindimensionales Array aus Zeichenketten. Deshalb wird ein *Integer*-Parameter für den Pseudoindex und der Rückgabetyp *String* angegeben.

(10) Sein *Get*-Block legt fest, was über den Index ausgegeben wird.

(11) Er überprüft wieder zuerst, ob der Index gültig ist. Das ist der Fall, falls er nicht negativ und um eins kleiner als die Arraylänge ist. Dann kann hier das entsprechende Element ausgegeben werden. Im Fehlerfall wird hier nur ein Nullstring ausgegeben.

(12) Der Schreibzugriff einer Standardeigenschaft wird wie bei Eigenschaften in einem *Set*-Block definiert. Auch er prüft zunächst die Gültigkeit des Indexes und setzt dann den neuen Wert.

(13) Der neue Wert steht wie bei Eigenschaften in der Parametervariablen *value* zur Verfügung.

(14) In *Main* wird jetzt ein Objekt erzeugt.

(15) Die Eigenschaft wird initialisiert. Der Text besteht aus drei Sätzen.

(16) Über den Index kann jetzt jeder Satz angesprochen werden, ohne den Eigenschaftsnamen zu verwenden.

(17) Ebenfalls kann über den Index jeder Satz des Textes geändert werden.

Standardeigenschaften eröffnen die Möglichkeit, Objekte einer Klasse wie Arrays zu behandeln. Ihr Einsatz sollte aber nur erfolgen, wenn der Zugriff über einen Index auch anschaulich ist. Das soll sagen, dass man sich das Objekt auch wirklich als eine Art geordnete Liste vorstellen kann.
Wenn Sie eine Standardeigenschaft für eine Klasse definieren, sollten Sie überlegen, ob nur Lese- (*Get*) oder nur Schreibzugriffe (*Set*) oder beide benötigt werden.

6.6 Überladen

Programmiersprachen erlauben in der Regel nur, eine einzige Definition für ein und denselben Prozedurnamen festzulegen. Dies ist notwendig, da die jeweiligen Compiler eindeutig wissen müssen, welcher

Code eingesetzt werden soll. VB hebt wie andere objektorientierte Sprachen diese Einschränkung auf. Sie können in dieser Sprache mehrere Prozeduren und Funktionen mit gleichem Namen definieren. Diese Technik wird Überladen (engl. overloading) genannt. Überladen ist in VB außerdem nicht auf Prozeduren beschränkt, sondern kann auch auf Eigenschaften angewendet werden. Diese Möglichkeiten der objektorientierten Programmierung erlernen Sie in diesem Kapitel.

6.6.1 Die Signatur

Für den Compiler und das Laufzeitsystem müssen die Funktionen bzw. Methoden unterscheidbar sein. Bei «normalen» Programmiersprachen reicht dazu ihr Name, was aber auch schon zu Problemen geführt hat. Manchmal waren nämlich längere Namen erlaubt, aber nur die ersten Zeichen wurden benutzt. Objektorientierte Sprachen, die das Überladen unterstützen, benötigen nun einen anderen Mechanismus, um gleichnamige Methoden zu unterscheiden. Dies ermöglicht die so genannte Signatur.
Die Signatur ist so etwas wie der «Fingerabdruck» einer Methode und erlaubt ihre eindeutige Identifikation. Sie besteht aus dem Namen sowie der Art und dem Typ eines jeden Parameters. Damit Methoden in VB und anderen objektorientierten Sprachen unterscheidbar sind, müssen sie unterschiedliche Signaturen aufweisen!
Die Signaturen zweier Methoden können Sie am besten vergleichen, wenn Sie Hilfsnamen aus Methodennamen und den Parametertypen bilden. Für die Methode

```
Public Sub SetWert(ByVal neuerWert As Integer) ... End Sub
```

lässt sich aus den Bestandteilen der Signatur folgender Hilfsname bilden:

```
SetWert_Integer
```

Beachten Sie, dass weder Rückgabetyp noch Zugriffsmodus oder Parametername zur Signatur zählen!
Die nächsten Methoden

```
Public Sub BerechneWert(ByVal a As Integer, _
  ByVal B As Integer) ... End Sub
```

```
Public Function BerechneWert(ByVal X As Integer, _
  ByVal Y As Integer) As Integer ... End Function
```

verfügen also über die gleiche Signatur, denn ihre Hilfsnamen lauten

```
BerechneWert_Integer_Integer
BerechneWert_Integer_Integer
```

Sie lassen sich daher nicht unterscheiden und erzeugen einen Compilerfehler. Dagegen handelt es sich bei den folgenden Beispielen um überladene, also unterscheidbare Methoden:

```
Public Sub BerechneWert(byVal a As Integer) ... End Sub
Public Function BerechneWert( _
  ByVal a As Double) As Integer ... End Function
Public Sub BerechneWert(ByVal a As Integer, _
  ByVal b As Double) ... End Sub
Public Sub BerechneWert(ByVal a As Double, _
  ByVal b As Integer) ... End Sub
```

Vergleichen Sie die Hilfsnamen:

```
BerechneWert_Integer
BerechneWert_Double
BerechneWert_Integer_Double
BerechneWert_Double_Integer
```

Da sie sich unterscheiden, unterscheiden sich die Signaturen. Wie Sie sehen, ist es egal, ob der Rückgabetyp der gleiche oder ein anderer ist und ob es eine *Sub*- oder *Function*-Prozedur ist. Auch die Namen der Parameter spielen natürlich keine Rolle. Selbst wenn Anzahl und Typen der Parameter übereinstimmen, ihre Reihenfolge aber vertauscht ist, handelt es sich um verschiedene Methoden!
Doch nun genug der Theorie. Im nächsten Kapitel lernen Sie einige Beispiele kennen.

6.6.2 Methode überladen

Das erste Beispiel demonstriert, wie Methoden überladen werden. Dabei handelt es sich um eine Klasse namens *Konto*, deren Objekte in einfacher Form einen Kontostand verwalten und Einzahlungen ermöglichen.

```
' Bspl047.vb

Option Explicit On
Option Strict On

Imports System

Public Class Konto

    Private Stand As Decimal                              '(1)

    Public ReadOnly Property Saldo() As Decimal           '(2)
        Get
            Return Stand
        End Get
    End Property

    Public Sub Einzahlen( _
     ByVal betrag As Decimal)                             '(3)
        Console.WriteLine("1")                            '(4)
        Stand += betrag                                   '(5)
    End Sub

    Public Sub Einzahlen(ByVal betrag As Double)          '(6)
        Console.WriteLine("2")
        Stand += CDec(betrag)                             '(7)
    End Sub

End Class

Public Module Bspl047
    Public Sub Main()
        Dim MeinKonto As New Konto                        '(8)
        MeinKonto.Einzahlen(45.99D)                       '(9)
        MeinKonto.Einzahlen(22.87)                        '(10)
        Console.WriteLine(MeinKonto.Saldo)
    End Sub
End Module
```

Nach dem Start erscheinen diese Zeilen auf dem Bildschirm:

```
1
2
68.86
```

(1) Für den Kontostand verkapselt die Klasse *Konto* das Datenfeld *Stand*. Der Typ *Decimal* ist für Währungen besser geeignet als *Double*, denn er liefert eine höhere Genauigkeit.

(2) Der Kontostand wird als Eigenschaft implementiert, die nur gelesen werden kann. Deshalb verfügt *Saldo* nur über einen *Get*-Block.

(3) Veränderungen am Kontostand sollen über Methoden ausgeführt werden. Für dieses Beispiel definiert *Konto* nur die Methode *Einzahlen*. Die hier definierte Methode liefert keinen Wert zurück (*Sub*) und übernimmt einen Parameter vom gleichen Typ des Datenfeldes (*Decimal*). Am Hilfsnamen *Einzahlen_Decimal* erkennen Sie die Signatur der Methode.

(4) Damit Sie sehen können, wann diese Methode aufgerufen wird, enthält sie diese Erkennungsmeldung.

(5) Der Parameterwert wird auf den Kontostand addiert. Die Methode verzichtet für dieses Beispiel auf jede Überprüfung des Parameters, sodass hier auch negative Beträge eingezahlt werden können, was normalerweise verhindert werden sollte.

(6) Hier wird jetzt die zweite Methode mit dem Namen *Einzahlen* definiert. Kontrollieren Sie die Signatur, indem Sie den Hilfsnamen bilden: *Einzahlen_Double*. Die Signatur ist anders, also kann die Methode von der bereits definierten unterschieden werden. Anders ausgedrückt: *Einzahlen* ist eine überladene Methode.

(7) Grundsätzlich sollten überladene Methoden immer die gleiche Aufgabe erfüllen. Deshalb wird auch hier der Parameter auf den Kontostand addiert. Weil aber *Double* wegen *Option Strict On* nicht automatisch in *Decimal* umgewandelt werden kann – *Double* kann größere und kleinere Werte speichern als *Decimal* – wird hier durch *CDec* eine Konvertierung vorgenommen.

(8) In *Main* kann jetzt ein Objekt erzeugt werden.

(9) Wird ein *Decimal*-Wert – erkennbar am angehängten *D* – beim Aufruf der Methode *Einzahlen* übergeben, wird die erste Version dieser Methode gestartet, wie Sie an der Programmausgabe erkennen können.

(10) Ein *Double*-Wert als Parameter führt dazu, dass die zweite Fassung aufgerufen wird.

> *Hinweis:*
> VB kennt für überladene Methoden auch das Schlüsselwort *Overloads*. Falls es verwendet wird, muss es bei <u>allen</u> überladenen Versionen angeführt werden.

Die beiden Methodendefinitionen unterscheiden sich in *Bspl047* nur im Typ ihres einzigen Parameters. Im nächsten Programm werden weitere Überladungsmöglichkeiten demonstriert. Außerdem zeigt es zwei Varianten, wie eine variable Anzahl an Parametern festgelegt werden kann und inwieweit davon die Signatur betroffen ist.

```
' Bspl048.vb

Option Explicit On
Option Strict On

Imports System

Public Class Konto

    Private Stand As Decimal

    Public ReadOnly Property Saldo() As Decimal
        Get
            Return Stand
        End Get
    End Property

    Public Sub Einzahlen( _
     ByVal betrag As Decimal)                          '(1)
        Stand += betrag
    End Sub

    Public Sub Einzahlen(ByVal betrag As Decimal, _
     ByVal waehrung As String)                         '(2)
        If waehrung = "USD" Then
            Stand += betrag / 1.1591D
        Else
            Stand += betrag
        End If
    End Sub

    Public Sub Einzahlen( _
     ByVal betrag() As Double)                         '(3)
        For i As Integer = 0 To betrag.Length - 1
            Stand += CDec(betrag(i))
        Next
    End Sub

    Public Sub Einzahlen( _
```

```
    ByVal ParamArray betrag() As Decimal)                      '(4)
        For i As Integer = 0 To betrag.Length - 1
            Stand += betrag(i)
        Next
    End Sub
End Class

Public Module Bspl048

    Public Sub Main()
        Dim Liste() As Double = _
         {11.3, 24.5, 9.99}                                    '(5)
        Dim MeinKonto As New Konto
        MeinKonto.Einzahlen(45.99D)                            '(6)
        MeinKonto.Einzahlen(Liste)                             '(7)
        MeinKonto.Einzahlen(10D, "USD")                        '(8)
        MeinKonto.Einzahlen(23.7D, 56D, 23.89D)                '(9)
        Console.WriteLine("{0:0.00}", MeinKonto.Saldo)
    End Sub
End Module
```

Die korrekte Funktionsweise der Methoden lässt sich an dieser Ausgabe leicht nachprüfen.

```
204,00
```

Auch hier ist *Einzahlen* überladen worden und besteht aus insgesamt vier Fassungen.

(1) Die erste verwendet wieder nur einen Parameter vom Typ *Decimal*.

(2) Bei der zweiten ist der erste Parameter zwar typengleich mit der ersten Methodendefinition, dafür existiert aber ein zweiter Parameter. Durch die unterschiedliche Anzahl an Parametern liegt auf jeden Fall eine andere Signatur vor. Diese Methode verwendet die Zeichenkette *waehrung*, um den Betrag in die interne Währung der Klasse umzurechnen. Hier wird der Einfachheit halber nur auf *US-Dollar* geprüft.

(3) Eine variable Anzahl an Parametern kann einer Funktion in vielen Programmiersprachen nur in Form eines Arrays übergeben werden. Dies ist auch in VB möglich. Hier übernimmt die Methode einen Parameter als *Double*-Array. Da dies ein anderer Typ als *Double* ist, könnte diese Methode auch neben der zweiten aus *Bspl047* existieren.

(4) Eine variable Anzahl an Parametern kann bei VB aber auch mithilfe des Schlüsselwortes *ParamArray* festgelegt werden. Hier wird zwar nur ein Parameter benutzt, in jedem Fall darf in einer Definition jedoch immer nur ein *ParamArray*-Parameter vorkommen. Außerdem muss dieser dann als Letztes in der Liste stehen. Da die Anzahl Werte für diesen Parameter variabel ist, wird *ParamArray* immer in Verbindung mit einem Arraytyp verwendet. Hier sollen es *Decimal*-Werte sein. Beachten Sie, dass *ParamArray* nicht zur Signatur gehört. Sollten hier ebenfalls *Double*-Werte übergeben werden, würde deshalb ein Konflikt mit der vorhergehenden Definition auftreten.

(5) Ein Array von *Double*-Werten wird für die dritte Variante von *Einzahlen* definiert.

(6) Mit einem einzigen Parameter vom Typ *Decimal* wird hier die erste Fassung aufgerufen.

(7) Mit dem *Double*-Array startet die dritte Version.

(8) Mit zwei Parametern passt die zweite Methodendefinition.

(9) Mit mehreren *Decimal*-Werten ist die vierte Definition die geeignetste. Obwohl in der Definition der Parameter als Array angegeben wurde, werden beim Aufruf die Werte einzeln übergeben. Dies ist möglich, weil der Zusatz *ParamArray* verwendet wurde.

Schauen Sie sich noch einmal anhand der Hilfsnamen die Signaturen der vier Methoden an:

```
Einzahlen_Decimal
Einzahlen_Decimal_String
Einzahlen_Double()
Einzahlen_Decimal()
```

Noch einmal: *ParamArray* gehört nicht zur Signatur, deshalb müssen sich die beiden Arraytypen der letzen Versionen von *Einzahlen* unterscheiden.

Wann wird nun welche Methode aufgerufen bzw. wie wird die richtige Version gefunden?

Als Erstes wird eine Methode gesucht, die genau so viele Parameter übernehmen kann, wie Argumente angegeben sind. Dabei zählen *ParamArray*-Parameter zunächst als ein einziger Array-Parameter, danach werden sie «expandiert», das heißt als eine Anzahl mehrerer Parameter angesehen. Beispielsweise wird beim «Expandieren» aus *ParamArray Decimal()* dann *Decimal, Decimal, ...* usw. Wird dabei eine passende Methode gefunden, werden die Typen geprüft. Aus einer Gruppe von Methoden wird dann diejenige genommen, bei der alle Typen übereinstimmen. Davon darf es natürlich nur eine einzige geben, sonst tritt ein Fehler auf. Haben alle Methoden zwar die richtige Anzahl Parameter, jedoch nicht die richtigen Typen, dann wird geprüft, ob sich die Argumente automatisch konvertieren lassen. So könnte im Beispiel die zweite Methode auch einen Aufruf mit einem *Integer*- und einem *String*-Parameter annehmen, aber keinen mit einem *Double*- und einem *String*-Parameter.

Achtung: In manchen Situationen mag die Reihenfolge der Definitionen eine Rolle spielen. Definieren Sie also am besten die Methoden mit der geringeren Parameterzahl zuerst und die mit variabler Zahl zuletzt.

6.6.3 Konstruktor überladen

Die Technik des Überladens wird natürlich auch bei den Konstruktoren der Klassen eingesetzt. Durch Überladen von Konstruktoren können Objekte auf unterschiedliche Arten erzeugt werden. Da die Hauptaufgabe eines Konstruktors darin besteht, die Datenfelder der Klasse zu initialisieren, können diese durch mehr oder weniger Parameter dann variabel initialisiert werden. Die restlichen Felder erhalten dann Standardwerte.

Die Klasse *Konto* soll nun um ein Datenfeld für den Kontoinhaber und um Konstruktoren erweitert werden, die einzelne oder alle Felder initialisieren. Im Beispiel wird ein neues Konto mit einer Sofortgutschrift von 10 Währungseinheiten prämiert. Dies wird von jedem Konstruktor berücksichtigt.

```
' Bsp1049.vb

Option Explicit On
Option Strict On

Imports System

Public Class Konto

   Private Stand As Decimal
```

```
    Private Inhaber As String                                  '(1)

    Public ReadOnly Property Saldo() As Decimal
        Get
            Return Stand
        End Get
    End Property

    Public Sub New(ByVal inhaber As String)
        Me.new(inhaber, 0)                                     '(2)
    End Sub

    Public Sub New(ByVal inhaber As String, _
     ByVal betrag As Decimal)                                  '(3)
        Me.Inhaber = inhaber                                   '(4)
        Stand += betrag + 10                                   '(5)
    End Sub

End Class

Public Module Bspl049

    Public Sub Main()
        Dim MeinKonto As _
        New Konto("Karl Meier")                                '(6)
        Console.WriteLine(MeinKonto.Saldo)
        Dim DeinKonto As _
         New Konto("Peter Schmitz", 40D)                       '(7)
        Console.WriteLine(DeinKonto.Saldo)
    End Sub
End Module
```

Die beiden Konten verfügen, nachdem sie erzeugt wurden, über folgende Salden:

```
10
50
```

(1) Für den Namen des Kontoinhabers wird ein weiteres Datenfeld vom Typ *String* angelegt.

(2) Dieser erste Konstruktor übernimmt nur einen Parameter vom Typ *String* für den Kontoinhaber. Sein Codeblock enthält nur die Anweisung *Me.New(inhaber, 0)*. Dadurch wird ein anderer Konstruk-

tor der eigenen Klasse (*Me*) aufgerufen, nämlich einer, der eine Zeichenkette und eine ganze Zahl annehmen kann.

(3) Ein solcher Konstruktor wird hier definiert. Diesmal wird auch kein anderer Konstruktor aufgerufen. Vielmehr übernimmt dieser Konstruktor nun die Initialisierung selbst.

(4) Hier steht wieder das Schlüsselwort *Me*. Durch *Me* können Instanzen ihre Elemente ansprechen, also Konstruktoren, Felder und Methoden. Hier wird *Me* eingesetzt, um die beiden gleichnamigen Variablen korrekt zu unterscheiden. Durch *Me.Inhaber* wird das Datenfeld und durch *inhaber* der Parameter angesprochen. Ein häufiger Fehler besteht darin, diese Anweisung einfach als *Inhaber = inhaber* zu formulieren. Dadurch wird aber nur dem Parameter sein eigener Wert erneut zugewiesen; das Datenfeld bleibt dadurch unberührt.

(5) Da das Datenfeld ja auf jeden Fall automatisch bereits mit 0 initialisiert wird, kann durch den Operator += hier der Wert des Parameters zusammen mit der Prämie von 10 Einheiten verbucht werden. Normalerweise wird im Konstruktor jedoch eine direkte Zuweisung per Gleichheitszeichen erfolgen.

(6) Hier wird die erste Fassung des Konstruktors aufgerufen. Diese ruft intern dann die zweite auf und übergibt ihm in *betrag* den Wert 0. Der Kontostand enthält danach also nur die Prämie.

(7) Hier werden beide Argument angegeben, was dazu führt, dass die zweite Fassung benutzt wird.

Die beiden Konstruktoren sind so überladen, dass wahlweise nur ein Datenfeld oder alle speziell initialisiert werden. Wird einem Konstruktor nur ein Wert übergeben, dann füllt er die anderen mit sinnvollen Standardwerten. Dies erledigt er aber nicht selbst, sondern er ruft dazu den flexibleren auf. Derjenige, der Parameter für jedes Datenfeld übernimmt, erledigt dann die ganze Arbeit. So wird kein Code doppelt programmiert, was sich gerade bei Änderungen vorteilhaft auf die Fehleranfälligkeit auswirkt.
In dieser Weise lassen sich natürlich auch Methoden überladen, wenn dies sinnvoll erscheint.

> *Hinweis*:
> In vielen Fällen ist es sinnvoll, auf jeden Fall auch immer einen parameterlosen Konstruktor zu definieren.

6.6.4 Aufgaben verteilen

Wie der Code aussehen muss, um Methoden und Konstruktoren zu überladen, ist das eine. Das andere ist die Technik, wie dies sinnvoll eingesetzt wird. Einige Tipps konnten Sie den bisherigen Erläuterungen bereits entnehmen. Im folgenden Programm sehen Sie eine umfangreiche Version der Klasse *Konto*. Sie zeigt, wie die überladenen Methoden und Konstruktoren sinnvoll ineinander greifen können. Das Grundprinzip besteht dabei darin, möglichst keinen Code doppelt zu programmieren.

```
' Bspl050.vb

Option Explicit On
Option Strict On

Imports System

Public Class Konto

    Private Stand As Decimal
    Private Inhaber As String

    Public ReadOnly Property Saldo() As Decimal
        Get
            Return Stand
        End Get
    End Property

    Public Sub New(ByVal inhaber As String)
        Me.New(inhaber, 0)                                    '(1)
    End Sub

    Public Sub New(ByVal inhaber As String, ByVal betrag As
Decimal)
        Me.Inhaber = inhaber
        Stand += betrag + 10
    End Sub

    Public Sub Einzahlen( _
     ByVal betrag As Decimal)                                 '(2)
        Stand += betrag
    End Sub
```

```
    Public Sub Einzahlen(ByVal betrag As Decimal, _
     ByVal waehrung As String)                         '(3)
        If (waehrung = "USD") Then
            Einzahlen(betrag * 1.1591D)                '(4)
        Else
            Einzahlen(betrag)
        End If
    End Sub

    Public Sub Einzahlen(ByVal betrag() As Double)
        For i As Integer = 0 To betrag.Length - 1
            Einzahlen(CDec(betrag(i)))                 '(5)
        Next
    End Sub

    Public Sub Einzahlen(ByVal ParamArray betrag() As Decimal)
        For i As Integer = 0 To betrag.Length - 1
            Einzahlen(betrag(i))                       '(6)
        Next
    End Sub

    Public Sub Auszahlen( _
     ByVal betrag As Decimal)                          '(7)
        If Saldo >= betrag Then
            Stand -= betrag
        End If
    End Sub

End Class

Public Module Bsp1050

    Public Sub Main()
        Dim Einzahlungen() As Double = _
         {123.5, 12.85, 350}
        Dim Konto1 As Konto = New Konto("H. Meier")
        Dim Konto2 As Konto = New Konto("H. Meier", _
         500D)
        Console.WriteLine(Konto1.Saldo)
        Console.WriteLine(Konto2.Saldo)
        Konto1.Einzahlen(400D)
        Konto1.Einzahlen(Einzahlungen)
        Konto1.Einzahlen(125D, 340.5D, 1200D, 420.75D)
        Konto1.Einzahlen(100D, "USD")
        Console.WriteLine(Konto1.Saldo)
```

```
        Konto1.Auszahlen(400D)
        Console.WriteLine(Konto1.Saldo)
    End Sub
End Module
```

(1) Die Definition und Arbeitsweise der Konstruktoren ist hier unverändert übernommen worden.

(2) Auch die erste Fassung der Methode *Einzahlen* ist unverändert. Sie beschreibt den prinzipiellen Vorgang, wie eingezahlte Beträge verrechnet werden sollen. Änderungen, wie beispielsweise die Prüfung auf negative Argumente, sollten daher hier erfolgen.

(3) Die zweite Version der Methode wurde geändert.

(4) Statt selbst den Kontostand zu ändern, ruft sie nun die erste Methode auf und übergibt ihr lediglich den umgerechneten Betrag.

(5) Genauso verfährt die dritte Fassung.

(6) Ebenfalls die vierte.

(7) Die Methode *Auszahlen* prüft dieses Mal, ob der Kontostand ausreicht.

Anhand der Bildschirmanzeige können Sie jetzt leicht die Anweisungen innerhalb von *Main* nachvollziehen:

```
10
510
3098,5100
2698,5100
```

6.7 Strukturen

Neben den Klassen gib es noch ein zweites Baumuster, nach dem Objekte erzeugt werden können: die Strukturen. Sie bilden in der Sprache C eine komplexe Datenstruktur, die allerdings keine Funktionalität beinhalten konnte. In C++ wurden die Strukturen dann zu Klassendefinitionen erweitert. Auch in VB gibt es daher Strukturen. Wie sie aufgebaut sind und wie sie sich von Klassen unterscheiden, soll dieses Kapitel zeigen.

Strukturen werden statt Klassen meistens dann definiert, wenn es sich um kleine, einfache Definitionen handelt. Deshalb wird als Beispiel eine Struktur definiert, die Quader beschreibt.

```
' Bspl051.vb

Option Explicit On
Option Strict On

Imports System

Public Structure Quader                                       '(1)

   Public A, B, C As Integer                                  '(2)

   Public Sub New(ByVal a As Integer, _
    ByVal b As Integer, ByVal c As Integer)                   '(3)
      Me.A = a
      Me.B = b
      Me.C = c
   End Sub

   Public Function Volumen() As Long                          '(4)
      Return A * B * C
   End Function

End Structure

Public Module Bspl051

   Public Sub Main()

      Dim Q1 As Quader = New Quader(10, 5, 3)                 '(5)
      Dim Q2 As New Quader                                    '(6)
      Dim Q3 As Quader                                        '(7)
      Q3.A = 20                                               '(8)
      Console.WriteLine(Q1.A)
      Console.WriteLine(Q1.B)
      Console.WriteLine(Q1.C)
      Console.WriteLine(Q1.Volumen())
      Console.WriteLine(Q2.A)
      Console.WriteLine(Q3.A)
   End Sub
End Module
```

Wenn alles korrekt läuft, sehen Sie folgende Zeilen:

```
10
5
3
150
0
20
```

(1) Der erste Unterschied zwischen Klassen und Strukturen besteht im verwendeten Schlüsselwort. Statt *Class* wird *Structure* benutzt. Auch Strukturen verfügen wie Klassen über Zugriffsebenen.

(2) Hier werden Datenfelder für Länge, Breite und Höhe eines Quaders deklariert. In Strukturen sind sie meistens *Public*. Deshalb ist dies auch die Standardebene für den Fall, dass nichts festgelegt wird. Werden jedoch Zugriffskontrollen benötigt, sodass sie als Eigenschaften formuliert werden müssen, so kann dies zwar auch in einer Struktur erfolgen, besser geeignet wäre dann aber wegen der Komplexität eine Klasse. Felder können natürlich auch als Konstanten definiert werden. Nur dann darf ihnen bei der Deklaration ein Wert zugewiesen werden. Variable Felder dürfen hier noch nicht initialisiert werden! Strukturen müssen auch mindestens ein solches Datenfeld enthalten.

(3) Strukturen können auch Konstruktoren festlegen, bis auf eine Ausnahme. Ein parameterloser Konstruktor darf für Strukturen nicht angelegt werden!

(4) Hier wird eine Methode zur Volumenberechnung definiert. Dies geschieht ebenso wie bei Klassen. Das heißt, bei Bedarf können sie auch überladen werden. Neben Methoden sind auch Eigenschaften möglich.

(5) Soll eine Instanz einer Struktur erzeugt werden, kann dies wie bei Klassen mithilfe des Operators *New* und mit einem definierten Konstruktor der Struktur geschehen.

(6) Obwohl er nicht definiert werden darf, kann aber auch der Standardkonstruktor verwendet werden. Dieser hat eine besondere Funktion. Deshalb darf er eben nicht neu definiert werden.

(7) Hier wird eine Instanz der Struktur ohne den Operator *New* erzeugt. Das geht nur, weil der Standardkonstruktor anders als bei Klassen arbeitet, denn er ermöglicht, dass die Instanz wie eine normale Variable deklariert wird. Näheres zeigt das nächste Beispiel *Bspl052*.

(8) Die Felder von Instanzen, die auf diese Weise erzeugt werden, müssen separat initialisiert werden. Instanzen, die über einen Konstruktor erzeugt wurden, verfügen jedoch automatisch oder durch den Konstruktor über initialisierte Felder.

Bis auf die Einschränkungen hinsichtlich des parameterlosen Konstruktors und der Feldinitialisierung scheinen Strukturen also mit Klassen identisch zu sein. Dass dies nicht so ist, konnten Sie bereits im vorherigen Programm erkennen, denn dort wurde eine Instanz erzeugt, die wie eine normale Variable deklariert wird (siehe (7)). Was dies bedeutet, zeigt das folgende Beispiel. Es benutzt eine Struktur und eine gleichartige Klasse für die Definition von Quadern.

```
' Bsp1052.vb

Option Explicit On
Option Strict On

Imports System

Public Structure Quader                              '(1)

    Public A, B, C As Integer

    Public Sub New(ByVal a As Integer, _
     ByVal b As Integer, ByVal c As Integer)
        Me.A = a
        Me.B = b
        Me.C = c
    End Sub

    Public Function Volumen() As Long
        Return A * B * C
    End Function

End Structure

Public Class Quaderklasse                            '(2)

    Public A, B, C As Integer

    Public Sub New(ByVal a As Integer, _
     ByVal b As Integer, ByVal c As Integer)          '(3)
```

```
        Me.A = a
        Me.B = b
        Me.C = c
    End Sub

    Public Function Volumen() As Long
        Return A * B * C
    End Function

End Class

Public Module Bsp1052

    Public Sub Main()

        Dim Q1 As Quader = New Quader(10, 5, 3)           '(4)
        Dim Q2 As Quaderklasse = _
         New Quaderklasse(10, 5, 3)                       '(5)
        Console.WriteLine(Q1.A)                           '(6)
        Console.WriteLine(Q2.A)
        Test(Q1, Q2)                                      '(7)
        Console.WriteLine(Q1.A)                           '(8)
        Console.WriteLine(Q2.A)
    End Sub

    Public Sub Test(ByVal q1 As Quader, _
     ByVal q2 As Quaderklasse)                            '(9)
        q1.A = 100
        q2.A = 100
    End Sub
End Module
```

(1) Hier wird zunächst die bereits bekannte Struktur *Quader* definiert.

(2) Es folgt eine Klassendefinition, deren Aufbau mit der Struktur übereinstimmt.

(3) Auch der Konstruktor ist identisch. Bei Klassen bedeutet das aber, dass kein Standardkonstruktor mehr existiert.

(4) Innerhalb von *Main* wird wieder eine Instanz der Struktur erzeugt.

(5) Auch von der Klasse wird ein Objekt erstellt. Es wird mit den gleichen Werten initialisiert.

(6) Dann werden zur Kontrolle von beiden Objekten die Werte des Datenfeldes *a* ausgegeben.

(7) Es erfolgt der Aufruf einer Funktion *Test,* die die Objekte verändern

soll (siehe (9)). Deshalb erhält sie als Argumente beide Objekte übergeben.

(8) Danach werden zur Kontrolle wieder die Werte der Datenfelder angezeigt.

(9) Die Methode *Test* ist so definiert, dass als Parameter ein Objekt der Struktur *Quader* und ein Objekt der Klasse *Quaderklasse* übernommen werden. Sie weist dann den jeweiligen Datenfeldern *a* einen neuen Wert zu.

Schauen Sie jetzt die Programmausgabe an:

```
10
10
10
100
```

Wie Sie sehen, ist nur im Objekt der Klasse nach dem Aufruf von *Test* der geänderte Wert vorhanden. Das Struktur-Objekt wurde offensichtlich nicht verändert. Hier liegt der wesentliche Unterschied zwischen Strukturen und Klassen.
Strukturen sind so genannte *Werttypen*. Werden ihre Objekte einer Methode übergeben, dann erhalten diese wie bei normalen Variablen nur eine Kopie. Änderungen werden von der Methode somit nur an der lokalen Kopie vorgenommen, das Original bleibt unverändert.
Klassen sind so genannte *Referenztypen*. Werden ihre Objekte einer Methode übergeben, erhält diese immer die Referenz, also die Speicheradresse der Objekte, egal ob *ByVal* oder *ByRef* definiert wurde. Alle Änderungen erfolgen also am Original.
Wenn Sie auch das Struktur-Objekt als Referenz übergeben wollen, so dass die Änderung erhalten bleibt, dann müssen Sie nur das Schlüsselwort *ByRef* verwenden. Eine Änderung ist dazu nur notwendig:

```
' Bsp1052.vb

...

public Module Bsp1052

   public Sub Main()
```

```
        ...

    End

    Public Sub Test(ByRef q1 As Quader, _
        ByVal q2 As Quaderklasse)
        ...
    End
End
```

Bei der Definition muss der entsprechende Parameter als *ByRef* definiert werden.

Nach diesen Änderungen sieht die Programmausgabe dann wie erwartet aus:

```
10
10
100
100
```

Strukturen unterscheiden sich auch noch in anderen Punkten von Klassen, die hier aber noch nicht erörtert werden sollen. Auf eine Sache soll aber dennoch hingewiesen werden: Strukturen hören erst beim Programmende auf zu existieren, denn sie verfügen über keinen Destruktor. *Finalize* kann für sie nicht definiert werden!

6.8 Zusammenfassung

- Objekte belegen in Programmen Platz im Arbeitsspeicher. Sie verfügen über Daten und Funktionen. Die Klassen beschreiben das Baumuster der Objekte. Eine andere Bezeichnung für Objekt lautet Instanz.
- Zugriffsebenen legen die Sichtbarkeit von Klassen, Daten und Funktionen fest. Sie werden durch die Schlüsselwörter *Public, Protected, Friend, Protected Friend* und *Private* festgelegt. Wird keine Zugriffsebene angegeben, gilt für Klassen *Friend* und für Klassenelemente *Private.*
- Datenfelder sind Variablen, die innerhalb der gesamten Klasse verwendet werden können. Sie dienen internen Zwecken und verkap-

seln die Daten, deshalb werden sie normalerweise als *Private* deklariert. Datenfelder können auch per *Const* als Konstante festgelegt werden.

- Eine Methode ist eine Klassenprozedur. Von den Methoden wird die Funktionalität einer Klasse beschrieben.
- Ein Konstruktor ist eine spezielle Methode. Er trägt immer den Namen *New* und verfügt über keinen Rückgabetyp. Die Hauptaufgabe eines Konstruktors besteht darin, die Datenfelder zu initialisieren.
- Das Pendant zum Konstruktor ist der Destruktor. Er heißt *Finalize*. Er hat keinen Rückgabetyp, die Zugriffsebene *Protected* und übernimmt im Gegensatz zum Konstruktor auch keine Parameter. Der Destruktor wird automatisch aufgerufen, wenn ein Objekt nicht mehr gültig ist, und soll Aktionen des Konstruktors rückgängig machen.
- Die Laufzeitumgebung verwaltet den Speicherplatz selbst. Über *GC.Collect* kann jedoch eine Freigabe des von Objekten nicht mehr genutzten Speichers angestoßen werden.
- Eine Eigenschaft ist meistens *Public* und definiert wahlweise einen *Set*- und einen *Get*-Block für Zugriffe auf ein wichtiges Datenfeld der Klasse, das zwar öffentlich verfügbar sein soll, dessen Zugriffe aber festen Regeln unterliegen und daher kontrolliert werden müssen.
- Eine Standardeigenschaft ermöglicht den Zugriff auf Informationen der Klasse über einen Index. Dieser Zugriff wird wahlweise über einen *Set*- und *Get*-Block beschrieben. Standardeigenschaften werden durch *Default* definiert und dürfen in jeder Klasse nur einmal vorkommen.
- Die Signatur ist das Unterscheidungsmerkmal für gleichnamige Methoden in der objektorientierten Programmierung. Sie setzt sich aus dem Methodennamen und den Typen der Parameterliste zusammen. Beim Überladen muss diese Signatur eindeutig sein.
- Durch Überladen können gleichnamige Methoden und Konstruktoren definiert werden, die mit verschiedenen Parametertypen und unterschiedlicher Parameteranzahl arbeiten können. Die überladenen Methoden und Konstruktoren sollten stets die gleiche Aufgabe erfüllen.
- Eine Struktur wird wie eine Klasse definiert, ist aber kein Referenz-, sondern ein Werttyp. Außerdem darf kein parameterloser Konstruktor festgelegt und kein Datenfeld in der Deklaration initialisiert werden.

- Durch *Const* werden konstante Datenfelder definiert. Sie müssen sofort initialisiert werden.
- Mittels *ReadOnly* werden ebenfalls konstante Felder angelegt. Diese müssen aber erst spätestens vom Konstruktor initialisiert werden.
- Eine variable Anzahl von Parametern wird durch *ParamArray* beschrieben. Der Typ muss dann ein Array und auch der letzte Parameter sein.

6.9 Übungen

Aufgabe 14

Entwickeln Sie eine Klasse, die eine Bezeichnung und den Brennwert von Nahrungsmitteln verwaltet. Diese Klasse soll über die beiden Eigenschaften *Name* und *Brennwert* verfügen. Definieren Sie außerdem eine Methode *ToJoule*, die den Brennwert in Joule bzw. Kilojoule ausgibt.
Die Klasse soll den Brennwert intern in Kilokalorien (kcal) speichern. Bei der Umrechnung in Joule entspricht 1 kcal 4,1868 kJ.

Aufgabe 15

Fügen Sie der Klasse aus Aufgabe 14 Konstruktor und Destruktor hinzu. Überladen Sie den Konstruktor, sodass Objekte sowohl gleich mit Bezeichnung und Brennwert als auch nur mit der Bezeichnung oder nur mit dem Brennwert initialisiert werden können. Beachten Sie, dass die Konstruktoren sich sinnvoll gegenseitig aufrufen.

Aufgabe 16

Erzeugen Sie eine Klasse, die einen Wohnsitz beschreibt. Sie soll über Datenfelder für Straße, Hausnummer, Postleitzahl und Wohnort verfügen, die nur über den Konstruktor initialisiert werden. Diese Datenfelder können als ein zweidimensionales Array betrachtet werden, wie die folgende Abbildung zeigt.

	0	1
0	Hauptstraße	45
1	22022	Hamburg

Definieren Sie eine passende Standardeigenschaft, die den Zugriff auf diese einzelnen Bestandteile einer Wohnsitzangabe sowohl lesend als auch schreibend ermöglicht.

Aufgabe 17

Überladen Sie die Methoden *Einzahlen* und *Auszahlen* der Klasse *Konto* aus Kapitel 6.6.4, sodass ein Einzahlungsbetrag auch als Zeichenkette angegeben werden kann. Denken Sie daran, möglichst bestehenden Code der existierenden Methoden aufzurufen!

7 Klassenspezifische Elemente

Alle Objekte, die Sie bisher erzeugt haben, verfügten jeweils über einen eigenen Satz von Datenfeldern, mit denen die Methoden dann arbeiteten. Diese Aufteilung ist in der Regel auch gewünscht. Schließlich wird jedes Objekt ja auch durch seine individuellen Eigenschaften beschrieben. Dennoch gibt es Fälle, bei denen es günstiger ist, wenn ein Datenfeld nicht für jedes Objekt existiert, sondern nur einmal für alle Objekte der Klasse. Während alle objektspezifischen Elemente einer Klasse auch Instanzdatenfelder, Instanzeigenschaften, Instanzmethoden usw. heißen, werden die gemeinsamen, objektunabhängigen Bestandteile auch Klassendatenfelder, Klasseneigenschaften usw. genannt.
Nahezu alle Instanzelemente außer Standardeigenschaften und Destruktoren können auch als Klassenelemente definiert werden. Dieses Kapitel zeigt hauptsächlich am Beispiel einer Klasse, die Bankkonten darstellen kann, wie solche Elemente angelegt und genutzt werden.

7.1 Datenfelder

Jedes Objekt einer Kontoklasse muss natürlich in der Lage sein, den eigenen Kontostand zu speichern. Was aber nicht unbedingt in jedem Objekt gespeichert werden muss, ist vielleicht der Zinssatz, solange er für alle Objekte gleich sein soll. Jedes Objekt hat dann beispielsweise ein Datenfeld mit Namen *Saldo*, es gibt aber nur ein Datenfeld *Zins*. Es handelt sich bei *Saldo* also um ein Instanzdatenfeld und bei *Zins* um ein Klassendatenfeld.
Um ein Datenfeld zu einem Klassendatenfeld zu machen, benutzen Sie das Schlüsselwort *Shared*. Es wird als weiteres Wort vor die Deklaration eines Datenfeldes gesetzt.
Dies zeigt das folgende Beispiel. Zunächst wird die Klasse *Konto* definiert, dann folgt ein Modul *Bspl053* mit der Methode *Main*. Es benutzt

unter anderem konstante Klassendatenfelder, um Einzahlungen in Euro und US-Dollar zu ermöglichen. Statt jedoch Zeichenketten miteinander zu vergleichen, werden hier Ganzzahlen eingesetzt.

```
' Bsp1053.vb

Option Explicit On
Option Strict On

Imports System

Public Class Konto

   Private Stand As Decimal
   Private Inhaber As String
   Public Const EUR As Integer = 0                          '(1)
   Public Const USD As Integer = 1
   Public Shared Zins As Decimal                            '(2)

   Public ReadOnly Property Saldo() As Decimal
      Get
         Return Stand
      End Get
   End Property

   Public Sub New(ByVal inhaber As String, _
    ByVal betrag As Decimal)
      Me.Inhaber = inhaber
      Stand = betrag
   End Sub

   Public Sub AddZinsen()                                   '(3)
      Einzahlen(Stand * Zins)
   End Sub

   Public Sub Einzahlen(ByVal betrag As Decimal)
      Stand += betrag
   End Sub

   Public Sub Einzahlen(ByVal betrag As Decimal, _
    ByVal waehrung As Integer)                              '(4)
      If (waehrung = USD) Then                              '(5)
         Einzahlen(betrag / 1.1591D)
      Else
         Einzahlen(betrag)
```

```
        End If
    End Sub
End Class

Public Module Bspl053
    Public Sub Main()
        Konto.Zins = 1.5D / 100                                  '(6)
        Dim Konto1 As New Konto("H. Meier", 1000D)
        Console.WriteLine(Konto.Zins)                             '(7)
        Console.WriteLine("{0:0.00}", Konto1.Saldo)
        Konto1.AddZinsen()
        Console.WriteLine("{0:0.00}", Konto1.Saldo)
        Konto1.Einzahlen(1000D, Konto.USD)                        '(8)
        Console.WriteLine("{0:0.00}", Konto1.Saldo)
    End Sub
End Module
```

Am folgenden Ergebnis können Sie die korrekte Arbeitsweise der Klassen überprüfen.

```
0,015
1000,00
1015,00
1877,74
```

(1) Hier wird ein konstantes Datenfeld definiert. Eine solche Konstante, wie auch die in *Bspl042*, ist implizit immer ein Klassendatenfeld, ohne dass das Schlüsselwort *Shared* verwendet wird. Es darf hier sogar nicht einmal benutzt werden. Dieses Feld *EUR* kann sowohl über eine Instanz als auch über die Klasse angesprochen werden. Statt beispielsweise *Konto1.EUR* kann es auch *Konto.EUR* heißen. Dieser Konstanten wird hier der willkürliche Wert 0 zugewiesen. Entscheidend ist nur, dass er eindeutig ist, damit spätere Vergleiche immer korrekt ausgewertet werden können. Deshalb wird einer weiteren Klassenkonstanten, die für den gleichen Zweck, nämlich zur Angabe einer Währung, benutzt wird, auf jeden Fall ein anderer Wert zugewiesen. Meistens wird dazu nur hochgezählt.

(2) Ein variables Klassendatenfeld muss das Schlüsselwort *Shared* in der Deklaration enthalten. Dieses Feld *Zins* existiert jetzt für alle Objekte nur einmal. Eine Änderung seines Wertes gilt also immer für alle Objekte!

(3) Die Methode *AddZinsen* wird benötigt, um den Zinssatz auf das Guthaben anzuwenden. Sie muss als Instanzmethode definiert werden, denn sie arbeitet mit einer Instanzvariablen, dem Kontostand. Die Methode nutzt wieder bereits vorhandene Methoden, statt den Code für eine Veränderung des Kontostandes doppelt zu beschreiben. Also wird *Einzahlen* mit dem Zinsbetrag aufgerufen. Das Beispiel setzt hier voraus, dass in *Zins* beispielsweise für 2% nicht die Zahl 2, sondern der Wert 0.02 gespeichert ist.

(4) Die überladene Methode nimmt hier als zweiten Parameter für die Währung statt einer Zeichenkette eine Ganzzahl entgegen. Dies hat mehrere Vorteile. Zum einen lassen sich numerische Vergleiche schneller durchführen als Zeichenkettenvergleiche. Zum anderen können keine Tippfehler mehr auftreten, wenn statt Zahlen die Klassenkonstanten *EUR* und *USD* eingesetzt werden, denn da andere Konstanten nicht definiert sind, würde dann bereits der Compiler einen Fehler feststellen.

(5) Der Test wird durch einen Vergleich mit der Klassenkonstanten vorgenommen. Deshalb ist es auch egal, welchen Wert *USD* besitzt, solange nur die Konstanten *EUR* oder *USD* übergeben werden. Entweder sind die Werte eben gleich oder nicht.

(6) Dem Klassendatenfeld kann ein Wert über den Klassenzugriff zugewiesen werden. Wie man hier sieht, kann sogar ein Wert gespeichert werden, wenn noch gar kein Objekt existiert.

(7) Zur Kontrolle wird der Wert des Feldes ausgegeben. Auch dabei erfolgt der Zugriff über den Klassennamen.

(8) Bei der Einzahlung in Dollar wird hier statt der Zahl 1, was auch funktionieren würde, die Klassenkonstante *USD* angegeben. So hat der Compiler die Kontrolle, und der Programmierer muss sich nicht um den tatsächlichen Wert kümmern. Geben Sie daher solchen Konstanten sinnvolle, verständliche Namen.

Nur ein Schlüsselwort entscheidet also darüber, ob es sich um ein Instanzdatenfeld oder ein Klassendatenfeld handelt.
Das nächste Beispiel zeigt noch einmal den Unterschied zwischen einer Instanz- und einer Klassenvariablen. Eine Klasse *Kunde* wird so definiert, dass jedes Objekt automatisch eine fortlaufende Kundennummer erhält. Die zuletzt vergebene Zahl wird dabei in einer Klassenvariablen gespeichert.

```
' Bsp1054.vb

Option Explicit On
Option Strict On

Imports System

Public Class Kunde

    Private Shared NaechsteNr As Integer                     '(1)
    Private Nr As Integer                                    '(2)

    Public Sub New()
        NaechsteNr += 1                                      '(3)
        Nr = NaechsteNr                                      '(4)
    End Sub

    Public ReadOnly Property KNr() As Integer                '(5)
        Get
            Return Nr
        End Get
    End Property
End Class

Public Module Bsp1054

    Public Sub Main()
        Dim Meier As New Kunde                               '(6)
        Dim Mueller As New Kunde
        Dim Schulze As New Kunde
        Console.WriteLine(Meier.KNr)                         '(7)
        Console.WriteLine(Mueller.KNr)
        Console.WriteLine(Schulze.KNr)
    End Sub
End Module
```

Wie erwartet, zeigt das Programm für die drei erzeugten Objekte die folgenden Zeilen an:

```
1
2
3
```

(1) Dieses Klassendatenfeld wird für die zuletzt vergebene Nummer benutzt. Es ist für alle Objekte nur einmal vorhanden, auch für die-

jenigen, die gerade erzeugt werden. Wenn Sie wollen, können Sie *NaechsteNr* hier natürlich auch bereits mit einem Startwert initialisieren.

(2) Das ist das Instanzdatenfeld. Es wird für jedes Objekt eine andere Kundennummer enthalten.

(3) Der Konstruktor übernimmt die Nummernvergabe und damit die Initialisierung des Feldes. Vorher wird jedoch der Wert des Klassenfeldes um eins erhöht. Weil das Feld hier automatisch mit 0 initialisiert wurde, erhält das erste Objekt also die Nummer 1.

(4) Dann wird der Wert des Klassendatenfeldes in der Instanzvariablen gespeichert.

(5) Für die Ausgabe wird die Kundennummer als schreibgeschützte Eigenschaft definiert. Deshalb ist auch nur der *Get*-Block vorhanden.

(6) Zum Test werden nacheinander drei Objekte erzeugt.

(7) Dann wird zur Überprüfung von allen in der gleichen Reihenfolge die Eigenschaft *KNr* ausgegeben.

Dieses Beispiel zeigt einen weiteren typischen Einsatz der Klassendatenfelder. Sie speichern nämlich die Informationen, die für die gesamte Klasse gelten, also für alle Objekte, die existierenden und die entstehenden.

7.2 Eigenschaften

Auch normale Eigenschaften können als Klassenelemente definiert werden. Um dies zu demonstrieren, braucht der Zinssatz in *Bspl053* nur als Eigenschaft definiert zu werden.

```
// Bspl053a.vb

Imports System

Public Class Konto
   ...

   Public Shared Zinssatz As Decimal                    '(1)

   Public Shared Property Zins() As Decimal             '(2)
```

```
        Get
            Return Zinssatz
        End Get
        Set(ByVal value As Decimal)
            If value >= 0 And value <= 0.1 Then            '(3)
                Zinssatz = value
            End If
        End Set
    End Property
    ...

End Class

public Module Bsp1053a
    public Sub Main()
        Konto.Zins = 1.5D / 100                            '(4)

        ...

    End Sub
End Module
```

(1) Sofern Klasseneigenschaften Datenfelder benutzen, müssen diese ebenfalls *Shared* sein. Auf Instanzelemente kann nicht zugegriffen werden. Außerdem muss der Name anders lauten.
(2) Die Eigenschaft wird normal definiert und dann nur mit dem Zusatz *Shared* versehen.
(3) Als Klasseneigenschaft kann der Zinssatz nun auf für die jeweilige Anwendung sinnvolle Werte überwacht werden. Hier soll sichergestellt werden, dass er zwischen 0% und 10% liegt.
(4) So kann der Zinssatz wie gehabt gespeichert werden.

Beachten Sie, dass im *Get*- und *Set*-Block einer Klasseneigenschaft weder Instanzelemente noch das Schlüsselwort *Me*, welches sich ja auf die aktuelle Instanz bezieht, benutzt werden können.

> *Hinweis*:
> Es gibt keine instanzunabhängigen Standardeigenschaften, das heißt, *Default* und *Shared* können nicht kombiniert werden.

7.3 Methoden

Klassenmethoden dienen oft dem Zweck, Werte in andere Typen oder Maßsysteme umzuwandeln. Dies soll auch am Beispiel der Klasse *Konto* demonstriert werden. Sie definiert im folgenden Programm sowohl eine Instanzmethode zur Ausgabe des Euro-Kontostandes in US-Dollar als auch gleichnamige Klassenmethoden zur Umrechnung von Beträgen.

```
' Bsp1055.vb

Option Explicit On
Option Strict On

Imports System

Public Class Konto

   Private Stand As Decimal
   Private Inhaber As String
   Public Shared Kurs As Decimal                                '(1)

   Public ReadOnly Property Saldo() As Decimal
      Get
         Return Stand
      End Get
   End Property

   Public Sub New(ByVal inhaber As String, _
    ByVal betrag As Decimal)
      Me.Inhaber = inhaber
      Stand = betrag
   End Sub

   Public Function ToUSD() As Decimal                           '(2)
      Return Stand * Kurs
   End Function

   Public Shared Function ToUSD( _
    ByVal betrag As Decimal) As Decimal                         '(3)
      Return betrag * Kurs
   End Function

   Public Shared Function ToEuro( _
```

```
    ByVal betrag As Decimal) As Decimal              '(4)
        Return betrag / Kurs
    End Function
End Class

Public Class Bsp1055                                 '(5)
    Public Shared Sub Main()                         '(6)
        Konto.Kurs = 1.1591D
        Dim Konto1 As New Konto("Mustermann", 1000D)
        Console.WriteLine("{0:#,##0.00}", Konto1.Saldo)
        Console.WriteLine("{0:#,##0.00}", _
         Konto1.ToUSD())                             '(7)
        Console.WriteLine("{0:#,##0.00}", _
         Konto.ToUSD(1955.83D))                      '(8)
        Console.WriteLine("{0:#,##0.00}", _
        Konto.ToEuro(511.29D))                       '(9)
    End Sub
End Class
```

Das Programm gibt hier nacheinander den Kontostand in Euro und Dollar aus und liefert dann zwei Umrechnungen.

```
1.000,00
1.159,10
2.267,00
441,11
```

(1) Für den Devisenkurs wird eine Klassenvariable eingeführt.

(2) Benutzt die Methode Instanzelemente, kann sie selber auch nur eine Instanzmethode sein. Derartige Methoden sind oft parameterlos, da sie die Instanzdatenfelder als «Eingabe» benutzen.

(3) Klassenmethoden benötigen demgegenüber meistens Parameter, da sie nicht auf Instanzdatenelemente zugreifen können. Hier soll die Klassenmethode *ToUSD* den übergebenen Euro-Betrag in Dollar umrechnen.

(4) Die Klassenmethode *ToEuro* soll Dollar-Beträge in Euro umrechnen.

(5) Der Codeblock mit *Main* kann nicht nur als Modul, sondern auch als Klasse definiert werden. Wichtig ist nur, dass er dann auch mit *End Class* abschließt.

(6) Dann muss allerdings auch die Methode *Main* als *Shared* definiert werden. Sie ist der Einstiegspunkt des Programms, daher können Objekte erst von *Main* erzeugt werden. Da also insbesondere auch

von ihrer Klasse noch kein Objekt existiert, muss die Methode eine Klassenmethode sein.

(7) Die Instanzmethode wird für das jeweilige Objekt aufgerufen, dessen Werte verwendet werden sollen. So wird also der Betrag des Kontostandes von *Konto1* in US-Dollar ausgegeben.

(8) Die Klassenmethode *ToUSD* wird für die Klasse aufgerufen, denn ihre Funktionalität ist nicht an ein Objekt gebunden. Durch die Formatierungszeichenkette (siehe Kapitel 4.3.7) wird das Ergebnis hier automatisch gerundet.

(9) Das gleiche gilt für die Klassenmethode *ToEuro*.

Während sich die Zuordnung einer Instanzmethode zu einer Klasse schon aus der Zugehörigkeit der verwendeten Datenfelder ergibt, ist die Entscheidung, zu welcher Klasse eine statische Methode gehört, nicht immer einfach zu entscheiden. Stellen Sie sich für das Beispiel einmal vor, dass eine weitere Klasse namens *Waehrung* existiert. Welche Klasse sollte nun am sinnvollsten Methoden für die Währungsumrechnungen bereitstellen, *Konto* oder *Waehrung*? Oder sollte vielleicht eine Klasse *Konvertierung* dafür definiert werden?
Auf derartige Fragen gibt es keine generelle Antwort. Jedoch sollte man sich von dem weiteren «Wissen» und den «Fähigkeiten» einer Klasse leiten lassen. Kennt eine Klasse *Waehrung* beispielsweise schon durch seine Datenfelder die Währungsbezeichnungen und Symbole und hat sie Zugriff auf Wechselkurse, dann ist sie sicherlich der bessere Platz für diese Umrechnungsmethoden als die Klasse *Konto*. Sie könnten dann dennoch in *Main* verwendet werden. Die Aufrufe lauten dann eben *Waehrung.ToDM(...)* und *Waehrung.ToEuro(...)*.

7.4 Konstruktoren

Der Konstruktor einer Klasse wird aufgerufen, wenn ein Objekt erzeugt wird. Daraus ergibt sich, dass Konstruktoren objektspezifisch arbeiten. Programmiersprachen wie C++ und Java kennen daher keine statischen Konstruktoren, die zur Klasse gehören. Anders ist das bei VB. Hier können Sie Klassenkonstruktoren definieren, die jedoch niemals im Programm per *New* aufgerufen werden. Sie werden vielmehr «im Hintergrund» gestartet, wenn eine Klasse das erste Mal benutzt wird. Außerdem laufen sie nur ein einziges Mal, während für jedes Objekt erneut ein normaler Konstruktor aufgerufen wird.

Auch statische Konstruktoren haben die Aufgabe, Initialisierungen vorzunehmen. Dabei müssen jedoch Klassenfeldern oder -eigenschaften mittels mehr oder weniger komplexen Anweisungen Werte zugewiesen werden. Für Initialisierungen mit konstanten Werten oder einer einzelnen Anweisung ist kein Konstruktor notwendig.

Als Beispiel soll die folgende Kontoklasse mit einer Standardwährung initialisiert werden. Vor dem 1.1.2002 soll dies DM, danach Euro sein. Die dafür notwendige Entscheidungsstruktur kann nur von einem statischen Konstruktor ausgeführt werden.

```
' Bsp1056.vb

Option Explicit On
Option Strict On

Imports System
Imports Microsoft.VisualBasic

Public Class Konto

   Private Stand As Decimal
   Private Inhaber As String
   Public Shared ReadOnly [DEFAULT] As Integer          '(1)
   Public Const DM As Integer = 0
   Public Const EUR As Integer = 1

   Shared Sub New()                                     '(2)
      Dim jetzt As Date = DateTime.Today                '(3)
      Dim start As Date = _
       New DateTime(2002, 1, 1)                         '(4)
      If jetzt < start Then                             '(5)
         [DEFAULT] = DM                                 '(6)
      Else
         [DEFAULT] = EUR                                '(7)
      End If
   End Sub

   Public Sub New(ByVal inhaber As String, _
    ByVal betrag As Decimal)
      Me.Inhaber = inhaber
      Stand = betrag
```

```
      End Sub
   End Class

   Public Module Bsp1056
      Public Sub Main()
         Dim Konto1 As New Konto("Test", 1000D)
         Console.WriteLine("Standardwährung ist {0}.", _
          IIf(Konto.DEFAULT = Konto.EUR, "EURO", _
             "DM"))                                      '(8)
      End Sub
   End Module
```

Dieses Beispiel liefert mit einem Systemdatum vor dem 1.1.2002 als Ausgabe:

```
Standardwährung ist DM.
```

Danach lautet sie:

```
Standardwährung ist EURO.
```

(1) Im Prinzip soll das Datenfeld *DEFAULT*, das die Standardwährung kennzeichnet, konstant sein. Da aber die Initialisierung erst im Konstruktor erfolgt, muss es statt durch *Const* mittels *ReadOnly* definiert werden. Um diesen Namen, der ja für ein Schlüsselwort reserviert ist, benutzen zu können, muss er in eckige Klammern gesetzt werden (siehe auch Kapitel 4.3.1).

(2) Ein statischer Konstruktor verfügt automatisch implizit über den Zugriffsmodus *Public*. Er übernimmt keine Parameter und enthält das Schlüsselwort *Shared* in seiner Definition.

(3) Für Datums- und Zeitangaben wird die Struktur *DateTime* verwendet. Sie verfügt über zwei schreibgeschützte Klasseneigenschaften, die Angaben zur aktuellen Zeit enthalten. Die hier verwendete Eigenschaft *Today* liefert nur das Datum, während *Now* über Datum und Uhrzeit verfügt.

(4) Beliebige Zeitangaben können mittels Konstruktor erzeugt werden. Er ist überladen und nimmt in der hier benutzten Fassung nacheinander als Parameter die Jahres-, Monats- und Tageszahl. Hier entsprechen die Werte dem 1.1.2002. Wenn Sie auch einen Zeitpunkt festlegen wollen, dann fügen Sie als weitere drei Parameter die Werte für Stunde, Minute und Sekunde hinzu. Wer es

noch genauer haben will, kann dann als siebten Parameter noch einen Millisekundenwert angeben.

(5) Es wird geprüft, ob das aktuelle Datum kleiner ist als der 1.1.2002. Dies ist mittels Kleiner-Operator (<) möglich, da dieser speziell für die Struktur definiert wurde.

(6) Liefert der Test ein positives Ergebnis, wird in *DEFAULT* der Wert für *DM* gespeichert.

(7) Ansonsten wird dem Feld der Wert von *EUR* zugewiesen.

(8) In der Testausgabe wird dem Formatparameter {0} die Zeichenkette *EURO* zugewiesen, wenn der Wert von *DEFAULT* mit dem Wert von *EUR* übereinstimmt, ansonsten der Text *DM*.

So ermöglicht ein statischer Konstruktor, dass Klassendatenfelder auch komplexer initialisiert werden können. Es versteht sich wohl von selbst, dass auch sie keine Instanzelemente verwenden können. Alle Standardinitialisierungen für die Klassenelemente werden übrigens vor dem statischen Konstruktor ausgeführt, sodass Klassendatenfelder benutzt werden können.

7.5 Zusammenfassung

- Klassenelemente werden durch das Schlüsselwort *Shared* definiert. Sie sind nicht objektspezifisch, sondern gehören zur Klasse, sind also für alle Objekte gleich. Klassendatenfelder existieren nur einmal für alle Objekte.
- Alle Elemente außer Standardeigenschaften und Destruktoren lassen sich als Klassenelemente definieren.
- Konstante Datenfelder sind grundsätzlich statische Felder. Das Schlüsselwort *Shared* wird hier nicht benutzt.
- Statische Methoden arbeiten in der Regel immer mit Parametern. Sie können keine Instanzelemente verwenden.
- Statische Konstruktoren haben implizit den Zugriffsmodus *Public* und keine Parameter. Sie initialisieren die Klasse selbst und werden nur ein einziges Mal gestartet.

7.6 Übung

Aufgabe 18

Erstellen Sie eine Klasse *Temperatur*, die Umrechnungen zwischen verschiedenen Temperaturskalen ermöglicht. Definieren Sie für die Einheiten Fahrenheit, Rankine, Celsius, Kelvin und Reaumur Konstanten wie in Beispiel *Bspl053.vb*. Definieren Sie zusätzlich eine Klassenmethode *ToCelsius*, die zwei Parameter übernimmt, den Temperaturwert und seine Maßeinheit, sodass Aufrufe nach folgendem Muster möglich sind:

```
...
      Console.WriteLine(Temperatur.ToCelsius(99.7, _
                        Temperatur.FAHRENHEIT))
      Console.WriteLine(Temperatur.ToCelsius(671.67, _
                        Temperatur.RANKINE))
      Console.WriteLine(Temperatur.ToCelsius(37.5, _
                        Temperatur.CELSIUS))
      Console.WriteLine(Temperatur.ToCelsius(273.15, _
                        Temperatur.KELVIN))
      Console.WriteLine(Temperatur.ToCelsius(100, _
                        Temperatur.REAUMUR))
      Console.WriteLine(Temperatur.ToCelsius(100, _
                        5))
...
```

Die Umrechnungsformeln nach Celsius lauten für

Fahrenheit:	x° C = (y° F - 32.0) * 5.0/9.0
Rankine:	x° C = y° R * 5.0/9.0 - 273.15
Kelvin:	x° C = y K - 273.15
Reaumur:	x° C = y° R * 4.0/5.0

Zur Kontrolle hier die Ausgabe der obigen Anweisungen:

```
37,6111111111111
100
37,5
0
80
100
```

Wie könnten Sie verhindern, dass eine Instanz dieser Klasse erzeugt werden kann?

8 Vererbung

Die Datenkapselung ist ein wichtiges Prinzip der Objektorientierung. Dadurch kann man festlegen, wie auf bestimmte Teile des Objekts zugegriffen werden darf. In diesem Zusammenhang haben Sie die Schlüsselwörter *Private* und *Public* kennen gelernt. Diese Kapselung ist aber nur ein Kriterium, das eine objektorientierte Sprache erfüllen muss. Ein weiteres Prinzip ist die so genannte Vererbung. Dies und damit zusammenhängende Themen sind Gegenstand dieses Kapitels.

8.1 Das Grundprinzip

Vererbung ist ein Mechanismus, der es erlaubt, bestehenden Programmcode zu übernehmen und ihn den eigenen Bedürfnissen anzupassen, ohne großartig Korrekturen oder Erweiterungen am Original in jedem Fall nachvollziehen zu müssen. Dabei übernimmt eine untergeordnete, spezialisierte Klasse, auch *abgeleitete Klasse* genannt, die Datenfelder, Eigenschaften, Standardeigenschaften usw. einer übergeordneten Klasse, *Basisklasse* genannt. Die abgeleitete Klasse kann dann selbst entscheiden, welche Elemente sie unverändert übernehmen will, welche sie ändern muss und was sie zusätzlich neu machen möchte. Allgemein kann man sagen, dass die abgeleiteten Klassen eine Spezialisierung der jeweiligen Basisklasse sind.

VB erlaubt bei der Vererbung nur die so genannte *Einfachvererbung*. Das bedeutet, dass zu jeder abgeleiteten Klasse nur eine direkte Basisklasse existiert. In einigen anderen Sprachen ist es möglich, dass eine abgeleitete Klasse von mehreren direkten Basisklassen erbt. Das kann zwar in manchen Fällen nützlich sein, erzeugt aber auch eine ganze Reihe von Eindeutigkeitsproblemen, die VB auf diese Art umgeht. Mithilfe der UML (Unified Modeling Language), einer grafischen Darstellungssprache für Modelle von objektorientierten Anwendungen, werden die durch Vererbung bestehenden Abhängigkeiten beispielsweise so dargestellt:

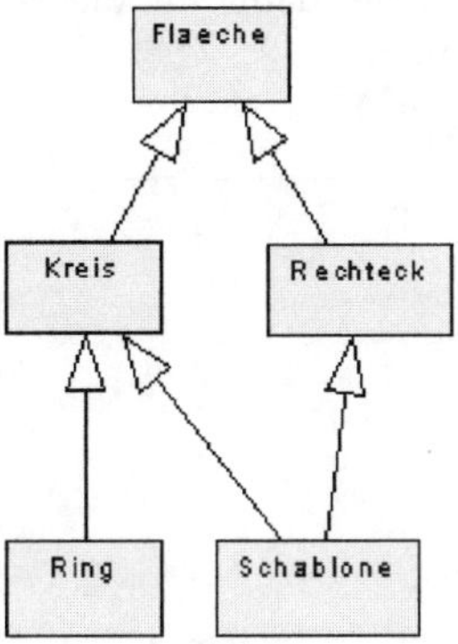

Diese Abbildung zeigt eine Basisklasse namens *Flaeche*, von der zwei Klassen *Kreis* und *Rechteck* abgeleitetet sind. Jede von ihnen hat nur eine direkte Basisklasse, nämlich *Flaeche*, erkennbar an dem einzigen Pfeil. Hier handelt es sich also um Einfachvererbung, was in VB möglich ist. Dies trifft ebenfalls auf die Klasse *Ring* zu. Sie hat nur die direkte Basisklasse *Kreis* und die indirekte Basisklasse *Flaeche*. Anders ist die Situation bei der Klasse *Schablone*. Sie hat zwei direkte Basisklassen, nämlich *Kreis* und *Rechteck*, was an den zwei Pfeilen erkennbar ist. Hier liegt Mehrfachvererbung vor, was von VB nicht unterstützt wird.

8.2 Klassen spezialisieren

Die Technik, wie Klassen von einer Basisklasse abgeleitet werden, soll zunächst am Beispiel *Bspl057* erläutert werden. Dazu wird zunächst eine Klasse namens *Form* definiert, die der Klasse *Flaeche* in der Grafik des Kapitels 8.1 entspricht. Sie soll geometrische Formen ganz allgemein beschreiben, ohne auf spezielle Eigenarten wie Geometrie und Größe einzugehen. Deshalb definiert sie nur eine allen geometrischen Objekten gemeinsame Eigenschaft *Farbe* und eine Methode, die die Farbe als Text ausgibt.

Dieses Beispiel nutzt die Gelegenheit, um auch zu zeigen, wie bestimmte Eigenschaftswerte als miteinander kombinierbare, konstante Klassendatenfelder definiert werden können. So werden hier die drei Grundfarben Rot, Grün und Blau festgelegt, die dann für die gewünschte Objektfarbe «gemischt» werden können.
Schauen Sie sich zuerst die Klasse *Form* an.

```
' Bspl057.vb

Option Explicit On
Option Strict On

Imports System

Public Class Form

    Private Color As Integer                              '(1)
    Public Const Rot As Integer = 1                       '(2)
    Public Const Gruen As Integer = 2
    Public Const Blau As Integer = 4

    Public Property Farbe() As Integer                    '(3)
        Get
            Return Color
        End Get
        Set(ByVal value As Integer)
            If value < 8 Then Color = value
        End Set
    End Property

    Public Function FarbeToString() As String             '(4)
        Select Case Color
            Case 0                                        '(5)
                Return "Schwarz"
            Case 1                                        '(6)
                Return "Rot"
            Case 2
                Return "Grün"
            Case 3                                        '(7)
                Return "Gelb"
            Case 4
                Return "Blau"
            Case 5
                Return "Magenta"
```

```
        Case 6
            Return "Cyan"
        Case 7
            Return "Weiß"
        Case Else                                    '(8)
            Return "Unbekannt"
    End Select
  End Function
End Class
...
```

(1) Für die codierte Farbe wird ein Datenfeld als *Private* und vom Typ *Integer* definiert.

(2) Die drei Grundfarben werden als Klassenfelder definiert. Denken Sie daran, dass *Const* bei Datenfeldern immer auch *Shared* bedeutet! Sollen solche Werte miteinander kombinierbar sein, dann müssen sie den dualen Potenzen 0, 1, 2, 4, 8, 16 ... entsprechen. Nur so entspricht jeder denkbare Wert immer genau einer einzigen Kombination. Die Zahl 5 kann beispielsweise nur die Kombination 4 + 1 sein.

(3) Die Eigenschaft *Farbe* ist wie das Datenfeld vom Typ *Integer*. Sie liefert die Eigenschaftswerte in codierter Form als Zahl und setzt einen neuen Wert nur, wenn er einer der möglichen Kombinationen entspricht.

(4) Die Methode *FarbeToString* soll die Farbe als Zeichenkette liefern.

(5) Die interne Codierung hat auch den Vorteil, dass der Wert über eine *Select*-Struktur ausgewertet werden kann. Der Wert 0 bedeutet dabei, dass keine Farbe angegeben wurde, also Schwarz.

(6) Statt hier direkt mit den Zahlen zu vergleichen, könnte man auch die Klassenkonstanten wieder verwenden. Aus *Case 1* würde dann *Case Rot*, was dann auch die Lesbarkeit verbessert.

(7) Aus *Case 3* würde bei Verwendung der Klassenkonstanten dann *Case Rot + Gruen* oder *Case Rot Or Gruen*. Beide Operatoren, das Additionszeichen und der Operator *Or*, der wie *And*, *Not* und *Xor* mit Zahlen bitweise arbeitet, liefern das gleiche Ergebnis, denn 1 ist binär 0001 und 2 ist binär 0010, was durch bitweises Oder eben 0011 (=3) ergibt. Hier erkennen Sie noch einmal, warum die Zweierpotenzen für die Werte der Grundfarben gewählt werden. So entspricht jede genau einem Bit im Farbwert, das durch die Konstante «geschaltet» werden kann.

(8) Der *Case-Else*-Zweig ist aus technischen Gründen nötig, denn die Methode kann theoretisch auch bei anderen Farbwerten aufgerufen werden und sollte dann auch ein *Return* durchlaufen, damit das Programm leicht zu lesen ist. Sonst muss man nämlich daran denken, dass beim Verlassen einer Funktion ohne *Return* der Wert zurückgegeben wird, der dem Funktionsnamen zugewiesen worden ist. Und da das hier nicht passiert, wird der Standardwert 0 geliefert, was Schwarz entsprechen würde!

Damit ist die Basisklasse definiert. Jetzt soll eine weitere Klasse erzeugt werden, die eine spezielle Form beschreibt, nämlich ein Rechteck. Klassen, die als Spezialisierungen einer bestehenden Klasse verstanden werden können, werden von diesen abgeleitet. So auch die folgende Klasse *Rechteck*.

```
...
Public Class Rechteck : Inherits Form                    '(9)

    Private A, B As Integer                              '(10)

    Public Sub New(ByVal a As Integer, _
     ByVal b As Integer)                                 '(11)
        Me.A = a
        Me.B = b
    End Sub

    Public ReadOnly Property Flaeche() As Long           '(12)
        Get
            Return A * B
        End Get
    End Property
End Class

...
```

(9) Eine Ableitung wird als Erstes nach der Klassendefinition festgelegt. Dem Namen der Klasse folgt hier ein Doppelpunkt und das Schlüsselwort *Inherits* mit dem Namen der Basisklasse. Das sind zwei Anweisungen, die durch den Doppelpunkt getrennt werden! Diese Schreibweise ist unter Programmierern beliebt, da sie die

Vererbungsbeziehung in einer Zeile deutlich macht. Alternativ müsste man das so schreiben:

```
...

Public Class Rechteck
    Inherits Form                                        '(9)

...
```

Inherits muss die erste ausführbare Anweisung in der Klassendefinition sein. Hinter *Inherits* wird immer nur eine Basisklasse aufgeführt. Die neue Klasse *Rechteck* wird hier also von *Form* abgeleitet. Das heißt, sie übernimmt alle Elemente dieser Klasse. Soll von dieser Klasse keine weitere Vererbung möglich sein, so kann eine weitere Ableitung übrigens auch unterbunden werden. Dazu wird nur das Schlüsselwort *NotInheritable* vor die Klassenbezeichnung gesetzt:

```
...

Public NotInheritable Class Rechteck
    Inherits Form                                        '(9)

...
```

(10) Zusätzlich definiert sie zwei neue Datenfelder für die Länge und Breite eines Objektes.

(11) Damit die Klassenbeschreibung für das Beispiel nicht zu umfangreich wird, werden die Abmessungen nicht als Eigenschaften definiert, sondern nur über den Konstruktor initialisiert.

(12) Die Gesamtfläche eines Rechtecks wird jedoch als weitere, schreibgeschützte Eigenschaft definiert.

Die Anweisungen in der Methode *Main* demonstrieren, dass die Klasse *Rechteck* wirklich alle Elemente von der Klasse *Form* geerbt hat.

```
...

Public Module Bsp1057

    Public Sub Main()
```

```
        Dim R As New Rechteck(10, 5)                      '(13)
        Console.WriteLine(R.Flaeche)                      '(14)
        Console.WriteLine(R.FarbeToString())              '(15)
        R.Farbe = Form.Rot Or Form.Blau                   '(16)
        Console.WriteLine(R.FarbeToString())              '(17)
    End Sub
End Module
```

Sie produzieren die folgende Ausgabe:

```
50
Schwarz
Magenta
```

(13) Ein Objekt der Klasse *Rechteck* wird erzeugt.

(14) Für dieses Objekt wird die Eigenschaft *Flaeche* angesprochen. Diese ist in *Rechteck* definiert, und erwartungsgemäß wird ihr Ergebnis auch angezeigt.

(15) Die Methode *FarbeToString* wird ebenfalls für das *Rechteck*-Objekt aufgerufen. Diese ist jedoch in *Form* definiert worden. Trotzdem wird korrekt *Schwarz* angezeigt. Die Methode ist also aufgrund der Ableitung in *Rechteck* verfügbar. Das Objekt kann aber über den Konstruktor nur die Datenfelder für Länge und Breite initialisieren. Deshalb enthält das ererbte Datenfeld *Farbe* nur den Standardwert 0, was zur Anzeige von *Schwarz* führt.

(16) Auch die Eigenschaft Farbe ist *Public* und deshalb verfügbar. Hier wird als neue Farbe ein Gemisch aus Rot und Blau angegeben.

(17) Zur Kontrolle erfolgt nochmals der Aufruf von *FarbeToString*. Sie zeigt korrekt die neue Farbe an.

Noch ein Wort zu den Zugriffsebenen der Klassen. Hier hat die Basisklasse den Zugriff *Public* und die abgeleitete Klasse ebenfalls. Letztere könnte aber auch als *Friend* angelegt werden. Sie kann dann nur von allen Klassen des Projektes benutzt werden, was einer Einschränkung entspricht. Umgekehrt, also Basisklasse als *Friend* und abgeleitete Klasse als *Public*, ist jedoch nicht möglich. Ableitungen dürfen den Zugriffsmodus nicht erweitern!

> *Hinweis*:
> *Private* und *Protected* machen nur innerhalb von Klassen Sinn und sind daher auf geschachtelte Klassen beschränkt. Für sie gilt aber das Gleiche.

8.3 Die Basisklasse Object

Im vorherigen Beispiel wurde *Rechteck* von *Form* abgeleitet. Diese ist also die Basisklasse von *Rechteck*. Aber auch *Form* verfügt wie jede andere definierte Klasse bei VB über eine Basisklasse. Das ist die Klasse *Object*. Sie definiert das allen Klassen gemeinsame Verhalten sowie das spezielle Speichermanagement zum Anlegen und Freigeben von Objekten.

Den Beweis führt das folgende Beispiel. Es verwendet nur die unveränderte Definition von *Form*.

```
' Bsp1058.vb

Option Explicit On
Option Strict On

Imports System

Public Class Form

    Private Color As Integer
    Public Const Rot As Integer = 1
    Public Const Gruen As Integer = 2
    Public Const Blau As Integer = 4

    Public Property Farbe() As Integer
        Get
            Return Color
        End Get
        Set(ByVal value As Integer)
            If value < 8 Then Color = value
        End Set
    End Property

    Public Function FarbeToString() As String
        Select Case Color
            Case 0
                Return "Schwarz"
            Case 1
                Return "Rot"
            Case 2
                Return "Grün"
            Case 3
                Return "Gelb"
```

```
        Case 4
            Return "Blau"
        Case 5
            Return "Magenta"
        Case 6
            Return "Cyan"
        Case 7
            Return "Weiß"
        Case Else
            Return "Unbekannt"
    End Select
  End Function
End Class

Public Module Bspl058

  Public Sub Main()
    Dim F1 As New Form                                '(1)
    Dim F2 As New Form
    Dim F3 As Form = F1                               '(2)
    Console.WriteLine(F1.ToString())                  '(3)
    Console.WriteLine(F2.ToString())
    Console.WriteLine(F1.Equals(F2))                  '(4)
    Console.WriteLine(F1.Equals(F3))                  '(5)
  End Sub
End Module
```

(1) Zunächst werden zwei Objekte der Klasse erzeugt.

(2) Ein drittes wird deklariert und bekommt die Referenz des ersten zugewiesen. Dieses Objekt kann jetzt über zwei Namen angesprochen werden: *F1* und *F3*!

(3) Hier wird eine Instanzmethode namens *ToString* aufgerufen, die für die Klasse *Form* gar nicht definiert ist. Trotzdem wird die Anweisung ausgeführt und der Name der Klasse mit vorangestelltem Projektnamen angezeigt. Also wurde *ToString* ererbt, und zwar von *Object*. Diese Methode liefert immer eine Zeichenkettendarstellung der Klasse.

(4) Auch *Equals* wurde nicht von *Form* definiert, sondern ebenfalls ererbt. Diese Methode vergleicht die beiden Referenzen und liefert nur dann *True*, wenn Objekt und Parameter identisch sind. Es reicht hier nicht, dass sie gleich sind, sondern es muss sich tatsächlich um das gleiche Objekt handeln. Deshalb wird hier *False* ausge-

geben, denn *F1* und *F2* sind zwei verschiedene Objekte. Dieses Verhalten gilt nur für *Object* und abgeleitete Klassen, solange die Methode nicht überschrieben (siehe Kapitel 8.5.1) wird.

(5) Da *F1* und *F3* zwei verschiedene Namen für das gleiche Objekt sind, gibt dieser Test *True* aus.

Hier die gesamte Anzeige des Beispiels:

```
Bsp1058.Form
Bsp1058.Form
False
True
```

Wie Sie gesehen haben, entscheiden Sie also bei einer Klassendefinition nicht, ob Sie ableiten oder nicht, sondern nur, von welcher Klasse Sie ableiten! Wird keine Basisklasse angegeben, dann setzt VB eben automatisch *Object* ein.
Von dieser Klasse erben dann alle neuen Klassen die folgenden *Public*-Elemente:

New()	ist der Konstruktor
Equals(Object) As Boolean	führt einen Instanzvergleich durch
Equals(Object, Object) As Boolean	führt als Klassenmethode einen Instanzvergleich durch
ReferenceEquals(Object, Object) As Boolean	prüft als Klassenmethode von *Object* auf Identität
GetHashCode() As Integer	liefert einen repräsentativen numerischen Wert
GetType() As Type	liefert ein Objekt der Klasse *Type* mit Typinfos
ToString() As String	liefert eine Zeichenkettendarstellung

8.4 Konstruktoraufrufe

Wenn die Datenfelder einer Klasse speziell initialisiert werden müssen, dann ist dies bekanntlich in der Regel die Aufgabe der Konstruktoren. Solange es dabei um die von der Klasse selbst definierten Felder geht, ist dies weiter kein Problem. Was geschieht aber, wenn ererbte Felder initialisiert werden müssen? Diese haben ja meistens den Zugriffsmodus *Private* und sind somit auch in der abgeleiteten Klasse nicht im Zugriff. Gehören die Felder zu korrespondierenden *Public*-Eigenschaften, dann können diese benutzt werden, um Initialisierung vorzunehmen. Dies kann dann sowohl im Konstruktor der abgeleiteten Klasse als auch später geschehen.

Damit aber auch *Private*-Felder initialisiert werden können und auch garantiert ist, dass das Standverhalten der Basisklasse *Object* initialisiert wird, gibt es einen Automatismus für den Aufruf der Konstruktoren der jeweiligen Klasse und ihrer direkten und indirekten Basisklassen. Diese Konstruktoraufrufe werden in den beiden nächsten Kapiteln erläutert.

8.4.1 Der Standardkonstruktor

Eine besondere Rolle bei der Vererbung spielt der Standardkonstruktor. Er wird von Konstruktoren der abgeleiteten Klasse immer aufgerufen, wenn kein spezieller Konstruktoraufruf programmiert wird. Schon eine kleine Änderung am Beispiel *Bspl057.vb* aus Kapitel 8.2 macht dies sichtbar.

```
' Bspl059.vb

Option Explicit On
Option Strict On

Imports System

Public Class Form

    Private Color As Integer
    Public Const Rot As Integer = 1
    Public Const Gruen As Integer = 2
    Public Const Blau As Integer = 4

    Public Sub New(ByVal f As Integer)                 '(1)
```

```
        Color = f
    End Sub

    Public Sub New()                                   '(2)
    End Sub

...                                                    '(3)

End Class

Public Class Rechteck : Inherits Form

    Private A, B As Integer  )

    Public Sub New(ByVal a As Integer, _
     ByVal b As Integer)                               '(4)
        Me.A = a
        Me.B = b
    End Sub

    Public ReadOnly Property Flaeche() As Long
        Get
            Return A * B
        End Get
    End Property
End Class

Public Module Bsp1059

    Public Sub Main()
        Dim R As New Rechteck(10, 5)                   '(5)
        Console.WriteLine(R.Flaeche)
        Console.WriteLine(R.FarbeToString())
        R.Farbe = Form.Rot Or Form.Blau
        Console.WriteLine(R.FarbeToString())
    End Sub
End Module
```

(1) Die Änderung besteht darin, dass ein Konstruktor in der Basisklasse definiert wird, der Parameter übernimmt. Hier ist es ein Ganzzahlwert, mit dem das Datenfeld *Color* initialisiert werden soll.

(2) Sobald ein spezieller Konstruktor definiert wird, legt VB keinen Standardkonstruktor mehr an. Ohne diesen parameterlosen Konstruktor treten dann Compilerfehler auf, die darauf hinweisen,

dass kein Konstruktor existiert, der 0 Parameter übernimmt. Deshalb sollten Basisklassen immer einen parameterlosen Konstruktor festlegen.

(3) Hier folgt der Rest der Klasse aus *Bspl057.*

(4) Die Klassendefinition von *Rechteck* bleibt im Beispiel unverändert. Richten Sie nur ihr Augenmerk auf diesen Konstruktor. Er erzeugt den in (2) genannten Compilerfehler, wenn kein parameterloser Konstruktor in *Form* existiert.

(5) Auch in *Main* wird keine Änderung vorgenommen. Hier wird nach wie vor der Konstruktor der Klasse aufgerufen. Solange kein Konstruktor in der Klasse *Form* definiert wird, läuft das Programm einwandfrei. Wird jedoch aber nur ein Konstruktor wie in (1) festgelegt, dann treten die besagten Compilerfehler auf. Dies liegt nur an der Definition des Konstruktors von *Rechteck* in (4). Weil *Rechteck* eine abgeleitete Klasse von *Form* ist, rufen ihre Konstruktoren grundsätzlich den Standardkonstruktor von *Form* auf, solange sie nicht selbst etwas anderes festlegen. Deshalb muss dieser parameterlose Konstruktor immer vorhanden sein.

Mit diesem parameterlosen Konstruktor zeigt das Programm die bereits bekannte Anzeige:

```
50
Schwarz
Magenta
```

8.4.2 Basiskonstruktor aufrufen

Wie Basisklassen initialisiert werden, kann aber auch von der abgeleiteten Klasse selbst gesteuert werden. Dies ist dann wiederum natürlich Aufgabe ihrer Konstruktoren. Deshalb verfügen sie über die Möglichkeit, Basiskonstruktoren aufzurufen.
Im folgenden Beispiel definiert die Klasse *Rechteck* einen zusätzlichen Konstruktor, der auch eine Farbangabe in der Parameterliste übernimmt. Damit soll dann die Basisklasse initialisiert werden.

```
' Bspl060.vb

Option Explicit On
Option Strict On
```

```
Imports System

Public Class Form

    Private Color As Integer
    Public Const Rot As Integer = 1
    Public Const Gruen As Integer = 2
    Public Const Blau As Integer = 4

    Public Sub New(ByVal f As Integer)
        Color = f
    End Sub

    Public Sub New()
    End Sub

...
End Class

Public Class Rechteck : Inherits Form

    Private A, B As Integer

    Public Sub New(ByVal a As Integer, _
     ByVal b As Integer)                          '(1)
        Me.A = a
        Me.B = b
    End Sub

    Public Sub New(ByVal a As Integer, _
     ByVal b As Integer, _
     ByVal farbe As Integer)                      '(2)
        MyBase.New(farbe)                         '(3)
        Me.A = a
        Me.B = b
    End Sub

    Public ReadOnly Property Flaeche() As Long
        Get
            Return A * B
        End Get
    End Property
End Class
```

```
Public Module Bsp1060
    Public Sub Main()
        Dim R As New Rechteck(10, 5, Form.Blau)              '(4)
        Console.WriteLine(R.Flaeche)
        Console.WriteLine(R.FarbeToString())
        R.Farbe = Form.Rot Or Form.Blau
        Console.WriteLine(R.FarbeToString())
    End Sub
End Module
```

(1) Der ursprünglich definierte Konstruktor ruft implizit den parameterlosen Konstruktor von *Form* auf.

(2) Der neue Konstruktor übernimmt drei Parameter: die beiden Dimensionsangaben und die codierte Farbe.

(3) Letztere kann er nicht selbst initialisieren, deshalb ruft er explizit den passenden Konstruktor der Basisklasse *Form* auf. Dies geschieht durch das Schlüsselwort *MyBase*, dem in der Punktschreibweise der Konstruktor *New* folgt. Konstruktoraufrufe müssen immer als erste Anweisung in einem Konstruktor stehen. Hier handelt es sich um einen Aufruf, bei dem der Parameter des Konstruktors *farbe* an *MyBase.New* übergeben wird. Welcher Konstruktor der Basisklasse nun tatsächlich aufgerufen wird, bestimmt seine Signatur (siehe Kapitel 6.6.1). Da hier ein *Integer*-Wert übergeben wird, ist das der Konstruktor *New(f As Integer)* in *Form*.

(4) Jetzt kann ein Objekt erzeugt und sofort vollständig initialisiert werden.

Die Ausgabe zeigt, dass die Farbe nun statt Schwarz den gewünschten Wert hat.

```
50
Blau
Magenta
```

Hinweis:
Es kann nur immer ein Konstruktor von einem anderen Konstruktor aufgerufen werden, denn diese Anweisungen sind nur als erste erlaubt.

8.5 Elemente neu definieren

Wenn Klassen abgeleitet werden, so können die ererbten Elemente der Basisklasse nicht immer in ihrer ursprünglichen Form eingesetzt werden. Sie müssen verändert werden, damit zum Beispiel ihre Operationen korrekt für die neue, spezialisierte Klasse ausgeführt werden. Ein Fachausdruck hierfür lautet *Overriding* bzw. *Überschreiben*. Er bezeichnet ein Verfahren, bei dem gleichnamige Methoden oder Eigenschaften der Basisklasse ebenfalls in der abgeleiteten Klasse definiert werden. Werden diese dann für ein Objekt aufgerufen, werden nicht die ererbten Prozeduren, sondern eben die der abgeleiteten Klasse benutzt. Sie verdecken bzw. überlagern also den ererbten Code. In ähnlicher Weise lassen sich auch Datenfelder und Standardeigenschaften verdecken. Dann spricht man jedoch nicht von *Überschreiben,* sondern von *Namensüberlagerung* (engl. Name hiding). Den Unterschied verdeutlicht das Kapitel 8.7.
VB bezeichnet diese Verfahren als Spiegelung oder Überschattung.

8.5.1 Code überschreiben

Welchen Vorteil bringt das Überschreiben? Auch hier wieder eine einfache Antwort: Da abgeleitete Klassen Spezialisierungen der Basisklasse sind, kommt es oft vor, dass sie bestimmte Funktionen etwas anders ausführen müssen als die Basisklasse. Sehen Sie sich dazu das folgende Beispiel an.
Jedes geometrische Objekt kann einer Klasse zugeordnet werden. So bilden Kreise, Rechtecke und Ringe jeweils eigene Klassen. Jede muss zur Flächenbestimmung einen anderen mathematischen Ausdruck verwenden. Dies erfordert, dass die Eigenschaft *Flaeche* ihren Wert jeweils anders berechnet.

```
' Bspl061.vb

Option Explicit On
Option Strict On

Imports System

Public Class Form                                        '(1)
```

```
...

End Class

Public Class Kreis : Inherits Form                          '(2)

   Protected R As Integer                                    '(3)

   Public Sub New(ByVal r As Integer)                        '(4)
      Me.R = r
   End Sub

   Public Sub New()                                          '(5)
   End Sub

   Public ReadOnly Property Flaeche() _
    As Double                                                '(6)
      Get
         Return Math.PI * Math.Pow(R, 2)
      End Get
   End Property
End Class

Public Class Ring
   Inherits Kreis                                            '(7)

   Private L As Double                                       '(8)

   Public Sub New(ByVal r As Integer, _
    ByVal l As Double)                                       '(9)
      Me.R = r                                               '(10)
      Me.L = l                                               '(11)
   End Sub

   Public Shadows ReadOnly Property Flaeche() _
    As Double                                                '(12)
      Get
         Return Math.PI * Math.Pow(R, 2) - _
          Math.PI * Math.Pow(L, 2)
      End Get
   End Property
End Class

Module Bsp1061
   Public Sub Main()
```

```
        Dim R As New Ring(10, 5)                    '(13)
        Console.WriteLine(R.Flaeche)                '(14)
    End Sub
End Module
```

Die Fläche eines Ringes wird von der neuen Eigenschaft korrekt berechnet, wie das folgende Ergebnis zeigt.

```
235,619449019234
```

(1) Die Klasse *Form* bleibt unverändert, deshalb wird sie hier nicht erneut abgedruckt.

(2) Von *Form* wird eine Klasse *Kreis* abgeleitet.

(3) Sie verfügt über ein Datenfeld für den Kreisradius. Mehr ist nicht notwendig, um die Abmessung eines Objektes zu speichern. Als Datentyp wird einfach *Integer* gewählt. Der Zugriffsmodus lautet *Protected*. Dadurch kann das Feld nur von Klassen benutzt werden, die von *Kreis* direkt oder indirekt abgeleitet wurden. Um in einer weiteren Klasse *Ring* diesen Außenradius verwenden zu können, ist das sinnvoll, denn die andere Alternative würde *Public* lauten.

(4) Die Initialisierung der Objekte erfolgt über einen Konstruktor, der einen einzigen Parameter für den Radius übernimmt.

(5) Damit kein expliziter Konstruktoraufruf in abgeleiteten Klassen erfolgen muss, wird auch ein parameterloser Konstruktor definiert.

(6) Die Eigenschaft *Flaeche* ist vom Typ *Double*, da ein *Integer*-Wert mit Pi (= 3,14...) multipliziert wird. Diesen konstanten Wert sowie die Potenzierungsmethode stellt die Klasse *Math* bereit.

(7) Als nächstes wird die Klasse *Ring* definiert. Weil es sich dabei um spezielle Kreise handelt, nämlich solche mit einem kreisförmigen Loch, wird *Ring* von *Kreis* abgeleitet.

(8) Das Datenfeld für seinen Außenradius erbt die Klasse von *Kreis*, nur für den Lochradius muss noch ein Feld definiert werden. Es hat den Zugriffsmodus *Private*, da es wohl in keiner weiteren Ableitung benötigt wird.

(9) Der Konstruktor übernimmt Parameter für beide Radien. Ein separater Basiskonstruktoraufruf ist nicht nötig, da ja *Kreis* einen parameterlosen Konstruktor definiert und das Datenfeld für den Außenradius *Protected* ist. Es wäre aber auch *Public Sub New(ByVal r As Integer, ByVal l As Double) : MyBase.New(r) ...* möglich.

(10) Diese Zuweisung des Außenradius kann nur erfolgen, weil *r* nicht *Private,* sondern *Protected* ist.

(11) Die Zuweisung des Lochradius erfolgt wie gewöhnlich.

(12) Für die Flächenberechnung wird jetzt nicht einfach eine neue Methode oder Eigenschaft mit einem anderen Namen definiert, sondern die bestehende neu formuliert. Dies geschieht dadurch, dass die Eigenschaft unter dem gleichen Namen mit dem Zusatz *Shadows* definiert wird. Dadurch verdeckt sie die gleichnamige ererbte Eigenschaft aus *Kreis*. Die Signatur muss dabei nicht zwingend gleich sein. VB bezeichnet diese Technik als Spiegelung nach Namen. Die Eigenschaft berechnet hier die Ringfläche als Differenz aus der Gesamtkreisfläche und der Lochfläche. Dazu benötigt sie das ererbte Datenfeld *R*.

(13) In *Main* wird nun ein Objekt der Klasse *Ring* erzeugt.

(14) Durch Abfrage der für alle Klassen gleichnamigen Eigenschaft *Flaeche* wird bei *Ring*-Objekten jetzt die richtige Berechnung durchgeführt.

Soll ein Klassenelement ein ererbtes «ersetzen», dann wird es also mit Hilfe von *Shadows* neu definiert. Lediglich der Name muss dann identisch sein. Falls *Shadows* übrigens vergessen wird, erscheint nur eine Warnmeldung. Es sollte trotzdem benutzt werden, damit klar ist, wie das neue Element definiert wird, denn es gibt noch eine zweite Möglichkeit, wie Kapitel 8.7 zeigen wird.

8.5.2 Datenfelder überlagern

Nicht nur ererbte Eigenschaften lassen sich verdecken, sondern auch andere Elemente, wie beispielsweise Datenfelder. Das folgende Programm nutzt diese Möglichkeit, um bei *Ring*-Objekten auch den Außenradius als *Double*-Wert zu ermöglichen.

```
' Bsp1062.vb

Option Explicit On
Option Strict On

Imports System

Public Class Form
```

```
...

End Class

Public Class Kreis : Inherits Form

   Protected R As Integer                                 '(1)

   Public Sub New(ByVal r As Integer)
      Me.R = r
   End Sub

   Public Sub New()
   End Sub

   Public ReadOnly Property Flaeche() As Double
      Get
         Return Math.PI * Math.Pow(R, 2)
      End Get
   End Property
End Class

Public Class Ring
   Inherits Kreis

   Private L As Double
   Protected Shadows R As Double                          '(2)

   Public Sub New(ByVal r As Double, _
    ByVal l As Double)                                    '(3)
      Me.R = r                                            '(4)
      Me.L = l
   End Sub

   Public Shadows ReadOnly Property Flaeche() _
    As Double
      Get
         Return Math.PI * Math.Pow(R, 2) - _
          Math.PI * Math.Pow(L, 2)
      End Get
   End Property
End Class

Module Bspl062
```

```
    Public Sub Main()
        Dim R As New Ring(10.5, 5)                          '(5)
        Console.WriteLine(R.Flaeche)
    End Sub
End Module
```

Hier die Programmausgabe:

```
267,82077371853
```

(1) In der Basisklasse hat *R* den Typ *Integer*.
(2) In der abgeleiteten Klasse wird ein neues Element mit gleichem Namen per *Shadows* deklariert. Dieses hat aber jetzt den Typ *Double*.
(3) Der Konstruktor muss jetzt zwei *Double*-Werte übernehmen.
(4) Jetzt wird hier dem neu definierten Datenfeld der Wert zugewiesen, denn es verdeckt das ererbte Element.
(5) Jetzt können – allerdings nur bei *Ring*-Objekten – auch dem Außenradius *Double*-Werte zugewiesen werden.

Hier ermöglicht *Shadows* also, ein einmal definiertes Datenfeld mit einem anderen Typ einzusetzen. Aber Achtung: Das Feld ist nicht geändert worden, sondern ein neues ist hinzugekommen. Das ererbte Feld existiert weiterhin.
VB kennt auch die Spiegelung nach Name und Typ. Dabei wird statt *Shadows* das Schlüsselwort *Overloads* verwendet. Für das hier benutzte Beispiel macht das keinen Unterschied, wohl aber, wenn die Basisklasse mehrere überladene Methoden- bzw. Eigenschaften-Versionen enthält. Dann verdeckt eine *Shadows*-Definition nämlich alle gleichnamigen Elemente der Basisklasse, während *Overloads* nur die mit gleicher Signatur überlagert. Alle anderen bleiben bei *Overloads* verfügbar.

8.6 Zugriff auf Basiselemente

Verdeckte Klassenelemente sind nach wie vor vorhanden und können auch benutzt werden. Bereits bei Konstruktoren haben Sie kennen gelernt, dass man bei der Entwicklung von Klassen möglichst niemals bereits vorhandenen Code nochmals programmiert, sondern immer versucht, ihn zu nutzen. Dadurch werden die Klassen übersichtlicher, verständlicher und sicherer.

Im Beispiel erfolgt die Berechnung der Fläche von *Kreis*- und *Ring*-Objekten eigentlich nach der gleichen Grundformel. Deshalb werden sie aufgerufen. Je nachdem, ob dies innerhalb der Klasse bei einer Methodendefinition oder für ein Objekt der Klasse geschieht, sieht dieser Aufruf anders aus.

```
' Bsp1063.vb

Option Explicit On
Option Strict On

Imports System

Public Class Form

...

End Class

Public Class Kreis : Inherits Form

    Protected R As Integer

    Public Sub New(ByVal r As Integer)
        Me.R = r
    End Sub

    Public Sub New()
    End Sub

    Public ReadOnly Property Flaeche() As Double          '(1)
        Get
            Return Math.PI * Math.Pow(R, 2)
        End Get
    End Property
End Class

Public Class Ring                                         '(2)
    Inherits Kreis

    Private L As Double

    Public Sub New(ByVal r As Integer, _
     ByVal l As Double)
```

```
        Me.R = r
        Me.L = l
    End Sub

    Public Shadows ReadOnly Property Flaeche() _
     As Double
        Get
            Return MyBase.Flaeche - _
             Math.PI * Math.Pow(L, 2)                        '(3)
        End Get
    End Property
End Class

Module Bsp1063
    Public Sub Main()
        Dim R As New Ring(10, 5)
        Console.WriteLine(R.Flaeche)                         '(4)
        Console.WriteLine(CType(R, Kreis). _
         Flaeche)                                            '(5)
    End Sub
End Module
```

Das Programm gibt zwei Flächenangaben für einen Ring aus. Die erste entspricht der des tatsächlichen Objekts, die zweite gibt an, wie groß die Fläche ohne Loch wäre, denn sie wird von der verdeckten Basiseigenschaft geliefert.

```
235,619449019234
314,159265358979
```

(1) Die Eigenschaft der Basisklasse wird immer normal codiert.
(2) Die Klasse *Ring* wird wieder ohne verdecktes Datenfeld definiert.
(3) Jetzt kann die abgeleitete Klasse die eigene Flächenberechnung durchführen und dabei auf die Grundfläche der Basisklasse zurückgreifen. Dazu wird die Eigenschaft über *MyBase* aufgerufen. Dies ist nur für Instanzmethoden und -eigenschaften möglich.
(4) Wird für ein Objekt die Eigenschaft aufgerufen, dann wird die neue Methode der Klasse benutzt. Das Ergebnis ist also die korrekte Flächenangabe.
(5) Wird die Basismethode für ein Objekt der Klasse *Ring* aufgerufen, erhält man die Fläche des zugrunde liegenden Kreises. Um eine solche Basismethode für ein Objekt aufzurufen, muss das Objekt sich

als ein Objekt der Klasse *Kreis* ausgeben. Dazu dient die Umwandlung mittels *CType*. Durch *CType(R, Kreis)* wird der erste Parameter in den im zweiten Parameter angegebenen Typ umgewandelt. Es ist immer erlaubt, auf diese Weise ein Objekt in den Typ einer Basisklasse umzuwandeln. Umgekehrt geht das nicht, da einem Kreis dann beispielsweise das Datenfeld für den Lochradius fehlen würde.

8.7 Polymorphie

In diesem Kapitel werden Sie ein weiteres Grundkonzept der objektorientierten Programmierung kennen lernen. Es handelt sich dabei um die Möglichkeit, über denselben Funktionsaufruf aus einer Menge von gleichnamigen Funktionen automatisch die für das jeweilige Objekt richtige aufzurufen. Dabei erkennt das Programm selbst, welche Funktion für das spezielle Objekt gewählt werden muss. Da dies so aussieht, als ob hinter einem Funktionsnamen mehrere verschiedene Definitionen stecken, bezeichnet man diese Eigenschaft als Polymorphismus oder Polymorphie (griech. polýmorphos), was so viel wie Vielgestaltigkeit bedeutet. Polymorphie steht in direktem Zusammenhang mit der Vererbung und ermöglicht es, verwandte Objekte gemeinsam zu verarbeiten, ohne mittels *If*- oder *Select*-Anweisungen vorher die Klassenzugehörigkeit ermitteln zu müssen.
In diesem Zusammenhang lernen Sie auch eine zweite Technik kennen, wie Methoden und Eigenschaften ihre Pendants der Basisklassen verdecken können. Außerdem werden im Beispiel ein paar zusätzliche Änderungen vorgenommen, die für derartige Fälle durchaus sinnvoll sind.

```
' Bsp1064.vb

Option Explicit On
Option Strict On

Imports System

Public MustInherit Class Form                                    '(1)

    Private Color As Integer
```

```
    Public Const Rot As Integer = 1
    Public Const Gruen As Integer = 2
    Public Const Blau As Integer = 4

    Public Property Farbe() As Integer
        Get
            Return Color
        End Get
        Set(ByVal value As Integer)
            If value < 8 Then Color = value
        End Set
    End Property

    Public Function FarbeToString() As String
        Select Case Color
            Case 0
                Return "Schwarz"
            Case 1
                Return "Rot"
            Case 2
                Return "Grün"
            Case 3
                Return "Gelb"
            Case 4
                Return "Blau"
            Case 5
                Return "Magenta"
            Case 6
                Return "Cyan"
            Case 7
                Return "Weiß"
            Case Else
                Return "Unbekannt"
        End Select
    End Function

    Public Overridable ReadOnly Property Flaeche() _
     As Double                                          '(2)
        Get
            Return 0                                    '(3)
        End Get
    End Property

End Class
```

```
Public Class Kreis : Inherits Form

   Protected R As Integer

   Public Sub New(ByVal r As Integer)
      Me.R = r
   End Sub

   Public Sub New()
   End Sub

   Public Overrides ReadOnly Property Flaeche() _
    As Double                                              '(4)
      Get
         Return Math.PI * Math.Pow(R, 2)
      End Get
   End Property

End Class

Public NotInheritable Class Ring                           '(5)
   Inherits Kreis

   Private L As Double

   Public Sub New(ByVal r As Integer, _
    ByVal l As Double)
      Me.R = r
      Me.L = l
   End Sub

   Public Overrides ReadOnly Property Flaeche() _
    As Double                                              '(6)
      Get
         Return MyBase.Flaeche - _
          Math.PI * Math.Pow(L, 2)
      End Get
   End Property

End Class

Public Class Rechteck : Inherits Form

   Private A, B As Integer
```

```
    Public Sub New(ByVal a As Integer, _
     ByVal b As Integer)
        Me.A = a
        Me.B = b
    End Sub

    Public Shadows ReadOnly Property Flaeche() _
     As Double                                       '(7)
        Get
            Return A * B
        End Get
    End Property

End Class

Module Bsp1064
    Public Sub Main()
        Dim Liste(4) As Form                         '(8)
        Liste(0) = New Ring(10, 5)                   '(9)
        Liste(1) = New Kreis(4)
        Liste(2) = New Ring(5, 2)
        Liste(3) = New Rechteck(4, 3)
        Liste(4) = New Rechteck(10, 5)

        For I As Integer = 0 To Liste.Length - 1     '(10)
            Console.WriteLine(Liste(I).ToString() _
             & ": " & Liste(I).Flaeche)              '(11)
        Next
    End Sub
End Module
```

Es werden im Schleifenkorpus für jedes Objekt der Klassenname und die Fläche ausgegeben, was zu folgendem Ergebnis führt:

```
Bsp1064.Ring: 235,619449019234
Bsp1064.Kreis: 50,2654824574367
Bsp1064.Ring: 65,9734457253857
Bsp1064.Rechteck: 0
Bsp1064.Rechteck: 0
```

Beachten Sie, dass für *Rechteck*-Objekte stets die Fläche 0 angezeigt wird.

(1) Zunächst erhält die Klasse *Form* den Zusatz *MustInherit*. Das führt

dazu, dass keine Instanz mehr von dieser Klasse erzeugt werden kann. Das ist auch sicherer, denn die Klasse *Form* beschreibt ja nur eine ideelle Klasse. Ihre Objekte würden keinen Sinn machen, da sie über keine Geometrie verfügen. Sie wären einfach ein farbiges «Nichts». *MustInherit* definiert so genannte *abstrakte Klassen.*

(2) Trotzdem wird in der Klasse nun eine Eigenschaft *Flaeche* definiert. Dies ist notwendig, denn damit Objekte ohne Rücksicht auf ihre individuelle Klassenzugehörigkeit verarbeitet werden können, müssen sie quasi auf einen gemeinsamen Nenner gebracht werden. Für das Beispiel ist das die Klasse *Form,* in anderen Fällen ist es vielleicht die allen gemeinsame Basisklasse *Object.* Dann können aber nur Klassenelemente benutzt werden, die diese auch definiert. Aus diesem Grunde wird hier also die Eigenschaft hinzugefügt. Allerdings erhält sie den Zusatz *Overridable.* Solche Methoden und Eigenschaften dürfen in abgeleiteten Klassen durch neue Fassungen ersetzt werden. Fehlt diese Angabe, dann gilt standardmäßig *NotOverridable.*

(3) Diese Eigenschaft muss vollständig definiert werden. Weil diese Klasse aber abstrakt ist und somit niemals Objekte davon existieren, wird hier einfach 0 zurückgegeben.

(4) Hier wird die Eigenschaft überschrieben. Dieses Mal wird aber statt *Shadows* das Schlüsselwort *Overrides* angegeben. Dadurch wird die ererbte Methode jetzt wirklich überschrieben, das heißt, dass die Signatur und der Zugriffsmodus übereinstimmen müssen. Nur so kann die neue Eigenschaft hier die ererbte vollständig «ersetzen». Wäre die Basiseigenschaft in *Form* nicht als *Overridable* definiert, könnte hier auch kein *Overrides,* sondern nur *Shadows* eingesetzt werden. Der Unterschied wird in der Klasse *Rechteck* deutlich.

(5) Die Klasse *Ring* erhält jetzt den Zusatz *NotInheritable.* Dadurch kann sie nicht mehr abgeleitet werden. Dies macht man, wenn verhindert werden soll, dass Methoden oder Eigenschaften verdeckt oder überschrieben werden, denn dazu sind ja Ableitungen erforderlich. Strukturen (siehe Kapitel 6.7) sind übrigens implizit *NotInheritable* und können nie abgeleitet werden.

(6) Einmal als *Overrides* definierte Elemente können in abgeleiteten Klassen stets wieder mittels *Overrides* überschrieben werden. Die geänderte Flächenberechnung wird deshalb auch hier so definiert. Dadurch wird auch sie immer für den «echten» Objekttyp aufgerufen.

(7) Im Gegensatz dazu legt die Klasse *Rechteck* als abgeleitete Klasse von *Form* ihre Eigenschaft *Flaeche* als *Shadows* fest. Das hat Konsequenzen, wie Sie gleich sehen werden, und soll den Unterschied zu *Overrides* verdeutlichen.

(8) Innerhalb von *Main* sollen nun verschiedene Objekte dieser Klassen durch gleiche Anweisungen verarbeitet werden. Dies ist gerade in Schleifen eine große Erleichterung, da komplizierte Klassentests und Entscheidungsstrukturen vermieden werden. Solche Objekte könnten beispielsweise aus einer Datei gelesen oder über das Internet geladen werden. Der Einfachheit halber werden sie hier in einem Array verwaltet. Es hat den Typ der allen gemeinsamen Basisklasse!

(9) Jedes Element wird nun mit einem anderen Objekt initialisiert.

(10) Diese Schleife verarbeitet nun das gesamte Array.

(11) Für jedes Objekt wird die Methode *ToString* und die Eigenschaft *Flaeche* aufgerufen. *ToString* ist in *Object* auch als *Overridable* definiert. Würde sie von den Klassen mittels *Overrides* überschrieben, dann würde immer ihre eigene Methode benutzt. So ist es stets die von *Object*. Die Eigenschaft *Flaeche* wird von *Kreis* und *Ring* per *Overrides*, von *Rechteck* jedoch per *Shadows* neu definiert. Das hat zur Folge, dass für die Elemente von *Liste*, die ja zur Übersetzungszeit per Anweisung alle den Typ *Form* besitzen, bei überschriebenen Elementen die eigenen und bei anderen die der Klasse *Form* aufgerufen werden.

Der Unterschied zwischen *Shadows* und *Overrides* besteht also hauptsächlich darin, ob Anweisungen für den echten Typ (*Overrides*) oder den genannten (*Shadows*) aufgerufen werden sollen.
An dieser Stelle auch noch ein Wort zu *Me*: Durch dieses Schlüsselwort können eigene Klassenelemente aufgerufen werden. Für die Instanzen der Klasse hat das zur Folge, dass immer das überschreibende Element aufgerufen wird. Soll wirklich die Version aus derselben Klasse benutzt werden, dann wird statt dessen *MyClass* verwendet.

> *Hinweis*:
> Technisch Interessierten sei gesagt, dass durch *Shadows* eine Bindung zur Übersetzungszeit (engl. early binding) und durch *Overrides* eine solche zur Laufzeit (engl. late binding) bewirkt wird.

Damit eine zu überschreibende Methode oder Eigenschaft nicht versehentlich mittels *Shadows* definiert wird, wie dies bei *Rechteck* absichtlich geschehen ist, kann man die Eigenschaft *Flaeche* in der Basisklasse *Form* auch etwas anders definieren:

```
...

    Public MustOverride ReadOnly Property Flaeche() _
     As Double

...
```

Durch *MustOverride* wird *Flaeche* jetzt zu einer *abstrakten Eigenschaft*. Das heißt, dass sie nicht definiert ist. Also darf in diesem Fall weder Code noch *End Property* angegeben werden. Abstrakte Methoden und Eigenschaften dürfen nur in abstrakten Klassen vorkommen!

8.8 Module, Klassen und Strukturen

In den bisherigen Kapiteln wurden Module, Klassen und Strukturen verwendet. Dabei wurde gezeigt, dass Strukturen ebenfalls wie Klassen über Funktionalität verfügen können und dass *Main* statt in einem Modul auch in einer Klasse enthalten sein kann. Es scheinen also große Ähnlichkeiten zwischen diesen drei Hauptblocktypen zu bestehen. Am Ende dieses Kapitels haben Sie nun so viel gelernt, dass die Unterschiede dieser drei noch einmal dargestellt werden sollen.

Klassen

Klassen sind die flexibelsten Typen. Ihr eigener Standardzugriff ist *Public*, der ihrer Datenfelder *Private* und ihrer Methoden und Eigenschaften *Public*. Es können Objekte davon erzeugt werden, wobei eigene Konstruktoren mit und ohne Parameter sowie Destruktoren definiert werden können. Diese Objekte sind Verweistypen, das heißt, bei einer Zuweisung wird nur ein Verweis zum Original, keine Kopie erstellt. Klassen unterstützen Vererbung vollständig, wobei jede eine Basisklasse besitzt, die bei fehlender Angabe die Klasse *System.Object* ist. Klassen dürfen auch verschachtelt werden. Sie können als der Standard in der objektorientierten Programmierung angesehen werden.

Strukturen
Strukturen sind etwas eingeschränktere Typen. Ihr eigener Standardzugriff ist *Public*, genauso wie der ihrer Datenfelder und Methoden sowie Eigenschaften. Es können Objekte davon erzeugt werden, wobei eigene Konstruktoren nur mit Parameter und keine Destruktoren definiert werden können. Ein parameterloser Konstruktor ist implizit immer vorhanden und kann nicht neu definiert werden. Diese Objekte sind Werttypen, das heißt, bei einer Zuweisung wird immer eine Kopie des Originals erstellt und gespeichert. Strukturen unterstützen Vererbung nicht, obwohl jede die Basisklasse *System.ValueType* besitzt. Strukturen dürfen ebenfalls verschachtelt werden. Sie werden anstelle einer Klasse eingesetzt, wenn deren Definition nicht aufwendig ist oder ihre Datenfelder alle *Public* sind.

Module
Module sind die eingeschränktesten Typen. Ihr eigener Standardzugriff ist *Friend*, der ihrer Datenfelder *Private* und ihrer Methoden und Eigenschaften *Public*. Es können keine Objekte davon erzeugt werden, weshalb es auch weder Konstruktoren noch Destruktoren gibt. Module unterstützen weder Vererbung, noch besitzen sie eine Basisklasse. Eine Verschachtelung von Modulen ist nicht erlaubt. Dieser Grundtyp dient dazu, Hilfsfunktionen und allgemein gültige Variablen zusammenzufassen.

8.9 Zusammenfassung

- Ableitungen haben den Zweck, neue, spezialisiertere Klassen zu bilden. Die Basisklasse stellt eine allgemeinere Klasse als die abgeleitete Klasse dar. Durch die Ableitung erbt die neue Klasse alle Elemente der Basisklasse. Aufgrund des Zugriffsmodus sind jedoch *Private*-Elemente nicht direkt ansprechbar.
- Ableitungen werden erzeugt, indem als erste Anweisung *Inherits*, gefolgt vom Namen der Basisklasse, in der Definition aufgeführt wird. Es ist nur Einfachvererbung möglich. Deshalb kann auch nur eine *Inherits*-Klausel angegeben werden. Strukturen können nicht abgeleitet werden.
- Auch wenn keine Basisklasse bei einer Klassendefinition angegeben wird, wird abgeleitet, und zwar implizit von der Klasse *Object*. Diese

ist die oberste Basisklasse in der Klassenhierarchie, von der alle anderen Klassen erben.

- Die beiden wichtigsten *Public*-Elemente von *Object* sind die Methoden *ToString* und *Equals*. Von *ToString* wird eine Zeichenkettenform der Klasse geliefert, meistens ihr Name, und von *Equals* wird ein Instanzvergleich durchgeführt.
- Ein parameterloser Konstruktor sollte für jede Klasse definiert sein, damit ein Konstruktor einer abgeleiteten Klasse nicht zwangsläufig einen Konstruktor der Basisklasse aufrufen muss.
- Ein solcher Konstruktoraufruf muss als erste Anweisung in einem Konstruktor stehen und lautet *MyBase.New*.
- Durch *MyBase*, gefolgt vom Punktoperator, können in einer Klassendefinition die Elemente der Basisklasse aufgerufen werden.
- Das Schlüsselwort *Shadows* ermöglicht, ererbte Elemente der Basisklasse durch neue gleichnamige Elemente zu verdecken. Die Signaturen müssen dabei nicht gleich sein. Derartige Elemente werden immer aus der Klasse des angegebenen Objekttyps aufgerufen.
- Das Schlüsselwort *Overloads* arbeitet ähnlich wie *Shadows*, verdeckt aber nur die gleichnamige Basismethode mit gleicher Signatur, während *Shadows* alle verdeckt.
- Durch *Overrides* werden Methoden und Eigenschaften ersetzt. Dadurch werden immer die Methoden der echten Klasse eines Objektes aufgerufen.
- Klassen werden mittels *MustInherit* zu abstrakten, das heißt ideellen Klassen. Es ist nicht möglich, Objekte dieser Klassen zu erzeugen.
- Durch *NotInheritable* werden Ableitungen der Klasse unterbunden. Strukturen sind implizit *NotInheritable*.

8.10 Übungen

Aufgabe 19

Benutzen Sie die Klassen *Form* und *Rechteck* aus *Bspl064* und leiten Sie von *Rechteck* eine weitere Klasse *Quadrat* ab. Verwenden Sie weitestgehend die Basiselemente. Welche neuen Elemente muss *Quadrat* dann bekommen?

Aufgabe 20

Erstellen Sie für die Klassen aus *Bspl064* eine weitere polymorphe Eigenschaft *Umfang*, die den Umfang der Objekte liefert. Korrigieren Sie auch die Eigenschaft *Flaeche* der Klasse *Rechteck*, sodass sie immer aus der wahren Klasse aufgerufen wird.

9 Interfaces

Neben den Klassen verfügt VB über einen speziellen Klassentyp, die so genannten Interfaces. Dabei handelt es sich um eine Schnittstellenbeschreibung einer Klassengruppe. Sie stellen eine Zusammenfassung der Deklarationen aller Methoden und Eigenschaften dar, die für eine spezielle Aufgabe benötigt werden. Interfaces ermöglichen dem Compiler, festzustellen, ob eine Klasse alle geforderten Elemente korrekt implementiert hat. Bei größeren Projekten und der Arbeit mit dem .NET-Framework haben die Interfaces eine große Bedeutung.

9.1 Klassen und Interfaces

Eine Klasse umfasst den gesamten Code ihrer Eigenschaften, Methoden und Standardeigenschaften sowie ihre Datenfelder. Ein Interface beschreibt dagegen nur die Signatur der Methoden, Standardeigenschaften und Eigenschaften, die von einer Nutzerklasse für eine bestimmte Aufgabe benötigt werden. Es muss von einer Anbieterklasse implementiert werden, die dann aber auch festlegt, wie die Aufgabe im Detail ausgeführt wird.

Interfaces stellen also Vereinbarungen dar, die beschreiben, welche verwendbaren Elemente Klassen enthalten sollen, die zusammen eine bestimmte Funktionalität übernehmen. Sie benennen zwar die Typen und Namen dieser (meistens *Public*-)Elemente, definieren aber nicht ihre Funktionalität.

Interfaces haben eine ähnliche Struktur wie Klassen, unterscheiden sich von ihnen jedoch in einigen wichtigen Punkten:

- Es gibt keine Datenfelder.
- Alle Elemente legen keine Zugriffsebene fest.

- Die Methoden, Eigenschaften und Standardeigenschaften sind nur deklariert, nicht implementiert.
- Es gibt keine Instanzen eines Interface.
- Ein Interface kann mehrere Basisinterfaces besitzen, das heißt, dass bei ihnen im Gegensatz zu Klassen Mehrfachvererbung möglich ist.
- Ihre Standardzugriffsebene ist *Friend*.

Wenn Sie eigene Interfaces definieren, müssen Sie in der Regel ebenfalls sowohl die Nutzer- als auch die Anbieterklassen definieren. Für die Bibliotheks-Interfaces sind jedoch schon die Nutzer definiert. Dies ist in vielen Fällen die Laufzeitumgebung. Wichtige Interfaces des Frameworks stellt Kapitel 9.5 vor.

9.2 Interface definieren

Wenn bei einer Anwendung mehrere unterschiedliche Klassen die gleichen Eigenschaften, Methoden oder Standardeigenschaften bereitstellen sollen, dann kann dies durch die Definition eines Interface sichergestellt werden. Ein solcher Fall liegt zum Beispiel dann vor, wenn von einer Klasse Objekte verschiedener Klassen verarbeitet werden sollen, die nicht voneinander abgeleitet worden sind. Die Methoden, die dann aufgerufen werden sollen, sind dann nicht ererbt, sondern müssen in jeder Klasse separat definiert sein. Dies kann über ein Interface vom Compiler überwacht werden.
Im folgenden Beispiel sollen in *Main* Objekte anderer Klassen nummeriert und indiziert werden können. Die Schnittstelle zwischen beiden Klassen besteht aus den Eigenschaften, Methoden und Standardeigenschaften, die dazu aufgerufen werden. Diese werden nun als das folgende Interface definiert. Weil Interfaces von verschiedenen Klassen und Programmen genutzt werden, wird es hier separat als eigene Datei *Bspl065a.vb* gespeichert.

```
' Bspl065a.vb

Option Explicit On
Option Strict On
```

```
Imports System

Public Interface INummerierbar                                 '(1)

    Property Nummer() As Integer                               '(2)
    Function Quersumme() As Integer                            '(3)
    Default ReadOnly Property Index( _
     ByVal i As Integer) As String                             '(4)

End Interface                                                  '(5)
```

(1) Der erste Unterschied zwischen Klassen- und Interfacedefinitionen besteht im verwendeten Schlüsselwort. Statt *Class* heißt es hier *Interface*. Die Namen der Interfaces sollten nach einer Konvention mit dem Großbuchstaben I beginnen.

(2) Es wird eine Eigenschaft vom Typ *Integer* namens *Nummer* vereinbart. Eine Angabe eines Zugriffsmodus ist nicht erlaubt. Auch hier unterscheiden sich Interfaces von Klassen. Wird weder *ReadOnly* noch *WriteOnly* angegeben, so müssen später sowohl *Get-* als auch *Set*-Blöcke definiert werden.

(3) Methoden werden ebenfalls nur deklariert. Rückgabetyp und gegebenenfalls Parameter müssen angegeben werden. Der Zugriffsmodus wird auch hier nicht aufgeführt. Hier wird vom Interface also festgelegt, dass eine Methode *Quersumme* existieren muss, die keinen Parameter übernimmt und einen *Integer*-Wert zurückgibt. Was diese Methode machen soll, wird vom Interface jedoch in keiner Weise beschrieben. Für die Programmierer steht natürlich trotzdem ihre Bedeutung bzw. ihre Verwendung fest. Hier soll sie dazu dienen, eine Quersumme der Nummer eines späteren Objektes zu berechnen.

(4) Auch Standardeigenschaften kann ein Interface festlegen. Ähnlich der Eigenschaft wird nur die Signatur und der gewünschte Lese- bzw. Schreibzugriff festgelegt. Auch Interfaces dürfen nur eine Standardeigenschaft entweder durch Vererbung erhalten oder selbst festlegen.

(5) Interface-Definitionen werden durch *End Interface* abgeschlossen.

Ein Interface legt weder Datenfelder noch Konstruktoren oder Destruktoren fest. Diese gehören nicht zur Schnittstelle von Klassen nach außen.

> *Hinweis*:
> Das Interface kann bereits im Kommandomodus kompiliert werden, um Fehler festzustellen. Dazu muss der Compiler mit der Option */target* bzw. der Kurzform */t* aufgerufen und das Interface als Modul kompiliert werden:
>
> ```
> vbc /t:module Bspl065a.vb
> ```

Dieses Beispiel definiert ein Interface nur durch Angabe seiner Elemente. Es ist aber auch möglich, ein Interface von anderen Interfaces abzuleiten. Dabei ist auch Mehrfachvererbung möglich, das heißt, dass mehrere Interfaces in der Ableitungsliste hinter *Inherits* durch Kommas getrennt aufgeführt werden können.

9.3 Interface implementieren

Alleine nutzt ein Interface gar nichts. Es kann ja nicht instanziiert werden. Deshalb muss es in mindestens eine Klasse eingebaut werden, damit deren Objekte über diese Schnittstelle verfügen. Diesen Vorgang nennt man auch Implementieren. In diesem Kapitel wird dies an einer einzigen Klasse gezeigt. In der Praxis macht ein Interface aber erst dann Sinn, wenn mehrere verschiedene Klassen das Interface implementieren, denn sonst kann man die Elemente auch gleich direkt in der Klasse einfach so definieren.
Im Beispiel soll eine Klasse *Mitarbeiter* das Interface implementieren. Sie wird jetzt ebenfalls in einer separaten Datei *Bspl065b.vb* gespeichert.

```
' Bspl065b.vb

Option Explicit On
Option Strict On

Imports System

Public Class Mitarbeiter
   Implements INummerierbar                                '(1)

   Private PNr As Integer                                  '(2)
```

```
    Public Property PersonalNummer() As Integer              '(3)
        Set(ByVal value As Integer)
            PNr = value
        End Set
        Get
            Return PNr
        End Get
    End Property

    Public Property Nummer() As Integer Implements _
     INummerierbar.Nummer                                    '(4)
        Set(ByVal value As Integer)
            PNr = value                                      '(5)
        End Set
        Get
            Return PNr                                       '(6)
        End Get
    End Property

    Public Function Quersumme() As Integer _
     Implements INummerierbar.Quersumme                      '(7)
        Dim n As Integer = PNr, q As Integer                 '(8)
        While n > 0                                          '(9)
            q += n Mod 10                                    '(10)
            n = n \ 10                                       '(11)
        End While
        Return q                                             '(12)
    End Function

    Default Public ReadOnly Property Index( _
     ByVal i As Integer) As String Implements _
     INummerierbar.Index                                     '(13)
        Get
            Return Nothing                                   '(14)
        End Get
    End Property
End Class
```

(1) Soll eine Klasse ein Interface implementieren, dann wird dieses als erste Anweisung, jedoch nach einem eventuell vorhandenen *Inherits* mittels *Implements* aufgeführt. Dies ähnelt einer Ableitung, wird bei Interfaces jedoch anders behandelt. Statt dass alle Elemente automatisch geerbt werden, müssen sie alle separat in der

Klasse definiert werden. Der Compiler benutzt diesen Zusatz hier nur, um zu überwachen, ob alle Interfacebestandteile auch korrekt implementiert wurden. Im Gegensatz zur Ableitung darf bei einer Interfaceimplementierung mehr als ein Name aufgeführt werden. Sie werden dann in beliebiger Reihenfolge, durch Kommas getrennt, hinter dem Doppelpunkt aufgelistet.

(2) Klassen, die Interfaces implementieren, werden zunächst nach den gleichen Regeln definiert wie alle anderen Klassen auch. Dieses Datenfeld gehört zur normalen Klassendefinition. Es enthält eine Personalnummer.

(3) Außerdem verfügt die Klasse über eine Eigenschaft *PersonalNummer* mit Lese- und Schreibzugriff. Für dieses Beispiel wird auf weitere «normale» Klassenelemente verzichtet.

(4) Zusätzlich müssen alle Elemente, die von einem Interface nur deklariert werden, von der Klasse jetzt mit genau den gleichen Parameter- und Rückgabetypen definiert werden. Das bedeutet auch, dass jetzt der Zugriffsmodus festgelegt werden muss. Jedes Element, das die Aufgabe eines Schnittstellenelementes übernehmen soll, wird durch eine weitere *Implements*-Klausel gekennzeichnet. Hier soll *Nummer* also der Eigenschaft *Nummer* aus dem Interface *INummerierbar* entsprechen. Auch hier dürfen mehrere Interfaces aufgeführt werden. So kann ein Element mit beliebigem Namen mehrere Interface-Elemente realisieren. Nur die Typen müssen alle übereinstimmen.

(5) Jede Deklaration des Interface muss jetzt durch Code ersetzt werden. Dazu muss man natürlich wissen, wozu die Nutzerklassen, beispielsweise in der Methode *Main*, die Elemente einsetzen. Die Eigenschaft soll hier eine Nummer speichern. Das könnte die Personalnummer dieser Klasse sein. Deshalb wird ihr hier der Wert zugewiesen.

(6) Entsprechend gibt der *Get*-Block den Wert des Datenfeldes zurück.

(7) Das zweite Element des Interface wird definiert. Auch hier müssen Sie daran denken, den Zugriffsmodus anzugeben. Es soll von der Methode die Quersumme der Personalnummer berechnet werden.

(8) Es werden zwei *Integer*-Variablen definiert, *n* für die lokale Bearbeitung der Personalnummer und *q* für das Endergebnis.

(9) Die Ziffern der Zahl werden von rechts nach links innerhalb einer Schleife addiert. Dabei wird die Personalnummer bei jedem

Durchlauf durch 10 dividiert, sodass die nächste Stelle aufrückt. Das geschieht, solange noch Stellen vorhanden sind, das heißt, solange die Zahl größer als 0 ist.

(10) Der Rest einer Division durch 10 entspricht der letzten Ziffer der Zahl. Diese wird auf die Ergebnisvariable addiert.

(11) Dann werden die Ziffern durch eine Ganzzahldivision (\) durch 10 nach rechts geschoben.

(12) Nach Ablauf der Schleife enthält das Ergebnis die Quersumme und kann zurückgegeben werden.

(13) In gleicher Weise muss auch der Rest des Interface in jedem Fall definiert werden, auch wenn die Klasse keine sinnvolle Definition festlegen kann. In solchen Fällen müssen mindestens leere Funktionsblöcke angegeben werden.

(14) Eventuell notwendige Rückgaben müssen mit willkürlichen Werten vorgenommen werden, die aber die Nutzerklassen nicht irritieren oder bei ihnen Fehler auslösen. Dazu sind natürlich in der Praxis Kenntnisse über die Arbeit der Nutzerklassen (hier das Modul *Bspl065*) nötig.

Wird ein Interface unvollständig oder fehlerhaft implementiert, dann können keine Objekte der Klasse erzeugt werden. Es tritt deshalb dann ein Compilerfehler auf.

Wird ein Interface implementiert, das bereits von einem anderen Interface abgeleitet wurde, dann müssen von der Klasse alle Elemente definiert werden, sowohl die des abgeleiteten Interface als auch die aller Basisinterfaces.

Sie können eine Interface-Implementierung bei der Definition einer Klasse auch mit einer Ableitung kombinieren. Führen Sie dazu nur hinter *Inherits* die Basisklasse als Erstes und danach hinter *Implements* die Interfaces auf. Für eine Klasse *Rechteck* kann das dann so aussehen:

```
public class Rechteck
    Inherits Form
    Implements INummerierbar
...
End Class
```

9.4 Interface nutzen

Das Interface ist definiert. Ebenso existiert nun eine Klasse, nämlich *Mitarbeiter*, die dieses implementiert. Dadurch stellt sie anderen Klassen genau die Dienste zur Verfügung, die dieses Interface beschreibt. Nun muss es aber auch Klassen geben, die diese Dienste nutzen, indem sie über diese Schnittstelle auf die Objekte der Anbieterklassen zugreifen. Diese Nutzerklassen sind im Prinzip auch diejenigen, die den Aufbau eines Interfaces festlegen, denn sie bestimmen, wie sie mit den Anbieterklassen interagieren wollen.
Um die Funktionsweise zu testen, reicht auch ein Nutzermodul mit der Methode *Main*, die ein Objekt einer Anbieterklasse erzeugt und dann die Interface-Elemente aufruft.

```
' Bsp1065.vb

Option Explicit On
Option Strict On

Imports System

Public Module Bsp1065

    Public Sub Main()

        Dim M As New Mitarbeiter
        M.PersonalNummer = 324598                              '(1)
        Console.WriteLine(M.Nummer)                            '(2)
        Console.WriteLine(M.Quersumme())                       '(3)
    End Sub
End Module
```

Da das Programm nun aus mehreren Dateien besteht, müssen alle übersetzt werden. Dies kann im Kommandomodus in einem Aufruf geschehen:

```
vbc bsp1065.vb bsp1065a.vb bsp1065b.vb
```

Die Reihenfolge, in der die Dateien aufgeführt werden, ist dabei unerheblich. Der Compiler findet die Klasse, in der *Main* definiert ist, und gibt dem fertigen Programm den Namen der ersten Datei mit dem Zusatz .exe.

Das Programm erzeugt dann folgende Ausgabe:

```
324589
31
```

(1) Nachdem ein Objekt erzeugt worden ist, wird die Personalnummer initialisiert.
(2) Auch die Eigenschaft des Interface kann benutzt werden. Im Beispiel dupliziert sie die Klasseneigenschaft. Das muss aber nicht sein. In der Praxis werden Interface-Eigenschaften oft auch nicht auf Datenfelder zugreifen, sondern als reine Leseeigenschaften Berechnungen durchführen.
(3) Auch die Methode des Interface funktioniert.

Die Standardeigenschaft wird nicht benutzt, da die Anbieterklasse sie auch nur als Dummy ohne echte Funktionalität implementiert hat.

Interface-Typen

Interfaces definieren auch eigene Typen. Dies wird in folgendem Beispiel deutlich.

```
' Bspl065.vb

Option Explicit On
Option Strict On

Imports System

Public Module Bspl065

   Public Sub Main()

      Dim M As New Mitarbeiter                          '(1)
      M.PersonalNummer = 324598
      Dim I As INummerierbar = _
       CType(M, INummerierbar)                          '(2)
      Console.WriteLine(I.Nummer)                       '(3)
      Console.WriteLine(I.Quersumme())
   End Sub
End Module
```

(1) Die Instanz wird nach wie vor über den Konstruktor der Klasse erzeugt, denn Interfaces haben keine Instanzen. Dadurch hat das Objekt den Typ der Klasse, also *Mitarbeiter*.

(2) Hier wird eine Referenz vom Interface-Typ definiert und mit dem Objekt initialisiert. Dieses wird dabei durch *CType* in den Typ des Interface umgewandelt.

(3) Die implementierte Eigenschaft *Nummer* lässt sich über ein Objekt aufrufen, das den Typ des Interfaces besitzt.

Über Instanzen des Interface-Typs lassen sich alle Elemente des implementierten Interface aufrufen, nicht jedoch die anderen Elemente der Klasse.

9.5 Wichtige Interfaces

Zum Namensraum *System* gehört eine kleine Anzahl an Interfaces. Die wichtigsten davon sind:

IClonable deklariert eine Methode *Clone() As Object,* die ein neues Objekt erzeugen soll, das eine Kopie der aktuellen Instanz ist.

IComparable deklariert eine Methode *CompareTo(o As Object) As Integer,* die durch einen Vergleich des Objektes *o* mit der aktuellen Instanz feststellen soll, wo die Instanz in Bezug zum Objekt *o* einsortiert werden kann. Durch eine negative Rückgabe soll angezeigt werden, dass die Instanz vorher einsortiert wird. Eine positive Rückgabe bedeutet, dass sie nach *o* einsortiert wird, und 0 zeigt an, dass sie gleich sind.

IConvertible deklariert Umwandlungsmethoden *ToBoolean() As Boolean, ToByte() As Byte* usw. für Umwandlungen der aktuellen Instanz.

IFormattable deklariert eine Methode *ToString (format As String, formatprovider As IFormatProvider),* die die aktuelle Instanz in eine formatierte Zeichenkette umwandelt.

9.6 Zusammenfassung

- Interfaces werden mithilfe des Schlüsselwortes *Interface* definiert und deklarieren die Schnittstellen, die Klassen anderen Klassen für bestimmte Aufgaben anbieten.
- Sie deklarieren nur Methoden, Eigenschaften und Standardeigenschaften, ohne ihre Aufgabe zu beschreiben. Sie können keine Datenfelder, Konstruktoren und Destruktoren enthalten.
- Alle Interface-Elemente werden stets ohne Zugriffsmodus angegeben.
- Neue Interfaces können von bestehenden abgeleitet werden, wobei Mehrfachableitungen erlaubt sind.
- Klassen, die ein Interface implementieren, führen seinen Namen nach *Implements* auf. Dadurch kann der Compiler die korrekte Implementierung überwachen.
- Bei der Implementierung muss die Klasse jedes Element seiner Interfaces und deren Basisinterfaces durch Code definieren und durch ein weiteres *Implements* kennzeichnen. Dabei entscheidet sie selbst, wie der Code im Detail aussieht. Ein Klassenelement kann dabei mehrere Interface-Elemente realisieren.
- Implementierte Elemente können auch über Instanzen angesprochen werden, die den Typ des Interface besitzen.

9.7 Übung

Aufgabe 21

Implementieren Sie für die Klasse *Mitarbeiter* statt des Interface *INummerierbar* das Interface *IComparable*. Es deklariert ausschließlich die im Kapitel 7.5 genannte Methode.

10 Ereignisse benutzen

In der konventionellen Programmierung lassen sich die Programmabläufe anhand der linearen Folge der Codeanweisungen nachvollziehen. Geht man ein solches Programm Zeile für Zeile durch, dann stößt man zwischendurch zwar auf Entscheidungen, jedoch werden diese immer an ganz bestimmten Stellen im Programm getroffen. Bei den heutigen interaktiven Programmen müssen Entscheidungen jedoch zu jeder Zeit und sofort getroffen werden. Gerade bei grafischen Oberflächen wird vom Anwender sofort eine Reaktion des Programms auf beispielsweise Mausaktivitäten erwartet, und diese können zu beliebigen Zeitpunkten auftreten.
VB löst diese Aufgabe mithilfe von Ereignissen. Wie diese erzeugt und verarbeitet werden, erläutert dieses Kapitel. Dabei wird zuerst die Methodendelegierung vorgestellt, die ein Fundament der Ereignisverarbeitung bildet.

10.1 Methoden delegieren

VB ermöglicht es, einzelne Methoden in neuen, speziellen Objekten zu verkapseln. Ist dies einmal geschehen, dann kann die Methode quasi über ein Pseudonym aufgerufen werden, ohne genau das Objekt, seine Klasse oder den Namen der Funktion zu kennen.
Das erste Beispiel zeigt zunächst nur die Technik des Delegierens. Es definiert zwei Klassen, deren Objekte dann Methoden der Klasse *Konto* aus *Bspl055* verkapseln.

```
' Bspl066.vb

Option Explicit On
Option Strict On
```

```
Imports System

Public Class Konto                                        '(1)

...

End Class

Public Delegate Function Delegierer1( _
   ByVal betrag As Decimal) As Decimal                    '(2)
Public Delegate Function Delegierer2() _
   As Decimal                                             '(3)

Public Module Bspl066
   Public Sub Main()
      Dim K As New Konto("Max", 345D)
      Konto.Kurs = 1.1591D
      Dim D1 As Delegierer1                               '(4)
      Dim D2 As Delegierer2
      D1 = New Delegierer1( _
       AddressOf Konto.ToEuro)                            '(5)
      Console.WriteLine("{0:0.00}", _
       D1.Invoke(1955.83D))                               '(6)
      D2 = AddressOf K.ToUSD                              '(7)
      Console.WriteLine("{0:0.00}", D2())                 '(8)
   End Sub
End Module
```

Die delegierten Aufrufe der Umrechnungsmethoden liefern dann diese Beträge:

```
1687,37
399,89
```

(1) Das Beispiel arbeitet mit der Klasse *Konto*, so wie sie in *Bspl055* definiert ist.

(2) Hier wird der erste Typ eines Delegierers definiert. Dies geschieht durch das Schlüsselwort *Delegate*. Diese Definition sieht zwar aus wie eine Funktionsdefinition, in Wirklichkeit handelt es sich jedoch um eine besondere Klassendefinition. Es wird hier nämlich eine Klasse *Delegierer1* von der Klasse *Delegate* abgeleitet, die den Mechanismus der Delegierung definiert. Rückgabetyp und Parameter dieser Anweisung haben eine andere, besondere Bedeutung.

Sie legen nämlich die Signatur der Methoden fest, die von Objekten dieser Klasse verkapselt werden können. Dieser Delegierer kann also für alle Methoden eingesetzt werden, die einen einzigen Parameter vom Typ *Decimal* übernehmen und einen Rückgabewert des gleichen Typs liefern.

(3) Für Methoden mit einer anderen Signatur müssen andere Delegierer definiert werden. Dieser kann mit allen Methoden arbeiten, die keinen Parameter übernehmen und *Decimal*-Werte zurückgeben.

(4) Wie bei normalen Klassen, so werden auch von den Delegierer-Klassen Objekte benötigt.

(5) Ihre Initialisierung ähnelt auf den ersten Blick der eines normalen Objektes. Bei genauerem Hinsehen erkennen Sie jedoch, dass dem «Konstruktor» das Ergebnis des *AddressOf*-Operators übergeben wird. Dieser erzeugt eine Instanz des Delegierers, die auf die Adresse der Methode weist. Zusammen mit ihrer Signatur in der Definition des Delegierers wird sie durch diese Angabe eindeutig beschrieben. Es handelt sich um die *Shared*-Methode *ToEuro* der Klasse *Konto*, die nur einen *Decimal*-Parameter übernimmt und einen *Decimal*-Wert zurückgibt. Diese wird jetzt von dem Objekt verkapselt, das heißt, dass man eigentlich mit der Methode arbeitet, wenn man das Objekt benutzt.

(6) Solche Objekte werden wie andere Objekte auch benutzt. Über die Methode *Invoke* wird die verkapselte Methode wie ein normaler Funktionsaufruf eingesetzt. Dabei werden ihr alle Parameter übergeben, die die verkapselte Methode erhalten muss, und der Rückgabewert ist dann der Wert, der von der Methode geliefert wird.

(7) Für das zweite Objekt wird auf den Operator *New* verzichtet. In den meisten Fällen reicht das, denn *AddressOf* erstellt die Instanz. Hier wird eine Instanzmethode verkapselt, denn es wird die Methode *ToUSD* eines Objektes angegeben. Zusammen mit der Signatur ist wiederum klar, welche Methode gemeint ist. Beachten Sie, dass keine Klammern bei der Funktion angegeben werden, egal, ob sie Parameter übernimmt oder nicht.

(8) Auch der Aufruf kann vereinfacht werden, indem das Objekt als Synonym für die verkapselte Funktion benutzt wird. Beim Aufruf werden *D2* keine Parameter übergeben, denn es verkapselt eine parameterlose Methode.

Wozu das Ganze? Ein Vorteil dieser Methodenverkapselung wird hier noch nicht ersichtlich. Wenn man aber bedenkt, dass diese Delegierer, genau wie andere Objekte, einer Funktion als Parameter übergeben und auch in Schleifen verarbeitet werden können, wird vielleicht schon klar, welche Möglichkeiten dies eröffnet.

Das nächste Beispiel zeigt anhand einer Schleife, wie mithilfe eines Delegierer-Typs unterschiedliche Methoden in gleicher Weise aufgerufen werden können. Das einzig Gemeinsame besteht bei ihnen darin, dass sie Zeitspannen berechnen. Einmal ist das aber das Alter einer Person in Tagen, dann die verstrichenen Tage zwischen einem Datum und heute und ein anderes Mal überschlägig die Gesamtzahl an Tagen seit unserer Zeitrechnung. Dabei handelt es sich sowohl um Instanz- als auch um Klassenmethoden.

```
' Bspl067.vb

Option Explicit On
Option Strict On

Imports System

Public Class Person                                          '(1)

   Private Geburt As DateTime                                '(2)

   Public Sub New(ByVal d As DateTime)                       '(3)
      Geburt = d
   End Sub

   Public Function Alter(ByVal wert As DateTime) _
    As Integer                                               '(4)
      Return (wert.Subtract(Geburt)).Days                    '(5)
   End Function

   Public Shared Function Dauer(ByVal wert _
    As DateTime) As Integer                                  '(6)
      Return ( _
       DateTime.Today.Subtract(wert)).Days                   '(7)
   End Function
End Class

Public Class Kalender                                        '(8)
```

```
    Public Shared Function Tage( _
     ByVal wert As DateTime) As Integer                    '(9)
       Return wert.Year * 365 + wert.Month * 30 _
        + wert.Day                                         '(10)
    End Function

End Class

Public Delegate Function Delegierer(ByVal d _
    As DateTime) As Integer                                '(11)

Public Module Bsp1067

    Public Sub Main()
       Dim d(2) As Delegierer                              '(12)
       Dim P As New Person( _
        New DateTime(1970, 11, 4))                         '(13)
       d(0) = AddressOf P.Alter                            '(14)
       d(1) = AddressOf Person.Dauer                       '(15)
       d(2) = AddressOf Kalender.Tage                      '(16)
       For i As Integer = 0 To d.Length - 1                '(17)
          Console.WriteLine( _
           d(i)(DateTime.Today))                           '(18)
       Next
    End Sub
End Module
```

Das Programm gibt drei Zahlen aus, die den ermittelten Tagen entsprechen.

```
12053
0
731429
```

(1) Zunächst wird eine Klasse *Person* in einfacher Form definiert.

(2) Sie verkapselt für das Beispiel ein einziges Datenfeld vom Typ *DateTime* (siehe Kapitel 4.3.8) zum Speichern eines Geburtsdatums.

(3) Dieses soll nur per Konstruktor initialisiert werden.

(4) Dann wird eine Instanzmethode zur Altersberechnung definiert. Sie gibt einen ganzzahligen Wert zurück, der der Anzahl Lebenstage entsprechen soll.

(5) Werden Datumsobjekte voneinander subtrahiert, dann gibt die Methode *Subtract* ein Objekt der Klasse *TimeSpan* zurück. Diese

definiert unter anderem eine Eigenschaft *Days*, die der Anzahl ganzer Tage dieser Zeitspanne entspricht. Dieser Wert wird zurückgegeben.

(6) Außerdem wird eine Klassenmethode definiert, die eine Zeitdifferenz in Tagen bestimmen kann. Beachten Sie, dass Anzahl und Typen der Parameter und des Rückgabewertes mit denen von *Alter* übereinstimmen.

(7) Das übergebene Datum wird vom aktuellen Tagesdatum abgezogen. Auch hier liefert die Eigenschaft *Days* wieder die ganzen Tage. Positive Werte zeigen an, dass der Parameter ein Datum der Vergangenheit darstellt, bei negativen liegt er in der Zukunft.

(8) Zusätzlich arbeitet das Beispiel mit einer zweiten, ganz anders aufgebauten Klasse. Sie soll einen Kalender darstellen.

(9) Es wird nur eine Klassenmethode benötigt, die über eine Signatur wie die beiden Methoden von *Person* verfügt.

(10) Sie berechnet grob die Anzahl Tage seit Beginn der Zeitrechnung, ohne dabei Schaltjahre, unterschiedliche Monatslängen usw. zu berücksichtigen. Sie ermittelt die Jahres-, Monats- und Tagesangabe eines Datums anhand der Eigenschaften *Year*, *Month* und *Day*.

(11) Es wird dieses Mal nur ein Delegierer benötigt, da alle drei Methoden die gleiche Signatur haben. Alle übernehmen ein einziges *DateTime*-Objekt und geben einen *Integer*-Wert zurück. Ihre Namen und Instanz- bzw. Klassenbindung spielen keine Rolle.

(12) *Main* soll jetzt alle Zeitspannen berechnen. Das kann hier natürlich durch direkten Aufruf der Methoden geschehen. Wenn aber nicht bekannt ist, wie viele und welche Objekte bzw. Berechnungen zu verarbeiten sind, weil diese beispielsweise aus einer Datei gelesen werden, dann würde das problematisch. Um dies zu simulieren, wird ein Array definiert. Es soll nicht die zu verarbeitenden Objekte speichern, sondern nur die zu verarbeitenden Methoden und umfasst nur drei Elemente, damit jede wenigstens einmal benutzt werden kann. Der Typ des Arrays heißt *Delegierer*, denn das ist der Typ der Objekte, die die Methoden verkapseln.

(13) Ein Objekt der Klasse *Person* wird erzeugt und mit dem Datum *4.11.1970* (siehe Kapitel 7.4) initialisiert, damit die Instanzmethode der Klasse verwendet werden kann.

(14) Diese wird jetzt vom ersten *Delegierer*-Objekt verkapselt, das im Array gespeichert wird.

(15) Das zweite Objekt verkapselt die Klassenmethode *Dauer* von *Person*.
(16) Das dritte wird für die Klassenmethode *Tage* der Klasse *Kalender* erzeugt.
(17) Egal, aus wie vielen und welchen Elementen das Array nun besteht, über diese Schleife können nun alle Methoden nacheinander aufgerufen werden.
(18) Dies geschieht durch Aufruf der *Delegierer*-Objekte, indem sie als Elemente *d(i)* des Arrays angesprochen werden und als Parameter das aktuelle Tagesdatum erhalten.

Das Beispiel kann auch leicht verändert werden, um zu zeigen, wie Delegierer als Funktionsparameter übergeben werden. Dazu muss in der Klasse *Bspl067* nur eine entsprechende Methode definiert und *Main* ein wenig geändert werden.

```
   ...
   Public Sub Main()
      ...
      For i As Integer = 0 To d.Length - 1
         Console.WriteLine(StartMethode(d(i)))            '(1)
      Next
   End Sub

   Private Function StartMethode( _
    ByVal d As Delegierer) As Integer                     '(2)
      Return d(DateTime.Today)                            '(3)
   End Function

End Module
```

(1) Die Schleife ruft jetzt nur eine Funktion namens *StartMethode* auf und übergibt ihr das Delegierer-Objekt. Die Rückgabe dieses Aufrufs wird dann ausgegeben.
(2) Die Funktion wird so definiert, dass sie ein Objekt des Delegierer-Typs übernehmen kann.
(3) Dieses wird dann mit dem Parameter aufgerufen.

Eine solche Methode kann jede Methode aufrufen, die vom übergebenen Objekt verkapselt wird, ohne dass sie diese selbst, die zugehörigen Objekte und die jeweilige Klasse kennt.

Genau darin liegt der Vorteil der Delegierung, denn bei der Ereignisverarbeitung weiß ein Objekt nicht, ob ein Ereignis beispielsweise von einem Menübefehl, einer Schaltfläche oder anderen Objekten ausgelöst wurde und wie sie heißen.

10.2 Delegierungen kombinieren

Ein Delegierer kann nicht nur eine Methode, sondern auch mehrere verkapseln. Dabei sind jedoch zusätzliche Voraussetzungen einzuhalten. Werden diese beachtet, dann führt der Aufruf eines Delegierers dazu, dass gleich mehrere Methoden nacheinander aufgerufen werden. Diese Kombination lässt sich mittels normaler Delegierer herbeiführen. Auch eine Abtrennung von verkapselten Methoden ist nachträglich möglich.
Beides demonstriert *Bspl068*, indem es einen Delegierer erzeugt, der sowohl die Instanzmethode *Einzahlen* eines Kontos als auch die Instanzmethode *Auszahlen* eines anderen Kontos miteinander kombiniert. Wird er aufgerufen, dann führt dies automatisch zu einer Überweisung.

```
' Bspl068.vb

Option Explicit On
Option Strict On

Imports System

Public Class Konto                                        '(1)

   ...

End Class

Public Delegate Sub Zahlung( _
   ByVal betrag As Decimal)                               '(2)

Public Module Bspl066

   Public Sub Main()
      Dim Z1, Z2, Z3 As Zahlung                           '(3)
      Dim K1 As New Konto("Müller", 5000D)
      Dim K2 As New Konto("Meier", 2000D)
```

```
        Z1 = AddressOf K1.Einzahlen                    '(4)
        Z2 = AddressOf K2.Auszahlen                    '(5)
        Z3 = CType([Delegate].Combine(Z2, Z1), _
          Zahlung)                                     '(6)
        Z3(500D)                                       '(7)
        Console.WriteLine(K1.Saldo)
        Console.WriteLine(K2.Saldo)
        Z3 = CType([Delegate].Remove(Z3, Z1), _
          Zahlung)                                     '(8)
        Z3(200D)
        Console.WriteLine(K1.Saldo)
        Console.WriteLine(K2.Saldo)
    End Sub
End Module
```

Die folgende Anzeige des Programms zeigt deutlich, dass das erste Konto um 500 erhöht und das zweite um 500 erniedrigt wurde. Danach wird der Betrag von 200 nur vom zweiten Konto abgezogen.

```
5510
1510
5510
1310
```

(1) Die Klasse *Konto* wird in der Fassung des Beispiels *Bspl050* benutzt. Der entsprechende Konstruktor schlägt dem Konto bei der Eröffnung einen Betrag von 10 zu.
(2) Für die Methoden wird ein Delegierer-Typ definiert, der nichts zurückgibt und einen *Decimal*-Parameter übernimmt. Das entspricht der Signatur der Methoden. Grundsätzlich gilt, dass kombinierbare Delegierer keine Rückgabe benutzen können.
(3) Drei Objekte dieses Typs werden deklariert.
(4) Das erste verkapselt nun die Instanzmethode *Einzahlen* des *Konto*-Objektes *K1*.
(5) Das zweite wird für die Instanzmethode *Auszahlen* des Kontos *K2* erzeugt.
(6) Das dritte wird nicht normal, sondern durch die beiden anderen initialisiert, indem das Ergebnis der Methode *Combine* zugewiesen wird. Sie liefert ein *Delegate*-Objekt, das sich aus beiden Parameterobjekten zusammensetzt. Derartige Delegierer werden Multicast-Delegierer (engl. Multi-cast delegate) genannt. Dadurch verfügt *Z3*

jetzt über eine Aufrufliste, die beide Methoden enthält. Diese Anweisung sieht etwas kompliziert aus, denn zum einen ist der Klassenname ein reserviertes Wort und muss daher in eckige Klammern gesetzt werden, und zum anderen muss wegen *Option Strict On* der gelieferte Typ *Delegate* in den Typ *Zahlung* konvertiert werden.

(7) Der Aufruf von *Z3* führt jetzt dazu, dass der Parameter sowohl der Methode *K2.Auszahlen* als auch der Methode *K1.Einzahlen* übergeben wird. Ein solcher Delegierer enthält immer nur eine Parameterliste für beide bzw. alle Methoden, die nacheinander jeder übergeben werden. Dies ist möglich, da die Signaturen der Methoden ja einander entsprechen.

(8) Durch die Methode *Remove* kann eine verkapselte Methode wieder aus der Aufrufliste entfernt werden.

Ähnliche Anweisungen werden Sie in den folgenden Beispielen wieder finden.

10.3 Ereignisse

Damit Objekte spontan auf Veränderungen oder Aktionen anderer Objekte reagieren können, benutzt VB Ereignisse. Diese wiederum nutzen die Delegierer. Was steckt nun dahinter bzw. wie funktioniert das Ereigniskonzept? Prinzipiell kann man die Technik vielleicht folgendermaßen beschreiben:
Wenn eine Klasse ein Ereignis definiert, dann erzeugt sie eigentlich einen Delegierer, der mit einem internen Standard initialisiert wird. Andere Klassen haben dann die Möglichkeit, weitere Delegierer diesem hinzuzufügen. Dadurch «klinken» sie sich praktisch in die interne Klassenverarbeitung ein. Falls die definierende Klasse dann das Ereignis auslöst, also quasi den Delegierer aufruft, dann werden auch die «eingeklinkten» Methoden aufgerufen.
Das folgende Beispiel zeigt, wie dies funktioniert. Eine Klasse *Konto* definiert ein Ereignis und löst es aus, sobald der Kontostand unter ein definiertes Minimum fällt. Eine andere Klasse *Kunde* reagiert auf dieses Ereignis, indem eine Meldung ausgegeben wird.

```
' Bsp1069.vb

Option Explicit On
Option Strict On

Imports System

Public Class Konto                                       '(1)

   Private Stand As Decimal
   Private Inhaber As String
   Private Minimum As Decimal = 100D                     '(2)

   Public ReadOnly Property Saldo() As Decimal
      Get
         Return Stand
      End Get
   End Property

   Public Sub New(ByVal inhaber As String, _
    ByVal betrag As Decimal)
      Me.Inhaber = inhaber
      Stand = betrag
   End Sub

   Public Sub Einzahlen(ByVal betrag As Decimal)
      Stand += betrag
   End Sub

   Public Sub Auszahlen( _
    ByVal betrag As Decimal)                             '(3)
      If Stand >= betrag Then Stand -= betrag
      If Stand <= Minimum Then                           '(4)
         RaiseEvent SaldoWarnung()                       '(5)
      End If
   End Sub

   Public Event SaldoWarnung As Zahlung                  '(6)

End Class

Public Class Kunde

   Public Sub Reaktion()                                 '(7)
      Console.WriteLine( _
```

```
            "Ich überweise bald einen Betrag.")           '(8)
    End Sub

End Class

Public Delegate Sub Zahlung()                             '(9)

Public Module Bsp1069
    Public Sub Main()
        Dim K As New Kunde
        Dim Giro As New Konto("Schulze", 3000D)
        AddHandler Giro.SaldoWarnung, _
         AddressOf K.Reaktion                              '(10)
        Giro.Auszahlen(2000D)                              '(11)
        Console.WriteLine(Giro.Saldo)
        Giro.Auszahlen(500D)
        Console.WriteLine(Giro.Saldo)
        Giro.Auszahlen(430D)
        Console.WriteLine(Giro.Saldo)
        Giro.Auszahlen(50D)
        Console.WriteLine(Giro.Saldo)
    End Sub
End Module
```

Anhand der Ausgabe des Programms können Sie den Kontostand und die Reaktion des *Kunde*-Objektes nach Auszahlungen verfolgen:

```
1000
500
Ich überweise bald einen Betrag.
70
Ich überweise bald einen Betrag.
20
```

(1) Zunächst wird eine den bisherigen Beispielen gegenüber etwas veränderte Klasse *Konto* mit einem Ereignis definiert.

(2) Sie erhält ein *Private*-Datenfeld *Minimum*, das den Betrag festlegt, den der Kontostand nicht unterschreiten sollte.

(3) Mindestens eine Methode muss das Ereignis auslösen. Für das Beispiel kann dies nur die Methode *Auszahlen* sein, denn sie ist hier die einzige, die den Kontostand reduzieren kann.

(4) Nachdem die Methode ihre normale Aufgabe ausgeführt hat, prüft sie, ob das Ereignis ausgelöst werden muss. Dazu wird die Be-

dingung für das Ereignis getestet, nämlich ob der Kontostand den Minimalstand bereits erreicht oder unterschritten hat.

(5) Ist die Bedingung erfüllt, dann wird das Ereignis ausgelöst. Dazu dient die Anweisung *RaiseEvent*. Ihr folgt in Form eines Methodenaufrufs das Ereignis, hier ohne Parameter.

(6) Hier wird mittels *Event* das Ereignis deklariert. Als Ereignistyp wird hier der korrespondierende Delegierer-Typ aufgeführt. Man kann Ereignisse auch ohne diese Typangabe deklarieren. Besser und flexibler ist es aber, ihn anzugeben.

(7) Eine zweite Klasse *Kunde* definiert eine Methode, deren Signatur für den Delegierer passt, dessen Typ dem des Ereignisses entspricht.

(8) Diese Methode gibt zur Kontrolle nur eine Meldung aus.

(9) Der Delegierer muss definiert sein. Er wird als *Sub*-Prozedur definiert, damit er mit gleichartigen kombinierbar ist. Seine eventuell vorhandenen Parameter werden vom Ereignis übernommen und müssen mit denen der sich einklinkenden Methoden übereinstimmen.

(10) Nachdem ein *Konto*-Objekt erzeugt wurde, können dem Ereignis – es handelt sich ja um einen besonderen Delegierer – weitere Delegierer zugeordnet werden. Dazu muss bei Ereignissen die Anweisung *AddHandler* benutzt werden. Das Ereignis wird dabei als Instanzelement angesprochen. Hinzugefügt wird die verkapselte Instanzmethode *Reaktion* des *Kunde*-Objektes *K*.

(11) Wenn jetzt Auszahlungen getätigt werden, dann prüft die Methode jedes Mal, ob das Ereignis ausgelöst werden muss, und sobald der Kontostand unter seinen Minimalbetrag fällt, wird die Methode *K.Reaktion* aufgerufen.

Hier hat also die Klasse *Konto* einen Standard-Delegierer in Form eines Ereignisses definiert. Diesen können andere Klassen mit ihren eigenen Delegierern kombinieren. Ausgelöst wird das Ereignis dann immer von der eigenen Klasse, was aber dazu führt, dass «eingeklinkte» Methoden anderer Klassen – ob nun *Shared* oder nicht – dann ebenfalls aufgerufen werden. Dadurch wird eine spontane Reaktion dieser Klassen auf das Ereignis ermöglicht.

EventHandler

Statt eigene Delegierer für Ereignisse zu definieren, sollte man nach Möglichkeit vordefinierte benutzen. Dadurch wird die Ereignisbehandlung einerseits normiert, sodass fremde Klassen nicht erst wissen müssen, welche Signatur die verkapselten Methoden der Delegierer haben müssen. Andererseits kann man auch von ihren erweiterten Möglichkeiten Gebrauch machen.

Für VB ist bereits ein Delegierertyp für die Ereignisse definiert. Er heißt *EventHandler*, hat natürlich keine Rückgabe und benutzt zwei Objekte als Parameter. Das erste ist vom Typ *Object* und entspricht dem das Ereignis auslösenden Objekt. Das zweite gehört zur Klasse *EventArgs* und verkapselt weitere Informationen zum Ereignis. Im Folgenden ist das Beispiel so verändert worden, dass es nun den Delegierertyp *EventHandler* einsetzt. Um seine Möglichkeiten zu nutzen, wird vom *Kunde*-Objekt jetzt nicht mehr einfach nur eine Meldung ausgegeben, sondern gleich eine Einzahlung auf das Konto vorgenommen.

```
' Bsp1070.vb

Option Explicit On
Option Strict On

Imports System

Public Class Konto                                          '(1)

    Private Stand As Decimal
    Private Inhaber As String
    Private Minimum As Decimal = 100D

    Public ReadOnly Property Saldo() As Decimal
       Get
          Return Stand
       End Get
    End Property

    Public Sub New(ByVal inhaber As String, _
     ByVal betrag As Decimal)
       Me.Inhaber = inhaber
       Stand = betrag
    End Sub

    Public Sub Einzahlen(ByVal betrag As Decimal)
       Stand += betrag
    End Sub
```

```
    Public Sub Auszahlen(ByVal betrag As Decimal)
        If Stand >= betrag Then Stand -= betrag
        If Stand <= Minimum Then
            RaiseEvent SaldoWarnung(Me, _
             EventArgs.Empty)                                '(2)
        End If
    End Sub

    Public Event SaldoWarnung As EventHandler                '(3)

End Class

Public Class Kunde                                           '(4)

    Public Sub Reaktion(ByVal k As Object, _
     ByVal e As EventArgs)                                   '(5)
        Dim Giro As Konto = CType(k, Konto)                  '(6)
        Giro.Einzahlen(1000D)                                '(7)
    End Sub

End Class

'Public Delegate Sub Zahlung()                               '(8)

Public Module Bsp1070
    Public Sub Main()
        Dim K As New Kunde
        Dim Giro As New Konto("Schulze", 3000D)
        AddHandler Giro.SaldoWarnung, _
         AddressOf K.Reaktion                                '(9)
        Giro.Auszahlen(2000D)
        Console.WriteLine(giro.Saldo)
        Giro.Auszahlen(500D)
        Console.WriteLine(giro.Saldo)
        Giro.Auszahlen(430D)
        Console.WriteLine(giro.Saldo)
        Giro.Auszahlen(50D)
        Console.WriteLine(giro.Saldo)
    End Sub
End Module
```

Mit diesen Veränderungen sieht die Programmausgabe dann folgendermaßen aus:

```
1000
500
1070
1020
```

(1) Die Änderung bezieht sich zunächst auf die Klasse *Konto*, die ja das Ereignis definiert und auslöst.

(2) Wenn das Ereignis ausgelöst wird, müssen die geforderten Parameter übergeben werden. Für das auslösende Objekt wird *Me* übergeben, also eine Referenz auf das Objekt selbst. Für den zweiten Parameter wird ein leeres *Shared*-Objekt der Klasse *EventArgs* übergeben.

(3) Bei der Definition des Ereignisses muss nun als Typ *EventHandler* angegeben werden.

(4) Jede Klasse, die auf dieses Ereignis reagieren will, muss sich an die von *EventHandler* festgelegte Signatur für die Methoden halten.

(5) Deshalb muss auch *Reaktion* die entsprechenden Parameter übernehmen. Diese Methode definiert die eigentliche Ereignisbehandlung und wird deshalb auch als *Eventhandler* bezeichnet.

(6) Wenn das Ereignis erzeugt wird, bekommt der Delegierer als erstes Objekt das auslösende Objekt des Typs *Konto* übergeben. Der Parameter ist aber vom Typ *Object*. Deshalb muss zunächst eine Typumwandlung erfolgen.

(7) Dadurch, dass der Ereignishandler über den Parameter hier auf das auslösende Objekt zugreifen kann, besteht die Möglichkeit, sofort durch eine Einzahlung zu reagieren.

(8) Jetzt muss kein eigener Delegierertyp mehr definiert werden. Daher ist die Anweisung überflüssig geworden. Sie kann daher gelöscht oder – wie hier – auskommentiert werden.

(9) Der Ereignishandler wird durch die gleiche Anweisung dem Ereignis hinzugefügt. Hier ist keine Änderung notwendig.

10.4 Zusammenfassung

- Durch *Delegate* werden Delegierer definiert. Dabei handelt es sich um implizite Ableitungen von *Delegate*, deren Objekte Methoden der gleichen Signatur verkapseln können.

- Delegierer ermöglichen einen «anonymen» Aufruf von Methoden der gleichen Signatur, egal ob es sich um Instanz- oder Klassenmethoden handelt.
- So genannte Multicast-Delegierer können miteinander kombiniert werden. Sie arbeiten immer ohne Rückgabe.
- Durch *Event* wird ein Ereignistyp definiert. Dahinter verbirgt sich ein vordefiniertes Objekt eines Multicast-Delegierers.
- Statt eigene Delegierer für Ereignistypen zu definieren, sollte der vorgegebene Delegierer *EventHandler* benutzt werden.
- *EventHandler* definiert zwei Parameter: das auslösende Objekt vom Typ *Object* und ein Objekt mit Zusatzinformationen vom Typ *EventArgs*.

10.5 Übung

Aufgabe 22

Ergänzen Sie *Bspl070* um eine Klasse *Bank*, die ebenfalls eine Methode definiert, die auf ein Ereignis *SaldoWarnung* reagiert. Diese Methode soll eine Meldung der Form *Konto von Schulze kurz vor Unterdeckung!* ausgeben.
Beide Klassen, *Kunde* und *Bank*, sollen in *Main* auf das Ereignis reagieren.

11 Grafische Oberflächen

In den bisherigen Kapiteln haben Sie die Grundlagen der Sprache VB kennen gelernt. Mit den darin erworbenen Kenntnissen ist es bereits möglich, umfangreichere Konsolenanwendungen mit Benutzerdialogen zu schreiben. Dieses Kapitel soll nun erläutern, wie Programme mit grafischen Oberflächen, also Windowsprogramme, erstellt werden.

Die Programmierung grafischer Oberflächen bedeutet in erster Linie, die erlernten Techniken, wie Klassendefinition, Klassenableitungen, Handlerfunktionen schreiben usw., anzuwenden. Dies kann man wie gehabt durch direktes Eingeben des entsprechenden Codes erledigen. Die Entwicklungsumgebung von VB ermöglicht aber auch eine Arbeitsweise, die eine Kombination aus «Zeichnen» und Codieren darstellt. Dazu bietet die Entwicklungsumgebung Designassistenten, grafische Bausteine und eine vorgefertigte Architektur an. Das .NET-Framework stellt mit seiner großen Klassenbibliothek einen Baukasten zur Verfügung, aus dessen Elementen dann die gewünschte Anwendung zusammengebaut werden kann. Werden Assistenten eingesetzt, so erstellen diese den Code nach einer Standardarchitektur, die ihnen eine flexible Bearbeitung und Analyse erlaubt. Außerdem schreiben sie zusätzlichen Code, der ausschließlich für sie selbst bestimmt und nicht zwingend für die Anwendung notwendig ist. Diesen Code brauchen sie beispielsweise, um zur Entwicklungszeit die spätere Darstellung der Oberfläche im Designer anzuzeigen oder sich selbst im Code zu orientieren.

Zu Beginn der Programmierung eines Windows-Programms sollte man sich daher für eine Arbeitstechnik entscheiden. Ein Wechsel von der rein manuellen Technik zur Arbeit mit den Assistenten der IDE ist nämlich später im Projekt meistens nicht möglich, es sei denn man kennt ihre Standardarchitektur und verfasst das Programm entsprechend, inklusive des «Privatcodes» der Assistenztools. Dieses Kapitel erläutert daher die grundsätzliche Arbeit mit der IDE bei der Windows-Programmierung.

11.1 Projekteinstellungen

Als Erstes gilt es, bei der Entwicklung von grafischen Anwendungen besondere Projekt- bzw. Compilereinstellungen zu berücksichtigen. Dazu muss zunächst ein Projekt erstellt werden:

Datei/Neu/Projekt

Um ein Windows-Projekt anzulegen, fährt man dann folgendermaßen fort:

1. Unter *Projekttypen* wird wieder *Visual-Basic-Projekte* ausgewählt.
2. Aus den Vorlagen wird jetzt *Windows-Anwendung* ausgewählt.
3. Unter *Name* wird wieder ein selbst gewählter Projektname eingetippt, zum Beispiel *WBspl01*.
4. Unter *Speicherort* wird wie gewohnt ein Ordner eingetragen oder über die Schaltfläche *Durchsuchen* ausgewählt, der alle Projektdateien und -informationen aufnehmen soll.
5. Nach abschließender Kontrolle der Eingaben wird das Dialogfeld über <*OK*> geschlossen.

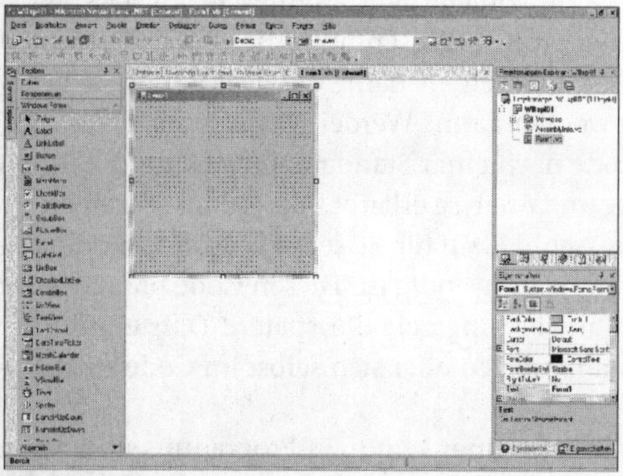

Danach ist das Projekt angelegt, und alle Einstellungen für die korrekte Kompilierung einer Windows-Anwendung sind festgelegt. Gleichzeitig ist auch bereits die Entwurfsansicht für ein Anwendungsfenster geöffnet worden, wie die vorstehende Abbildung zeigt. Links daneben befindet sich in der Toolbox ein umfangreicher Baukasten mit grafischen Programmelementen. Auch der zugehörige Rumpfcode wurde bereits erzeugt. Dieser kann über die Kontextmenüs des Entwurfsformulars, der Datei im *Projektmappen-Explorer* oder durch *Ansicht/Code* bzw. <F7> geöffnet werden und sieht dann so aus:

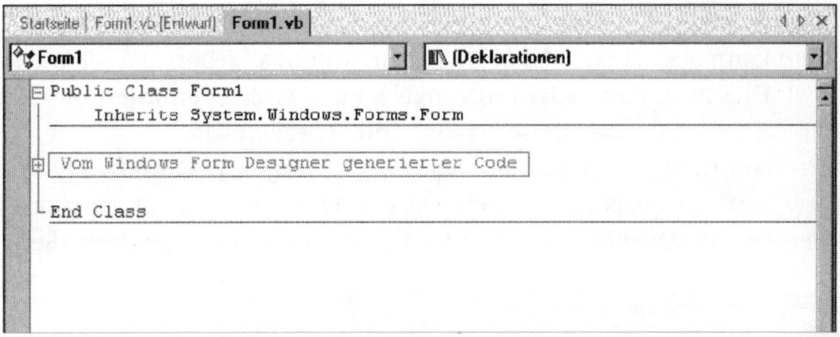

Wie man sieht, besteht er aus einer Klassendefinition, die von *System.Windows.Forms.Form* abgeleitet wird. Der hier angegebene Namensraum *System.Windows.Forms* enthält die Klassen für Windows-Anwendungen, und die Klasse *Form* ist die Basisklasse für alle Anwendungsfenster. Der meiste Code ist jedoch ausgeblendet und wird durch Anklicken des Pluszeichens sichtbar gemacht und entsprechend über das Minuszeichen wieder ausgeblendet.

> *Achtung*:
> Änderungen an diesem Code können die Unterstützung durch den Designer beeinträchtigen oder sogar unmöglich machen.

11.1.1 Mit der IDE kompilieren

Der erzeugte Rumpfcode reicht bereits vollständig aus, um die Anwendung zu starten, obwohl keine Funktion *Main* definiert ist. Dazu muss nur die Klasse des Anwendungsfensters als *Startobjekt* festgelegt sein. Um dies zu kontrollieren bzw. festzulegen, müssen Sie daher:

1. mit der rechten Maustaste im *Projektmappen-Explorer* das Projekt anklicken
2. aus dem Menü den Befehl *Eigenschaften* anklicken.

Beachten Sie zunächst, dass hier unter *Allgemeine Eigenschaften/Allgemein* bei *Ausgabetyp* jetzt *Windows-Anwendung* steht. Windows-Pro-

gramme müssen vom Compiler nämlich anders übersetzt werden als Konsolenanwendungen. Wichtig ist hier aber wieder die Angabe zu *Startobjekt*. Sie muss mit dem Namen der Klasse übereinstimmen, die das Anwendungsfenster definiert, also auf *Form1* bzw. den Namen lauten, in den Sie die Klasse eventuell umbenannt haben.
Man kann aber auch *Sub Main* bzw. ein Modul angeben, das *Main* enthält. Dies muss dann allerdings angelegt und so programmiert werden, dass eine Instanz der Klasse erzeugt und angezeigt wird.
Mit dem richtigen Startobjekt kann die Anwendung dann bereits wie gewohnt, beispielsweise durch <Strg>+<F5>, übersetzt und gestartet werden. Die Anwendung präsentiert sich dann etwa folgendermaßen:

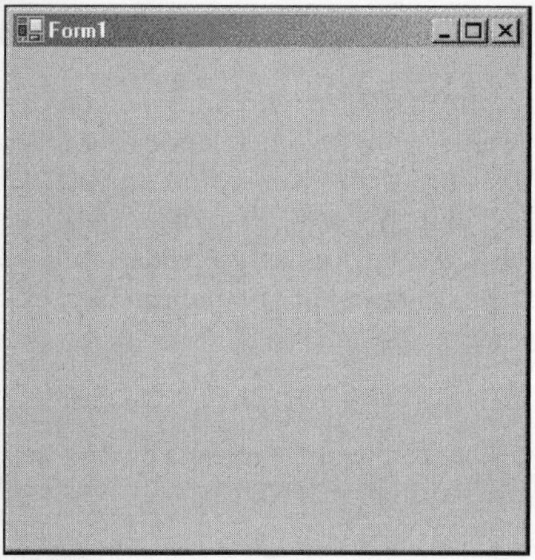

Systemmenü, Titel und Kontrollschaltflächen sind bereits vorhanden und voll funktionsfähig, denn dies wurde schon durch die Basisklasse *Form* festgelegt.

11.1.2 Im Kommandomodus kompilieren

Auch im Kommandomodus lässt sich die Anwendung wieder übersetzen. Hier müssen jedoch nun weitere Compileroptionen im Aufruf festgelegt werden.
Zunächst muss der Compiler wissen, dass er den Code für eine Windows-Anwendung erstellen muss. Dies wird durch die Target-Option */target:winexe* oder kurz */t:winexe* festgelegt.

Zusätzlich wird ihm der Name des Startformulars über die *Main*-Option in der Form */main:Form1* oder kurz */m:Form1* bzw. mit entsprechendem Namen mitgeteilt.

Des Weiteren benötigt er jetzt die Namen der Bibliotheksdateien, die den Code der .NET-Klassen enthalten. Sie lauten in der Regel so wie der jeweilige Namensraum mit dem Zusatz *.dll.* Angegeben werden sie durch die Referenz-Option. Dieser Schalter heißt */reference* bzw. */r.* Da hier nur Klassen der Namensräume *System* und *System.Windows.Forms* benutzt werden, reicht */r:System.dll, System.Windows.Forms.dll.* als Angabe aus.

Der gesamte Befehl lautet für den Compiler also:

```
vbc /r:system.dll,system.windows.forms.dll /m:Form1/t:winexe
Form1.vb
```

bzw. mit den Versionsinformationen aus *AssemblyInfo.vb* (siehe Kapitel 2.1.2):

```
vbc /r:System.dll,system.windows.forms.dll /m:Form1/t:winexe
Form1.vb AssemblyInfo.vb
```

Dieses Kommando muss natürlich als eine einzige Befehlszeile angegeben werden.

Achten Sie immer darauf, mit /r auch alle Bibliotheksdateien anzugeben, wenn weitere Namensräume im Spiel sind.

> *Hinweis*:
> Wenn Ressourcen wie Icons oder Cursor benutzt werden, müssen weitere Compilerschalter angegeben werden. Außerdem benötigt der Compiler dann eine Ressourcendatei im binären Format, sodass die Übersetzung im Kommandomodus recht aufwendig und daher nicht mehr zu empfehlen ist.

11.2 Ressourcen anlegen

Windows-Programme können unter anderem Grafiken, Texte und akustische Signale verwenden, die nicht im Programmcode enthalten sind, sondern als separate Dateien vorliegen. Derartige Programmbestandteile werden als Ressourcen bezeichnet. Zu den wichtigsten dieser

Ressourcen gehören die Icons, die eine Anwendung in der Titelleiste und im Windows-Explorer bzw. Arbeitsplatz benutzt, die Cursor-Symbole für die verschiedensten Aktionen sowie Bilddateien. Da diese das Erscheinungsbild einer Anwendung sehr stark prägen, ist es hilfreich, sich zu Beginn zuerst über deren Design Gedanken zu machen und sie auch anzulegen.

Wenn Ressourcen angelegt werden, speichert die Entwicklungsumgebung Informationen darüber in einer zusätzlichen Datei, deren Name dem Projektnamen mit der Endung *.resx* entspricht. Diese Datei hat ein XML-Format und muss vor der Übersetzung durch den Compiler in eine binäre Form gebracht werden. Dazu dient der Ressourcen-Generator *resgen*. Über die Entwicklungsumgebung geschieht dies beim Kompilieren automatisch, im Kommandomodus muss man dies jedoch als separate Anweisung vor dem Compiler aufrufen. Dies bringt aber keine wesentliche Vorteile mehr. Deshalb soll diese Arbeitsweise hier auch nicht weiter beschrieben werden.

Dieses Kapitel erläutert die Bedienung der Designtools für Icons, Cursor und Bilddateien im Bitmap-Format.

11.2.1 Icon

Unter Icons versteht man kleine Bilddateien, die von Windows-Anwendungen als Symbole für das Programm selbst oder für einzelne Programmbestandteile verwendet werden. Dabei handelt es sich nicht einfach um irgendwelche Bilder, sondern um Grafiken mit genau festgelegten Eigenschaften, was beispielsweise ihre Größe und Farbanzahl betrifft.

Um Icons zu erstellen, benötigt man einen Editor, der dieses Format mit der Dateiendung *.ico* unterstützt. Der eingebaute Editor von VB kann über das Kontextmenü des Projektes mithilfe des Befehls *Hinzufügen/Neues Element* oder über den Menübefehl *Projekt/Neues Element hinzufügen* und Auswahl der Vorlage *Symboldatei* geöffnet werden. Als Namen geben Sie beispielsweise den Projektnamen *WBspl01.ico* an.

Daraufhin startet der Editor mit einem leeren Standard-Icon in der Größe 32 x 32 Bildpunkte (Pixel) und einer Auswahl von 16 Farben, wie im folgenden Bild zu sehen ist.

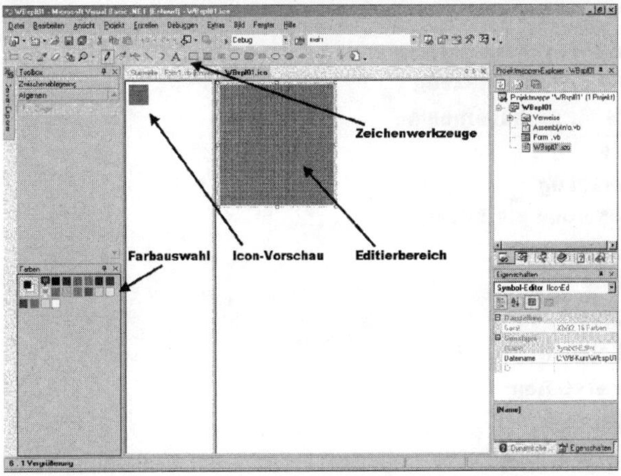

Aus der Symbolleiste für *Zeichenwerkzeuge* kann man das gewünschte Zeichentool für freihändiges Malen, Zeichnen geometrischer Figuren oder Texten auswählen. Die Bedeutung der jeweiligen Schaltflächen stellt die Abbildung auf der nächsten Seite dar. Varianten des gewählten Werkzeugs werden über die Schaltfläche *Opt* angeboten.
Aus der *Farbauswahl* kann man durch Anklicken sowohl Vordergrund- (linke Maustaste) als auch Hintergrundfarbe (rechte Maustaste) für das aktuelle Werkzeug festlegen.
Während der Bearbeitung des Icons kann die spätere Darstellung in Originalgröße in der Icon-Vorschau betrachtet werden.

Als Beispiel soll einmal folgendes Icon erstellt werden:

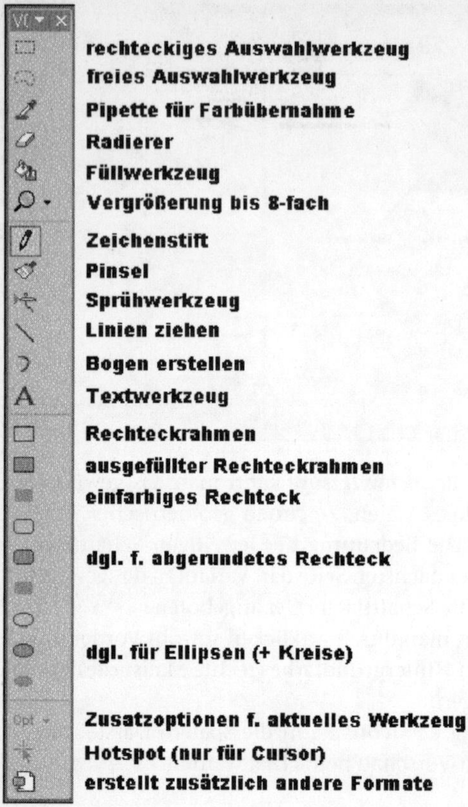

Dazu gehen Sie folgendermaßen vor:

1. Als Werkzeug wird die *ausgefüllte Ellipse mit Rand* ausgewählt.
2. In der Farbauswahl wird mit der linken Maustaste Gelb angeklickt und damit zur Vordergrundfarbe. Die Hintergrundfarbe wird über die rechte Maustaste als Blau festgelegt.
3. Bei gedrückter Umschalttaste wird nun von einem beliebigen Punkt in der Nähe der linken oberen Ecke nach rechts unten gezogen. Damit ist der Kopf fertig.
4. Jetzt wird der *Pinsel* mit der Zusatzoption *mittelgroßer Kreis* für die Augen gewählt.
5. Als Vordergrundfarbe wird schwarz eingestellt.

6. Für jedes Auge reicht nun ein Klick an die gewünschte Stelle.
7. Nun wird das *Bogen*-Werkzeug mit der Option *kleiner Kreis* benutzt.
8. Für die Vordergrundfarbe wird Rot eingesetzt.
9. Nun wird zuerst eine gerade Linie vom linken zum rechten Mundwinkel gezogen und die Maustaste dann losgelassen. Die Linie folgt danach jeder Mausbewegung.
10. Nun wird der Mund in der Mitte nach unten gezogen und mit einem Doppelklick fertig gestellt.

Zusätzliche Formate

Damit Icons auf den unterschiedlichsten Monitoren optimal dargestellt werden können, kann man über die letzte Schaltfläche der Symbolleiste weitere Iconformate erstellen. Es werden dabei über ein Dialogfeld schwarzweiße (Monochrom) oder bunte Icons in 16 oder 256 verschiedenen Farben und in Größen von 16 x 16 bis 96 x 96 Punkten angeboten. Bereits erstellte Formate sind darin nicht mehr enthalten. Diese anderen Formate sind beispielsweise vorteilhafter, wenn die Monitore mit einer anderen Auflösung arbeiten. Diese verschiedenen Typen werden alle in ein und derselben Datei gespeichert. Deshalb sollten die Icons auch gleich aussehen. Erstellen Sie daher neue Icons immer als neues Projektelement und nicht als neuen Typ!
Die verschiedenen Bildtypen kann man sich dann über den Menübefehl *Bild/Aktuelle Symbolbildtypen* einzeln anzeigen lassen und bearbeiten. Das Menü *Bild* enthält übrigens auch weitere nützliche Befehle zur Manipulation eines Bildes wie Farbumkehr, Kippen, Drehen usw.

11.2.2 Cursor

Der Cursor, den eine Anwendung jeweils verwendet, sollte durch sein Aussehen intuitiv auf die Art der damit verbundenen Mausaktionen schließen lassen. Daher benötigen Anwendungen wie Malprogramme oft eine Vielzahl verschiedener Cursor. Die Windows-Standardcursor müssen nun nicht jedes Mal selbst erstellt werden. Sie sind immer verfügbar. Nur individuelle Cursor wird man selbst erstellen.
Ein neuer Cursor wird ebenfalls mit einem besonderen Editor erstellt, denn er muss dieses spezielle Grafikformat mit der Dateiendung *.cur* unterstützen. Mithilfe des Editors der Entwicklungsumgebung ist das natürlich möglich. Er wird wieder über beispielsweise *Projekt/Neues*

Element hinzufügen aufgerufen, wobei dieses Mal aber als Vorlage *Cursordatei* benutzt wird.
Der Editor startet dann mit der gleichen Oberfläche wie in Kapitel 11.2.1 bereits dargestellt. Als Standardtyp für einen Cursor hat er ein monochromes Bild aus 32 x 32 Pixel erstellt.
Hier können Sie mithilfe der Werkzeuge einen Cursor Ihrer Wahl zeichnen oder den folgenden nachmalen.

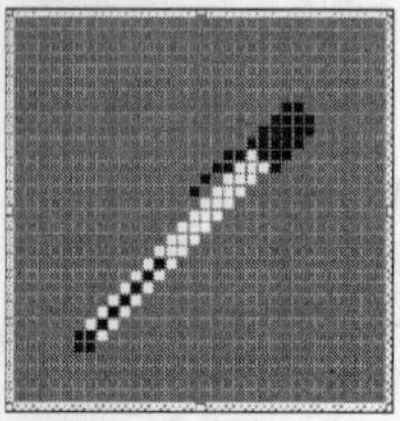

Hotspot

Ein wichtiger Punkt ist bei Cursorn der so genannte *Hotspot*. Dieser «heiße Punkt» ist der Bildpunkt des Cursors, dessen Koordinaten beispielsweise angezeigt werden und der sich beim Klicken über einer sensitiven Stelle, wie zum Beispiel einer Schaltfläche, befinden muss. Dieser muss bei Cursorn jedes Mal festgelegt werden, wobei man immer den Punkt auswählen sollte, den der Anwender auch intuitiv als solchen empfindet. So ist bei einem Pfeil und einem Stift eben die Spitze der Hotspot und bei einer Lupe der Mittelpunkt des Lupenglases und nicht etwa der Schaft oder Griff.
So wird der Hotspot definiert:
Wählen Sie aus der Editor-Symbolleiste die zweitletzte Schaltfläche *Hotspot festlegen*. Klicken Sie dann den gewünschten Punkt an, beispielsweise im obigen Bild die Spitze. Achten Sie darauf, dass sich die Spitze genau im Fadenkreuz befindet, wenn Sie klicken. Dies ist nämlich der Hotspot dieses Cursors. Wenn es beim ersten Mal nicht sofort klappt, dann macht das auch nichts, denn dieser Vorgang kann beliebig wiederholt werden. Da es nur einen Hotspot gibt, gilt immer die letzte Definition.

11.2.3 Bitmap

Alle anderen Bilder und Grafiken, die ein Programm als Bestandteil seiner Oberfläche verwenden soll, werden als Bitmap angelegt. Dieses For-

mat wird von allen gängigen Grafikprogrammen unterstützt. Im der Entwicklungsumgebung wird der Bitmap-Editor auch wieder über *Projekt/Neues Element hinzufügen* aufgerufen. Die Vorlage heißt jetzt aber *Bitmapdatei*.
Für diese Bilder gibt es nun keine verschiedenen Bildtypen, denn es kann nur eine Grafik pro Datei gespeichert werden. Wenn hier die Größe oder die Farbvielfalt verändert werden muss, dann muss dies über die Eigenschaften geschehen. In diesem Fenster, meistens unten rechts, kann unter Farben zwischen Monochrom, 16 und 256 Farben und *True Color* für Fotos gewählt werden. Ebenfalls lässt sich hier die gewünschte Bildbreite und -höhe in Pixel exakt festlegen.

11.3 Fenstereigenschaften

Die Klasse *Form* ist die Basisklasse für alle Anwendungsfenster. Sie implementiert die Standardfunktionalität, und dadurch, dass hier *Form1* von ihr abgeleitet wird, kann dieses Formular bereits als zwar recht einfache, aber dennoch vollwertige Anwendung ausgeführt werden. Viele ihrer Funktionsmerkmale sind als Eigenschaften der Basisklasse definiert worden, sodass sie einfach über neue Wertzuweisungen verändert werden können. Die wichtigsten dieser Eigenschaften werden im Folgenden angepasst.

> *Tipp*:
> Um die jeweilige Eigenschaft im Eigenschaftenfenster schneller zu finden, empfiehlt es sich, sie über die *A-Z*-Schaltfläche alphabetisch zu sortieren.

Namen

Für Klassen und Instanzen generiert VB automatisch Namen nach dem Muster *Klassenname1, Klassenname2* usw. Diese Namen sind für Programmierer schwer einzuprägen bzw. auseinander zu halten , daher sollten sie unbedingt stets sofort nach dem Anlegen bzw. Einfügen geändert werden. Die entsprechende Eigenschaft heißt *Name*. Hier können Sie direkt einen neuen eintippen, beispielsweise *Bspl01*. Im Code führt dies dann dazu, dass die abgeleitete Klasse für dieses Formular einen neuen Klassennamen erhält. Deshalb muss danach unbedingt das Startobjekt in den Eigenschaftenseiten des Projektes angepasst werden! Bei anderen Elementen, wie z. B. Schaltflächen eines Dialogformulars, beeinflusst die Eigenschaft *Name* den Namen der Objektvariablen.

Titelleiste

Das Erscheinungsbild der Titelleiste kann ebenfalls über *Eigenschaften* eingestellt werden. Dazu gehören Icon mit Systemmenü, Titeltext sowie Schaltflächen für Symbol- und Maximalgröße.

Das Icon wird über die gleichnamige Eigenschaft zugeordnet. Wenn sie angeklickt wird, erscheint daneben eine Schaltfläche mit drei Punkten. Derartige Schaltflächen öffnen zugeordnete «Editoren». In diesem Fall wird darüber ein Dateidialog geöffnet, sodass man die gewünschte Icon-Datei auswählen kann. In diesem Fall öffnen Sie darüber das selbst erstellte Icon *WBspl01.ico*.

Der Text der Titelleiste ist in der Eigenschaft *Text* enthalten. Hier können Sie beispielsweise *Mini* eintragen. Grundsätzlich beeinflusst diese Eigenschaft die Beschriftung eines Objektes. Wo diese steht und wie sie aussehen kann, ist jedoch von Fall zu Fall verschieden. Bei Formularen ist es eben der Titelleistentext, bei Schaltflächen deren Beschriftung und bei Objekten der Klassen *CheckBox* und *RadioButton* ist es der daneben stehende Text.

Über die Eigenschaft *ControlBox* kann mittels *False* das Systemmenü samt Icon sowie die Systemschaltflächen komplett ausgeblendet und durch den Wert *True* eingeblendet werden.

Die beiden Systemschaltflächen für Symbol- und Maximalgröße können aber auch separat über die beiden Eigenschaften *MinimizeBox* und *MaximizeBox* durch einen logischen Wert sichtbar oder unsichtbar gemacht werden.

Fensterverhalten

Die Standardfenstergröße sowie die Position und Größe beim Start können ebenfalls über die Eigenschaften mit sinnvollen Angaben versehen werden.

Um die normale Fenstergröße zu verändern, kann man zwischen zwei Methoden wählen. Entweder zieht man mit der Maus einfach die rechte und untere Seite auf die gewünschte Breite und Höhe, oder man gibt die bekannten Längenangaben in Pixel unter *Size* ein. Dazu muss diese Eigenschaft über das Pluszeichen erst erweitert werden. Dann sind die Untereigenschaften *Width* und *Height* zugänglich, und die gewünschten Maße können eingetragen werden.

Art, Aussehen und Verhalten des Fensterrahmens werden als Fensterstil bezeichnet. Er kann über die Eigenschaft *FormBorderStyle* festgelegt werden. Ihr ist eine Auswahlliste zugeordnet, die die möglichen Varianten anbietet. Als Vorgabe ist *Sizable* eingestellt. Solche Fenster haben einen dünnen Rahmen, der sich mit der Maus in der Größe verändern lässt. Wird *None* gewählt, dann fehlen Rahmen und Titelleiste samt Systembefehlen. Derartige Formulare können daher nicht vom Anwender geschlossen werden und werden meistens für Startmeldungen benutzt. *FixedSingle* führt zu einer Darstellung wie *Sizable,* lässt sich aber nicht in der Größe ändern. Das Gleiche gilt für *FixedDialog,* nur ist der Rahmen hier etwas breiter. Bei *Fixed3D* sieht der Rahmen erhaben und die Fensterinnenfläche tiefer gelegt aus. Außerdem gibt es mit *Fixed ToolWindow* und *Sizable ToolWindow* noch Werkzeugfenster mit fester und veränderlicher Größe. Bei diesen Fenstern fehlen Icon samt Systemmenü sowie die Minimal- und Maximalschaltflächen. Außerdem ist die Titelleiste etwas dünner.

Wo sich das Fenster nach dem Start befindet und in welcher Größe es dann tatsächlich dargestellt wird, steuern die Eigenschaften *StartPosition, Location* und *WindowState.*

Für *StartPosition* werden wieder verschiedene Möglichkeiten über eine Auswahlliste angeboten. Die Vorgabe lautete *WindowsDefaultLocation* und bedeutet, dass das Fenster in der eingestellten Größe an der Windows-Standardposition erscheint. Das ist irgendwo links oben am Bildschirm. *WindowsDefaultBounds* startet die Anwendung in einer Windows-Standardgröße an der Standardposition. Das führt zu einem Fenster, das etwa zwei Drittel des Bildschirms ausfüllt und irgendwo links oben positioniert wird. *CenterScreen* benutzt wieder die eingestellte Größe und zentriert das Formular auf dem Bildschirm. *CenterParent* ist nur für untergeordnete Fenster wie Dialoge interessant und zentriert sie in Bezug zum übergeordneten Formular. Bei *Manual* werden dann die Einstellungen der Eigenschaft *Location* benutzt. Hier kann man unter *X* und *Y* die Koordinaten des linken oberen Eckpunktes festlegen.

Die Eigenschaft *WindowState* kann die gerade beschriebenen Einstellungen übersteuern. Nur wenn hier *Normal* eingestellt ist, wird das Fenster nämlich in Fenstergröße gestartet, und dann wird *StartPosition* und gegebenenfalls *Location* ausgewertet. Wird hier jedoch *Maximized* gewählt, füllt das Fenster nach dem Start den gesamten Bildschirm aus, während es bei *Minimized* nur in der Taskleiste zu finden ist.

Abschließend soll der Anwendung noch ein Standard-Cursor zugeordnet werden. Auch hier bestehen zwei Möglichkeiten. Entweder wählt man in der Eigenschaft *Cursor* aus der Auswahlliste einen der Standard-Cursor von Windows aus, die hier auch gleich in ihrem Erscheinungsbild angezeigt werden, oder man legt einen selbst gefertigten fest. Dazu muss nun Code eingefügt werden. Um hier den vorher erstellten Cursor *WBspl01.cur* zu benutzen, öffnen Sie zuerst die Codeansicht des Formulars beispielsweise über <F7> und blenden dann den Code ein. Damit der Cursor gleich nach dem Start bereits benutzt wird, muss der Code natürlich im Konstruktor der Klasse stehen.

```
Public Sub New()
    MyBase.New()

    ' Dieser Aufruf ist für den Windows Form-...
    InitializeComponent()

    ' Initialisierungen nach dem Aufruf ...
    Me.Cursor = New System.Windows.Forms.Cursor( _
     "C:\vb-kurs\wbspl01\WBspl01.cur")

End Sub
```

Der Eigenschaft *Cursor* der Klasse wird hier ein neues Cursor-Objekt zugewiesen. Als Parameter erhält der Konstruktor der Klasse *Cursor* den Namen der Cursordatei. Sinnvollerweise wird der komplette Pfad angegeben, der bei Ihnen natürlich anders aussehen wird.

Noch ein paar Worte zu dem restlichen Code des Formular-Konstruktors:

Zunächst wird hier der Basiskonstruktor aufgerufen. Dadurch wird sichergestellt, dass auch alle ererbten Eigenschaften vernünftig initialisiert sind. Der folgende Aufruf von *InitializeComponent* ruft eine Prozedur auf, in die der Designer alle generierten Anweisungen für das Formular schreibt. Hier wird übrigens der Eigenschaft *Cursor* ein Wert zugewiesen, wenn man sie in den Eigenschaften des Designers einträgt. Auch alle anderen gerade durchgeführten Änderungen sind hier als Code wiederzufinden.

Farben

Das farbliche Erscheinungsbild wird bei Windows-Anwendungen größtenteils über die *Systemeinstellungen* gesteuert. Hier kann der Anwender seine eigenen Wünsche realisieren. Man kann aber auch ganz bestimmte Farben für den Fensterhintergrund und die im Fenster eventuell vorhandene Schrift festlegen.

Durch *BackColor* wird die Farbe des Fensterhintergrundes gesteuert. Über die zugehörige Auswahlliste hat man die Möglichkeit, über die Reiterschaltflächen aus Standardfarben, den Standardfarben der Browser und den Einstellungen der Systemsteuerung zu wählen. Bei Letzterer wird die Hintergrundfarbe einem der Farbelemente der Windows-Darstellung zugeordnet, sodass sie sich immer ändert, wenn der Anwender diese Einstellung manipuliert. Die Vorgabe lautet hier *Control,* was dem Hintergrund von 3D-Objekten entspricht. Hier kann beispielsweise auch *Window* sinnvoll sein, was der Fensterhintergrundfarbe der Systemsteuerung gleichkommt.

Statt einer Farbe kann auch ein Bild als Hintergrund benutzt werden. Dies wird über *BackgroundImage* festgelegt. Kleine Bilder werden dabei gekachelt angezeigt. Soll ein Bild wieder entfernt werden, dann kann man im Kontextmenü der Eigenschaft über *Zurücksetzen* wieder die Standardvorgabe einstellen.

Die Eigenschaft *ForeColor* legt die Vordergrundfarbe, also beispielsweise die Farbe des Textes innerhalb des Fensters fest. Die Einstellmöglichkeiten sind die gleichen wie bei *BackColor.* Die Vorgabe lautet *ControlText,* was der Beschriftung beispielsweise auf Schaltflächen entspricht. Für Anwendungsfenster kann hier auch *WindowsText* sinnvoll sein, was in der Systemsteuerung mit dem Fenstertext übereinstimmt.

Schriftart

Soll im Fenster Text dargestellt werden, dann wird seine Schriftart ebenfalls als Eigenschaft festgesetzt. Sie heißt *Font* und verfügt über einige Untereigenschaften, die alle Schriftmerkmale einzeln bestimmen. Dazu gehört die Schriftart, ihre Größe sowie die Stilmerkmale Fett, Kursiv, Unterstrichen und Durchgestrichen. Man kann hier entweder über *Font* im Schriftartendialog alles oder über die Untereigenschaften einzelne Merkmale definieren.

11.4 Menüs anlegen

Jede Anwendung braucht Steuerelemente, die es dem Anwender ermöglichen, das Programm zu bedienen. Eines der wichtigsten sind wohl die Menüleisten mit den Menüs. Auch dieses kleine Beispiel soll einige wenige Menüs mit Befehlen enthalten. Statt sie mühsam per Hand zu kodieren, kann man sie mithilfe des Editors direkt aufbauen, wobei man sofort kontrollieren kann, wie das Ganze später aussieht.

11.4.1 Menüs definieren

Als Erstes benötigt man den passenden Baustein für die Menüleiste. Mit Baustein ist natürlich ein Objekt der Klasse gemeint, die die Grundfunktionalität bereitstellt. Diese Klasse heißt *System.Windows.Forms. MainMenu* und wird in der Toolbox unter *Windows Forms* angeboten. Klicken Sie nun auf das Symbol *MainMenu* in der Toolbox und anschließend auf das Formular im Designer! Danach erkennen Sie eine leere Menüleiste unterhalb der Titelleiste und einen separaten Bereich unterhalb des Formulars, in dem sich eine Symbol mit der Bezeichnung *MainMenu1* befindet.

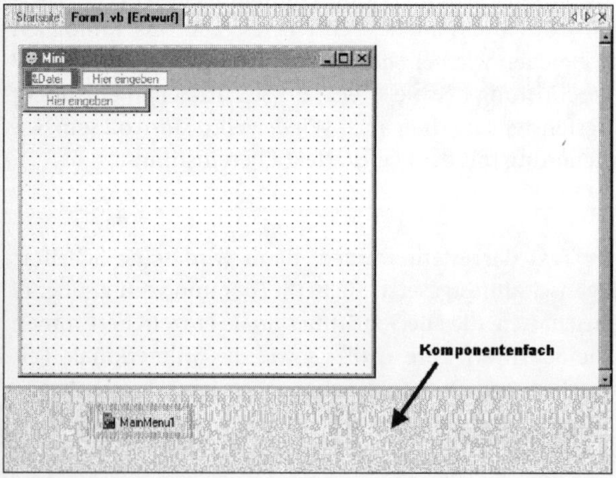

Dieser Bereich wird auch Komponentenfach genannt und nimmt Bausteine auf, die nicht direkt im Fenster markiert werden können oder

dort nicht sichtbar sind. Man kann sie auswählen und dann im Eigenschaftenfenster ihre Eigenschaften bearbeiten.
Jetzt kann die Menüleiste aufgebaut werden. Es soll aus den drei Menüs *Datei, Option* und *Hilfe* bestehen, die wenigstens einen Befehl und die häufig vorzufindende Trennlinie enthalten. Es soll zunächst etwa so aussehen:

Datei	Option	Hilfe
Öffnen	Farbe ...	Info über ...
Schließen		

Beenden		

Über die unterstrichenen Buchstaben soll später auch in Verbindung mit der <Alt>-Taste der Zugriff per Tastatur möglich sein, sodass beispielsweise mit <Alt>+<D> das Dateimenü geöffnet wird.
Rufen Befehle Dialogfenster auf, dann wird dies im Menü meistens durch die Fortsetzungszeichen (...) gekennzeichnet. An diese allgemeine Konvention halten wir uns hier auch.
Zum Erstellen klicken Sie jetzt einfach auf das helle Feld mit dem Text *Hier eingeben*. Es ist ein Eingabefeld für den Menü- bzw. Befehlstext. Geben Sie hier *&Datei* ein und schließen Sie mit <Return> ab. Danach wird *Datei* mit unterstrichenem D angezeigt, und es befinden sich zwei neue Eingabefelder rechts daneben und darunter. Durch das Zeichen & vor einem Buchstaben wird dieser also unterstrichen. Darüber hinaus wird er aber zur Laufzeit auch zur Zugriffstaste. Auf diese Weise geben Sie einfach die weiteren Menüs und Befehle ein.
Eine Trennlinie wird über das Kontextmenü erzeugt. Klicken Sie dazu mit der rechten Taste auf das leere Feld bzw. auf den Befehl, vor den die Trennlinie gezogen werden soll, und wählen Sie dann *Trennzeichen einfügen*.
Über dieses Kontextmenü können Sie auch Befehle vor und Menüs links von anderen einfügen. Änderungen an der Reihenfolge lassen sich einfach durch Ziehen mit der Maus erledigen.
Nachdem die Menüleiste nun aufgebaut worden ist, sollten weitere Details wie Objektnamen im Code, Abkürzungstasten, Status usw. für die einzelnen Einträge definiert werden. Diese werden alle über die Eigenschaften eingestellt. Dazu muss der jeweilige Eintrag geöffnet bzw. angeklickt werden, um seine Eigenschaften anzuzeigen.

Objektnamen

Als Erstes werden die Objektnamen angepasst, damit der Code lesbarer wird, denn alle Einträge sind als Objekte der Klasse *MenuItem* angelegt und in der Reihenfolge durchnummeriert worden, in der sie eingegeben worden sind. Schon bei normalen Menüleisten weiß man dann schon nicht mehr, was *MenuItem4* dann ist. Daher wird für jedes Menü und jeden Befehl die Eigenschaft *Name* geändert. Die neuen Bezeichnungen treten dann im Code als Objektnamen auf und werden üblicherweise nach dem Schema *MenünameMenu* bzw. *MenünameBefehlsname* gebildet. Für das Menü *Datei* wird also *DateiMenu* und für den Befehl *Öffnen* dann *DateiOeffnen* als neue *Name*-Eigenschaft eingetragen.

Abkürzungstasten

Für häufig verwendete Befehle werden üblicherweise Abkürzungstasten festgelegt, damit man nicht erst die Menüs öffnen muss. So kann man in vielen Programmen sofort über <Strg>+<O> den Befehl *Datei/Öffnen* aufrufen. Diese auch *Shortcuts* genannten Tastenkombinationen lassen sich in der Eigenschaft *Shortcut* festlegen. Hier wird eine Auswahlliste mit allen verfügbaren Kombinationen angeboten. Bei der Auswahl gilt es aber aufzupassen, dass eine Kombination nicht mehrfach belegt wird.
Für folgende Befehle sollen Shortcuts definiert werden:

Datei/Öffnen	StrgO bzw. CtrlO
Datei/Beenden	AltF4
Option/Farbe	StrgF bzw. CtrlF

Die Eigenschaft *ShowShortcut* steuert über die logischen Werte *True* und *False*, ob die Abkürzungstasten zur Laufzeit in den Menüs angezeigt werden oder nicht. Standardmäßig steht sie auf *True*, das heißt, sie sind sichtbar. Im Designer sind sie jedoch nie sichtbar.

Aktivierungsstatus

Befehle, die zu einem bestimmten Zeitpunkt keinen Sinn machen oder nicht zur Verfügung stehen, sollten deaktiviert werden, was im Menü dann durch grau schraffierten Text dargestellt wird. Beispiele dafür sind *Datei/Schließen* und *Bearbeiten/Rückgängig*, die nur benutzt werden können, wenn bereits eine Datei geöffnet bzw. etwas geändert worden ist. Beim Start ist noch keine Datei geöffnet, deshalb soll auch hier der

Befehl *Datei/Schließen* deaktiviert werden. Dazu wird die Eigenschaft *Enabled* auf *False* eingestellt. Das Resultat wird sofort im Designer angezeigt.
Mit einer weiteren Eigenschaft *Visible* lassen sich Befehle und Menüs sogar beim Start unsichtbar machen.

Schalterbefehle

Manche Befehle arbeiten wie ein Schalter. Werden sie aufgerufen, wird ein Programmstatus eingeschaltet und erst beim erneuten Befehl wieder abgeschaltet. Diese Befehle signalisieren diesen Status über ein Häkchen oder einen Punkt neben ihrem Namen, wie beispielsweise bei MS Word in *Ansicht/Lineal*.
Für solche Schalterbefehle muss die Eigenschaft *Checked* auf *True* gesetzt werden. Dies führt zu einem Häkchen neben dem Text. Wird dann zusätzlich für *RadioCheck* ebenfalls *True* angegeben, dann wird statt des Häkchens ein Punkt benutzt.

11.4.2 Befehlscode schreiben

Wenn Befehle eingerichtet sind, dann heißt das noch nicht, dass auch bereits etwas passiert. Der dazu notwendige Code muss manuell eingegeben werden. Ein bisschen Arbeit nimmt einem der Designer aber schon ab. Er sorgt nämlich für die richtige Verknüpfung des Handlers mit dem das Ereignis auslösenden Objekt, also zwischen dem zu schreibenden Code und dem Menübefehl. Die Arbeitstechnik soll nun am Beispiel des Befehls *Datei/Beenden* erläutert werden.
Um für einen Befehl Code zu hinterlegen, wird im Designer ein Doppelklick auf dem Befehl ausgeführt. Nach diesem Doppelklick auf dem Befehl *Beenden* im *Datei*-Menü schaltet der Designer in die Code-Ansicht um, in die er bereits Code eingetragen hat. Er sieht folgendermaßen aus:

```
...
    Private Sub DateiBeenden_Click( _
     ByVal sender As System.Object, _
     ByVal e As System.EventArgs) _
     Handles DateiBeenden.Click


    End Sub
...
```

Die Umbrüche sind hier nur für den Buchdruck manuell eingefügt worden.
Der Designer hat hier also eine Prozedur definiert, deren Anweisungen jetzt manuell eingegeben werden müssen. In diesem Fall soll durch den Befehl das Programm beendet werden. Deshalb brauchen Sie hier nur eine einzige Anweisung einzutragen:

```
End
```

Wenn Sie das Programm jetzt übersetzen und starten, dann lässt es sich nicht nur über die Systembefehle, sondern auch über *Datei/Beenden* schließen.
Wie funktioniert das nun? Um das zu verstehen, schauen Sie sich einmal den Code an, den der Designer erzeugt hat. In der folgenden Abbildung sind für den besseren Überblick nur die relevanten Befehle abgedruckt. Alle anderen Anweisungen sind ausgelassen worden.

```
Public Class Bsp101
    Inherits System.Windows.Forms.Form

...
    Friend WithEvents MainMenu1 As _
     System.Windows.Forms.MainMenu                          '(1)
    Friend WithEvents DateiMenu As _
     System.Windows.Forms.MenuItem
...
    Friend WithEvents DateiBeenden As _
     System.Windows.Forms.MenuItem                          '(2)
...
    Me.MainMenu1 = _
     New System.Windows.Forms.MainMenu                      '(3)
    Me.DateiMenu = _
     New System.Windows.Forms.MenuItem
...
    Me.DateiBeenden = _
     New System.Windows.Forms.MenuItem                      '(4)
...
    Me.MainMenu1.MenuItems.AddRange( _
     New System.Windows.Forms.MenuItem() _
     {Me.DateiMenu, Me.OptionMenu, _
     Me.HilfeMenu})                                         '(5)
...
    Me.DateiMenu.MenuItems.AddRange( _
```

```
    New System.Windows.Forms.MenuItem() _
    {Me.DateiOeffnen, Me.DateiSchliessen, _
    Me.MenuItem3, Me.DateiBeenden})                    '(6)
  Me.DateiMenu.Text = "&Datei"                         '(7)
...
  Me.DateiBeenden.Index = 3                            '(8)
  Me.DateiBeenden.Shortcut = _
    System.Windows.Forms.Shortcut.AltF4                '(9)
  Me.DateiBeenden.Text = "&Beenden"                    '(10)
...
  Me.Menu = Me.MainMenu1                               '(11)
...
  End Sub
...
  Private Sub DateiBeenden_Click( _
    ByVal sender As System.Object, _
    ByVal e As System.EventArgs) _
    Handles DateiBeenden.Click                         '(12)
      End                                              '(13)
  End Sub
...
```

(1) Hier wird die Menüleiste deklariert. Ihre Zugriffsebene ist *Friend*, sodass alle Klassen des Projektes damit arbeiten können. Durch *WithEvents* wird sie als Ereignisauslöser deklariert. Ihr Typ ist die Klasse *MainMenu*. Klassen, deren Objekte durch *WithEvents* deklariert werden, müssen Ereignisse enthalten und diese auch über Prozeduren auslösen. Das ist für *MainMenu* der Fall. Genauso wird danach auch der Menüeintrag für *Datei* deklariert. Seine Klasse heißt *MenuItem*, die ebenfalls Ereignisse auslösen kann.

(2) Auch Befehle gehören zur Klasse *MenuItem* und können Ereignisse auslösen. Deshalb werden auch sie per *WithEvents* deklariert.

(3) Die Menüleiste wird erzeugt und der Objektvariablen zugewiesen. Danach geschieht das Gleiche mit dem Menü ...

(4) ... und dem Befehl.

(5) Die Menüleiste enthält eine Auflistung ihrer Elemente namens *MenuItems*, der durch deren Methode *AddRange* neue Elemente zugefügt werden können. Sie wird hier mit einem Array aus den Menüobjekten initialisiert.

(6) In ähnlicher Weise werden die Befehle eines Menüs eingetragen.

(7) Der Eigenschaft *Text* wird die Menübezeichnung zugewiesen.

(8) Der Befehl *Datei/Beenden* ist der vierte Menüeintrag, denn die Trennlinie zählt mit, wobei die Zählung mit 0 beginnt.

(9) Die Abkürzungstaste wird festgelegt. Dabei wird sie als Klasseneigenschaft der Klasse *Shortcut* definiert.
(10) Auch dem Befehl wird seine Bezeichnung zugewiesen.
(11) Die Menüleiste wird dem Formular hinzugefügt, indem der Eigenschaft *Menu* das entsprechende Objekt zugewiesen wird.
(12) Der Handler wird definiert. Nach einer Konvention wird sein Name aus dem Namen des Ereignisauslösers und dem Ereignis gebildet. Hier wird also das Ereignis *Click* des Objektes *DateiBeenden* behandelt. Die Parameter sind festgelegt und sind immer als erster das auslösende Objekt und als zweiter das Ereignisobjekt. Durch den Zusatz *Handles DateiBeenden.Click* wird die Verbindung zum auftretenden Ereignis geschaffen. Hier wird also das Ereignis *Click* des Objektes *DateiBeenden* behandelt.
(13) Durch *End* wird ein Programm dann sofort beendet.

Hier wird also ein anderer Mechanismus für die Ereignisbehandlung benutzt, als Sie im Kapitel 10 kennen gelernt haben. Dieser arbeitet folgendermaßen:
Eine Klasse definiert durch *Event* Ereignisse und enthält Methoden, in denen diese durch *RaiseEvent* ausgelöst werden.
Objekte dieser Klasse werden dann mittels *WithEvents* deklariert.
Die Handler werden dann als *Sub* mit den Parametern *ByVal sender As System.Object* und *ByVal e As System.EventArgs* und dem Zusatz *Handles Objektname.Ereignisname* deklariert.
Das ist schon alles. Der Compiler übernimmt den Rest und erzeugt entsprechende Delegierer.
Der erste Befehl funktioniert also. Da die weiteren mit Dialogen arbeiten, werden sie erst im nächsten Kapitel codiert.

11.5 Dialogfelder

Oft benötigen Befehle für ihre Arbeit zusätzliche Angaben vom Anwender. Diese werden dann durch Dialogfelder abgefragt. Derartige Dialoge werden ebenfalls von der *Form* abgeleitet und können alle möglichen Komponenten aus der Toolbox enthalten. Das Grundprinzip der Arbeit mit Dialogen soll in diesem Kapitel am Beispiel eines Info-Dialoges, wie ihn jedes Programm enthält, und eines Standarddialoges demonstriert werden.

So wie hier ein eigenes Dialogfeld von der Klasse *Form* abgeleitet wird, so kann man natürlich auch andere eigene Komponenten, beispielsweise Buttons, von der entsprechenden Basisklasse ableiten. Das ist immer dann nötig, wenn eine veränderte Funktionalität benötigt wird. Für ein eigenes Dialogfeld wird also abgeleitet, wenn aber ein Dialogfeld zum Beispiel für Farbangaben schon als Klasse existiert, dann wird sie benutzt, um ein Objekt zu erzeugen.

11.5.1 Dialogfeld entwerfen

Bevor ein benutzerdefiniertes Dialogfeld eingesetzt werden kann, muss natürlich zuerst seine Klasse definiert werden. Dazu gehört einerseits der grafische Entwurf, andererseits aber auch seine Funktionalität. Das Info-Dialogfeld, das auf diese Weise entwickelt wird, soll zum Schluss so aussehen:

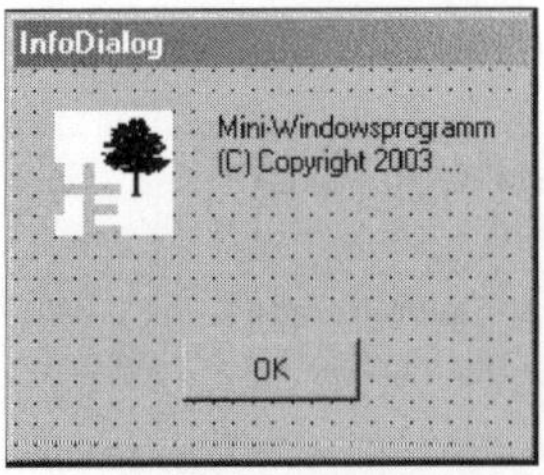

Zu beachten ist der Fensterstil, der über die *Form*-Eigenschaften festgelegt werden muss, und die drei Komponenten, die das Fenster enthält. Es handelt sich hierbei um

- ein Bildfeld (*PictureBox*),
- ein nicht editierbares Textfeld (*Label*) und
- eine Schaltfläche (*Button*).

Dieses Dialogformular kann bereits in nur wenigen Schritten grob erzeugt und danach detailliert eingestellt werden. Dazu müssen Sie:

1. Den Befehl *Projekt/Windows Form hinzufügen* aufrufen, als Namen zum Beispiel *InfoDialog.vb* eingeben und *OK* klicken. Die neue Formularklasse *InfoDialog* ist damit von *Form* abgeleitet und der Code in der Datei *InfoDialog.vb* gespeichert.

2. In der Toolbox die Komponente *PictureBox* anklicken und danach rechts oben im Formular ein Rechteck ziehen.
3. Das Element *Label* aus der Toolbox anklicken und ein Rechteck neben der *PictureBox* ziehen.
4. Auf *Button* klicken und ein Rechteck in der Mitte darunter ziehen.
5. Auf das Formular klicken und es dann mit der Maus so weit wie gewünscht verkleinern.
6. Auf den Button klicken und den Befehl *Format/Auf Formular zentrieren/Horizontal* aufrufen.

Damit ist das Formular schon mit allen Elementen versehen, und auch seine Anordnung entspricht schon in etwa der Vorgabe. Jetzt müssen nur noch die Eigenschaften aller Komponenten und deren Funktionalität festgelegt werden. Dies soll jetzt der Reihe nach geschehen.

Bildfeld

Beim Bildfeld werden nun folgende Eigenschaften verändert:

Image	Hier wird über den Dateidialog die in Kapitel 11.2.3 erzeugte Bitmap zugeordnet.
Location	Mit der Maus oder durch Eingabe der X- und Y-Koordinaten wird die linke obere Ecke auf ca. 16, 16 geschoben.
Size	Am besten wird das Feld mit der Maus so weit verkleinert bzw. vergrößert, dass das Bild gerade hineinpasst.

Der Name braucht nicht geändert zu werden, da das Element nicht von eigenen Anweisungen angesprochen wird.

Textanzeige

Bei der Textanzeige sind folgende Eigenschaften betroffen:

Text	Hier wird der gewünschte Text, etwa der Programmname, Hersteller und Copyright-Informationen sowie Versionsangabe eingetragen.
Location	Das Feld wird an der oberen Kante des Bildelementes ausgerichtet, indem mit dem Mauszeiger ein Rechteck um beide gezogen und danach *Format/Ausrichten/Oben* gewählt wird.
Size	Breite und Höhe werden jetzt mit der Maus derart angepasst, dass der Text vollständig und gut lesbar ist. Dabei wird er automatisch umbrochen.

Schaltfläche

Für die Eigenschaften der Schaltfläche gilt:

Name	Die Objektvariable soll *OKButton* heißen.
Text	Hier wird die Beschriftung *OK* eingetragen.
DialogResult	Hier wird der Wert festgelegt, der vom Formular zurückgegeben werden soll, wenn diese Schaltfläche gedrückt wird. Wählen Sie *OK* aus.
Size	Die Größe wird dem Text angepasst.
Location	Der Button wird wieder wie bereits beschrieben zentriert.

Formular

Zum Schluss kommt noch das Formular an die Reihe.

ControlBox	Systemschaltflächen werden nicht benötigt, daher wird *False* angegeben.
FormBorderStyle	Hier wird *FixedDialog* eingestellt.
Size	Die Größe wird noch mal angepasst.
StartPosition	Durch *CenterParent* erscheint es mitten auf dem eigenen Anwendungsfenster.

Wer will, kann hier auch noch den Titel in der *Text*-Eigenschaft ändern.

Hinweis:
Wenn ein Formular mehrere bedienbare Steuerelemente enthält, dann sollte noch über die Eigenschaft *TabIndex* die Reihenfolge festgelegt werden, in der sie mithilfe der <Tab>-Taste angesteuert werden. Die Zählung beginnt mit 0.

Funktionalität
Zum Schluss wird noch die Funktionalität der Elemente festgelegt. Das ist hier einfach, da nur beim Anklicken der Schaltfläche etwas passieren soll. Also wird auf dem Button wieder ein Doppelklick ausgeführt und der Handler folgendermaßen definiert:

```
...
   Private Sub OKButton_Click( _
    ByVal sender As System.Object, _
    ByVal e As System.EventArgs) _
    Handles OKButton.Click

       Me.Dispose(True)

   End Sub
...
```

Das Dialogfeld soll geschlossen werden. Im Gegensatz zum Anwendungsformular darf hier aber nicht *End* stehen, denn dadurch würde das Programm beendet. Durch *Dispose* wird hier nur das Formular beendet. Der Parameter *True* sorgt dafür, dass wirklich alle Ressourcen freigegeben werden.

11.5.2 Dialogfeld einsetzen

Sind alle benötigten Formulare vorhanden, dann können sie von der Anwendung benutzt werden. Dies geschieht in der Regel über Befehle der Menüleiste. Daher brauchen jetzt nur die entsprechenden Handler definiert zu werden.

Benutzerdefinierte Dialoge

Zuerst soll am Beispiel des Info-Dialoges erläutert werden, wie Dialoge aufgerufen und geschlossen werden. Der Befehl *Hilfe/Info über ...* soll dieses Formular öffnen. Sein Handler wird also nun festgelegt:

```
...
    Private Sub HilfeInfoUeber_Click( _
     ByVal sender As System.Object, _
     ByVal e As System.EventArgs) _
     Handles HilfeInfoUeber.Click

        Dim Dlg As New WBsp101.InfoDialog                   '(1)
        Dlg.ShowDialog()                                    '(2)

    End Sub
...
```

(1) Zuerst muss ein Objekt der zugehörigen Dialogklasse erzeugt werden. Hier geschieht dies durch die *Dim*-Anweisung, weil es innerhalb der Prozedur als lokale Variable angelegt wird. Man kann dies aber auch am Anfang der Formularklasse als *Private* oder, falls auch andere Klassen darauf zugreifen sollen, als *Friend* bzw. *Public* definieren.

(2) Die Objekte werden unsichtbar erzeugt. Deshalb wird es hier durch *ShowDialog* sichtbar gemacht. Das Formular muss hier nicht per Anweisung geschlossen werden, denn es schließt sich ja selbst.

Standarddialoge

Für einige immer wiederkehrende Aufgaben stellt der Designer acht fertige Dialogfelder zur Verfügung. Sie unterstützen

- das Öffnen von Dateien
- das Speichern von Dateien
- die Auswahl von Schriftarten
- die Auswahl von Farben
- die Seiteneinrichtung
- die Druckausgabe
- die Druckvorschau
- die Auswahl eines Ordners (nur ab .NET 1.1)

Am Beispiel einer Farbauswahl wird nun gezeigt, wie Informationen zwischen Anwendung und Dialogfeld ausgetauscht werden können. Zuerst muss jedoch das Formular ein Objekt dieser Dialogklasse definieren. Dazu braucht nur das Element *ColorDialog* in der Toolbox und dann das Komponentenfach der Anwendung angeklickt zu werden. Setzen Sie die Eigenschaft *Name* dieses Elementes dann auf *FarbDialog*. Der Befehl *Option/Farbe* soll diesen Dialog aufrufen. Sein Handler wird dazu folgendermaßen codiert:

```
...
    Private Sub OptionFarbe_Click( _
     ByVal sender As System.Object, _
     ByVal e As System.EventArgs) _
     Handles OptionFarbe.Click

        Me.FarbDialog.Color = Me.BackColor                    '(1)
        If Me.FarbDialog.ShowDialog() = _
         DialogResult.OK Then                                 '(2)
           Me.BackColor = Me.FarbDialog.Color                 '(3)
        End If

    End Sub
...
```

(1) Bevor ein Dialog aufgerufen wird, werden seine Eigenschaften mit Werten aus der Anwendung vorbelegt. Daher wird der Eigenschaft *Color* des Farbdialoges die aktuelle Hintergrundfarbe zugewiesen. Dadurch ist diese im Dialog dann bereits markiert.

(2) Wieder wird das Formular durch *ShowDialog* angezeigt. Die Prozedur hält bei dieser Anweisung so lange an, bis der Dialog beendet wird. Dann liefert diese Methode einen Wert zurück, der Aufschluss über die gedrückte Schaltfläche liefert. Nur wenn dies also *OK* war, soll etwas passieren, sonst nicht.

(3) Es wird dann der Eigenschaftswert des Dialogformulars in die Anwendung übernommen.

Jetzt können sowohl der Info-Dialog als auch der Farbdialog bereits getestet werden.

11.6 Fensterausgaben

Formulare können von einer Anwendung auf zwei unterschiedliche Arten benutzt werden. Eine haben Sie bereits in den Dialogfeldern kennen gelernt. Sowohl beim Info-Dialog als auch beim Standarddialog enthalten die Formulare Steuerelemente, über die der Informationsaustausch zwischen Anwender und Programm stattfindet. Die zweite Möglichkeit soll nun in diesem Kapitel dargestellt werden. Bei ihr wird direkt durch Anweisungen erst zur Laufzeit in die Fensterfläche «gemalt». Dieses Malen kann sich dabei sowohl auf Text als auch auf Grafiken beziehen.
Die Aktualisierung des Fensterinhaltes ist bei diesem Verfahren ein wichtiger Aspekt. Dies darf eine Anwendung nämlich nicht selbst durchführen, sondern wird ausschließlich von Windows übernommen. Die Programme melden Windows vielmehr, wenn sich etwas geändert hat.
Um dieses Verfahren zu demonstrieren, soll das Beispiel unterschiedliche Texte im Fenster anzeigen. Diese werden aus Dateien gelesen. Auf diese Weise lernen Sie auch den häufigsten Standarddialog kennen. Dabei müssen zwangsläufig auch Dateiklassen eingesetzt werden, aber dies ist nicht Hauptgegenstand dieses Kapitels.

Die Methode *OnPaint*

Jedes Formular verfügt über einen besonderen Handler *OnPaint*, den die Klasse von einer ihrer Basisklassen namens *Control* geerbt hat. Diese Methode reagiert auf Ereignisse, die von Windows ausgelöst werden, um eine Bildschirmaktualisierung zu bewirken. Dies ist zum Beispiel der Fall, wenn ein Fenster von einem anderen verdeckt war und nun wieder in den Vordergrund gebracht wird. Wenn nun eine Anwendung im Innenbereich eines Formulars etwas zeichnen will, dann muss diese Methode überschrieben werden. Dabei unterstützt der Designer den Programmierer wieder, indem die Methodensignatur automatisch in den Code geschrieben wird.
Vorher wird aber zuerst noch ein Zeichenkettenobjekt benötigt, das ausgegeben werden kann. Dazu wird ein privates Datenfeld in der Klasse definiert:

```
Public Class Bsp101
    Inherits System.Windows.Forms.Form
    Private Txt As String = _
     "Bitte Datei/Öffnen wählen"
...
```

Dieses Datenfeld darf nicht auf Prozedurebene angelegt werden, da später mehrere Methoden darauf zugreifen werden: *OnPaint* für die Ausgabe und zwei weitere, um den Text zu verändern. Damit bereits beim Programmstart etwas zu sehen ist, wird auch gleich Text zugewiesen. Als Nächstes soll *OnPaint* überschrieben werden. Damit auch die richtige Signatur und Deklaration benutzt wird, soll der Designer dies übernehmen. Wählen Sie dazu in der Codeansicht aus der linken Auswahlliste *(Überschreibungen)* aus. In der rechten werden daraufhin alle geerbten Eigenschaften und Prozeduren aufgeführt. Wählen Sie aus dieser Liste nun *OnPaint*!

Durch diese Aktion wird nun der Rumpfcode für die Methode eingefügt, der nur um die gewünschten Anweisungen ergänzt werden muss:

```
...

    Protected Overrides Sub OnPaint( _
     ByVal e As System.Windows.Forms.PaintEventArgs)

        MyBase.OnPaint(e)                                    '(1)
        e.Graphics.DrawString(Txt, Me.Font, _
         New System.Drawing.SolidBrush(Me.ForeColor), _
         10, 10)                                             '(2)

    End Sub
...
```

(1) Als Erstes sollte die überschriebene Methode immer ihre Basisversion aufrufen, damit auch der geerbte Code ausgeführt wird. Dabei wird das im Parameter erhaltene Ereignisobjekt weitergereicht.

(2) Dann folgt der eigene Code, der hier nur aus einer Ausgabeanweisung besteht. Alle zum Zeichnen notwendigen Informationen erhält *OnPaint* über das Ereignisobjekt *e*, das im Parameter überge-

ben wird. Seine Eigenschaft *Graphics* beschreibt unter anderem die Größe des Zeichenbereichs sowie seine Auflösung und stellt alle Methoden zum Zeichnen und Löschen bereit. Die hier aufgerufene Methode *DrawString* zeichnet Text, wie ihr Name bereits angibt. Sie ist mehrfach überladen und erhält in dieser Version als ersten Parameter die anzuzeigende Zeichenkette. Der zweite gibt die dabei zu benutzende Schriftart an. Durch *Me.Font* wird die entsprechende Eigenschaft des Formulars eingesetzt. Im dritten Parameter wird ein neuer «Zeichenstift» übergeben. Die Klasse *SolidBrush* des Namensraums *System.Drawing* definiert einen einfarbigen Pinsel, dessen Farbe dem Konstruktor als Parameter übergeben wird. Hier ist es die Farbe, die als Vordergrundfarbe des Formulars angegeben wurde. Der vierte und fünfte Parameter geben die X- und Y-Koordinaten für die Ausgabe an. Diese werden von der linken oberen Ecke nach rechts bzw. nach unten gemessen.

Mit diesen Änderungen erhält man nun bereits die Ausgabe, wie die folgende Abbildung zeigt.

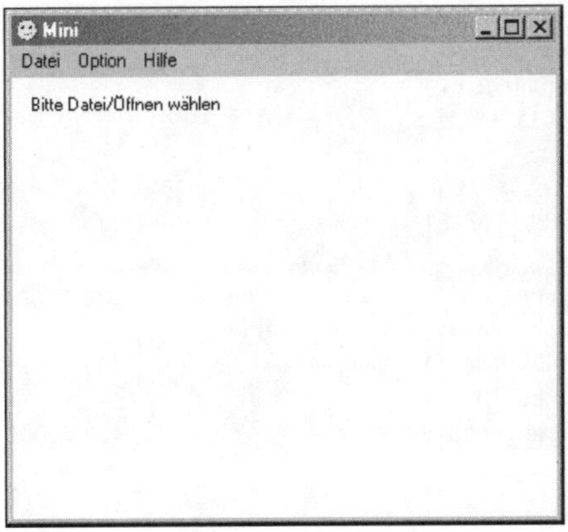

Fenster aktualisieren

Der dargestellte Text soll nun verändert werden können. Dazu soll der Inhalt von Textdateien herangezogen werden, die über die zwei verbliebenen Befehle geöffnet und geschlossen werden.

Als Erstes wird nun für die Bearbeitung einer Textdatei ein Dateiobjekt benötigt. Dieses wird wieder als Datenfeld der Klasse deklariert:

```
Public Class Bsp101
    Inherits System.Windows.Forms.Form

    Private Txt As String = _
     "Bitte Datei/Öffnen wählen"
    Private Datei As System.IO.StreamReader

 ...
```

Die Klassen für Dateioperationen gehören zum Namensraum *System.IO*. Die hier verwendete Klasse *StreamReader* beschreibt Unicode-Textdateien.

Als Zweites wird noch ein Objekt des Standarddialoges für das Öffnen von Dateien gebraucht. Dazu klicken Sie in der Toolbox auf *OpenFileDialog* und anschließend in den Komponentenbereich. Legen Sie als *Name*-Eigenschaft *DateiOeffnenDialog* fest.

Jetzt kann der Handler für *Datei/Öffnen* definiert werden:

```
...

    Private Sub DateiOeffnen_Click( _
     ByVal sender As System.Object, _
     ByVal e As System.EventArgs) _
     Handles DateiOeffnen.Click

        Me.DateiOeffnenDialog.Filter = _
         "Textdateien (*.txt)|*.txt"                     '(1)
        If Me.DateiOeffnenDialog.ShowDialog() = _
         DialogResult.OK Then                            '(2)
            Me.Datei = New System.IO.StreamReader( _
             Me.DateiOeffnenDialog.FileName)             '(3)
            Me.Txt = Datei.ReadToEnd()                   '(4)
            Me.DateiSchliessen.Enabled = True            '(5)
        End If
        Me.Invalidate()                                  '(6)

    End Sub

 ...
```

(1) Auch hier werden vor dem Aufrufen des Dialoges seine Eigenschaften festgelegt. Hier ist es nur eine, nämlich *Filter*. Sie enthält die An-

gaben, die im Dialogfeld als Dateityp angezeigt werden. Diese Zeichenkette setzt sich immer aus Paaren zusammen, die durch einen senkrechten Strich getrennt werden. Der erste Teil gibt die Anzeige und der zweite den Filter an. Im Dateityp steht hier also *Textdateien (*.txt),* und angezeigt werden alle Dateien mit der Endung *.txt*. Soll die Auswahl zwischen verschiedenen Filtern ermöglicht werden, dann werden die weiteren auch durch einen senkrechten Strich abgetrennt, beispielsweise als *«Textdateien (*.txt)| *.txt|Programmdateien| *.vb;*.resx»*. Sollen mehr als ein Typ gefiltert werden, dann werden sie durch Semikolon getrennt.

(2) Es soll wieder nur dann etwas passieren, wenn der Dialog mit *OK* geschlossen wurde.

(3) Der ausgewählte Dateiname steht danach in der Eigenschaft *FileName* des Dialogobjektes. Er wird dem Konstruktor der Dateiklasse übergeben, um das Dateiobjekt zu initialisieren. Dabei wird die Datei gleichzeitig geöffnet.

(4) Beim Einlesen der Datei wird hier auf Sicherheit und Kontrolle verzichtet, da es nicht das Thema dieses Kapitels ist. Deshalb wird die gesamte Datei in einer Operation gelesen. Dies geschieht durch die Methode *ReadToEnd*. Sie liefert den Dateiinhalt als Zeichenkette, die hier dem Datenfeld zugewiesen wird.

(5) Jetzt wird die Eigenschaft *Enabled* des Befehls *Datei/Schließen* so verändert, dass der Befehl aufgerufen werden kann.

(6) Hier kommt der springende Punkt. Damit die Fensterdarstellung auch tatsächlich sofort den veränderten Text enthält, muss sie aktualisiert werden. Dazu darf die Anwendung jetzt aber keinesfalls selbst die Methode *OnPaint* aufrufen. Deshalb wird Windows durch die Methode *Invalidate* mitgeteilt, dass der gesamte Fensterbereich nun ungültig ist, woraufhin Windows durch ein *Paint*-Ereignis veranlasst, dass *OnPaint* aufgerufen wird.

Bevor das Programm nun ausprobiert wird, sollte auch der Handler für *Datei/Schließen* definiert werden.

```
...

    Private Sub DateiSchliessen_Click( _
     ByVal sender As System.Object, _
     ByVal e As System.EventArgs) _
     Handles DateiSchliessen.Click
```

```
        Me.Datei.Close()                          '(1)
        Me.Txt = Nothing                          '(2)
        Me.DateiSchliessen.Enabled = False        '(3)
        Me.Invalidate()                           '(4)

    End Sub

...
```

(1) Hier muss die Datei wieder geschlossen werden. Deshalb wird die *Close*-Methode des Objektes aufgerufen.
(2) Damit nicht weiterhin ihr Inhalt angezeigt wird, erhält das Datenfeld *Nothing* zugewiesen. Dadurch ist jetzt kein Objekt mehr verfügbar.
(3) Der Befehl wird wieder deaktiviert, nachdem er seine Arbeit erledigt hat.
(4) Erneut wird der Bereich für ungültig erklärt, damit er aktualisiert wird.

Nun kann das kleine Beispiel getestet werden. Öffnen Sie aber nur kleinere Dateien, die vielleicht sogar extra zu diesem Zweck angelegt werden, denn das Programm ist ja noch unvollständig. So kann bei geöffneter Datei eine neue geöffnet werden, ohne dass die bisherige geschlossen wird.

11.7 Ausblick

In den bisherigen Kapiteln haben Sie nun die wesentlichen und wichtigsten Sprachelemente sowie einen Teil der Klassenbibliothek von Visual Basic .NET kennen gelernt. Außerdem kennen Sie die Arbeit mit Konsolenprojekten genau so wie die mit Windows-Projekten. Natürlich können in diesem Buch nicht alle Klassen und Möglichkeiten dargestellt werden, die diese Sprache bietet, zumal sie im Gegensatz zu anderen oftmals gleich mehrere Anweisungen für den gleichen Zweck bereitstellt. Deshalb liegt der Schwerpunkt auf den Sprachelementen und dem Verständnis des prinzipiellen Umgangs mit Klassen und Objekten. Mit diesem Verständnis müsste es jetzt möglich sein, eigene kleine Ideen umzusetzen und zu programmieren. Das Einzige, was man dabei natürlich noch wissen muss, ist der Name der für die jeweilige Aufgabe am besten geeigneten Klasse. Obwohl die Bibliothek aus Hunderten von Klassen besteht – allein der Namensraum *System* umfasst ca. 100 und *System.Windows.Forms* etwa 230 Klassen und Interfaces – sollen hier wenigstens noch einige wichtige, die im Buch nicht behandelt werden konnten, kurz mit ihrem Verwendungszweck aufgeführt werden:

Namensraum System

Environment	liefert Plattform- und Umgebungsinformationen
Exception	ist die Basisklasse für alle Fehlerobjekte
Math	enthält math. Konstanten und Funktionen
Random	generiert Zufallszahlen

Namensraum System.Windows.Forms

Application	für Anwendungsinformationen und -steuerung
CheckBox	für Optionen
CheckedListBox	scrollbare Liste mit Häkchen
Clipboard	für den Zugriff auf die Zwischenablage
ComboBox	Kombination aus TextBox und ListBox
ContextMenu	Menüs für rechte Maustaste
Control	Basisklasse für sichtbare Steuerelemente
Cursor	für den Mauszeiger
DateTimePicker	für Datums- und Zeitauswahl und -anzeige
DomainUpDown	für vertikalen Durchlauf von Zeichenketten
FolderBrowserDialog	zur Ordnersuche
FontDialog	für Schriftauswahl
GroupBox	für eine Gruppe von RadioButtons
HScrollBar	horizontale Bildlaufleiste
ImageList	für die Verwaltung von Bildlisten
LinkLabel	zur Anzeige von Hyperlinks
ListBox	scrollbare Liste
ListView	wie die Dateidarstellung im Arbeitsplatz
MessageBox	für Meldungsfenster
MonthCalendar	wie DateTimePicker, jedoch als Kalender

NumericUpDown	für vertikalen Durchlauf von Zahlen
PageSetupDialog	für das Einrichten der Druckseite
Panel	"Platte" für eine Gruppe von Elementen
PrintDialog	um die Druckausgabe festzulegen
PrintDocument	zum Drucken
PrintPreviewControl	zur Anzeige der Druckvorschau
PrintPreviewDialog	für die Druckvorschau
ProgressBar	für Fortschrittsanzeigen
RadioButton	für Auswahloptionen
RichTextBox	zum komfortablen Editieren
SaveFileDialog	für «Speichern unter»
Screen	für Anzeigeinformationen
Splitter	zum Teilen von Fensterbereichen
StatusBar	für Statusleisten
SystemInformation	für Systeminformationen
TabControl	für Registerkarten in Dialogen
TextBox	ein- und mehrzeiliges Texteingabefeld
Timer	löst intervallartig Ereignisse aus
ToolBar	für Symbolleisten
ToolTip	für Kurzhinweise zu Elementen
TrackBar	für Schieberegler
TreeView	wie die Ordnerdarstellung im Arbeitsplatz
VScrollBar	vertikale Bildlaufleiste

Namensraum System.Drawing

Color	für Farbobjekte
Bitmap	für Grafiken im BMP-Format
Brushes	für farbige Pinsel
Pens	für farbige Stifte
Point	für Punktobjekte
Rectangle	für Rechtecke
Size	für Breiten- und Höhenangabe

Namensraum System.IO

File	für Dateimanipulationen
FileStream	repräsentiert alle Dateien, inkl. Standardgeräte
BinaryReader	liest normale Datentypen in ihrer internen Form
BinaryWriter	schreibt normale Datentypen in interner Form
StreamReader	liest Text aus Datei
StreamWriter	schreibt Text in Datei

Die Behandlung dieser Klassen und der damit verbundenen Techniken kann jedoch erst in einem späteren Band erfolgen.

11.8 Zusammenfassung

- Die Klassen des Namensraumes *System.Windows.Forms* unterstützen die Programmierung grafischer Oberflächen.
- Anwendungs- und Dialogfenster werden von der Klasse *Form* dieses Namensraumes abgeleitet.
- Wichtige Ressourcen sind *Icon*, *Cursor* und *Bitmap*. Beim Cursor kennzeichnet der *Hotspot* den Punkt, der Ereignisse auslöst.
- Die Eigenschaft *Name* legt den Klassen- bzw. Objektnamen fest und sollte immer angepasst werden.
- Durch die Eigenschaft *Text* werden die Beschriftungen festgelegt.
- Das Fensterverhalten, die Farben und Schriftart werden ebenfalls als Eigenschaften angegeben.
- Die Klasse *MainMenu* realisiert die Menüleiste.
- Menüs und Befehle sind Objekte der Klasse *MenuItem*.
- Wichtige Eigenschaften der Menüs und Befehle sind *Shortcut* für die Abkürzungstasten und *Enabled* für den Aktivierungsstatus.
- Durch Doppelklicks auf die Ereignisauslöser können ihre Handler codiert werden.
- Dialogfelder enthalten Steuerelemente und definieren ihre Funktionalität selbst.
- Für die Standardaufgaben gibt es 8 Standarddialoge.
- Der Ablauf eines Dialogaufrufes besteht aus der Initialisierung der Dialogfeldeigenschaften, dem Aufruf durch *ShowDialog* und der

Übernahme bzw. dem Test der Eigenschaften und des Rückgabewertes.

- Für Fensterausgaben muss die Methode *OnPaint* überschrieben werden.
- Zur Aktualisierung darf *OnPaint* nicht aufgerufen werden. Vielmehr wird durch *Invalidate* das Fenster gegenüber Windows für ungültig erklärt, sodass Windows es neu zeichnen lässt.

11.9 Übung

Aufgabe 23

Verbessern Sie die Anwendung *Mini* auf möglichst einfache Art, sodass keine Datei geöffnet werden kann, solange noch eine geöffnet ist.

12 Anhang

Dieser Anhang bietet einige Arbeitshilfen und ergänzende Übersichten zu den Themen dieses Buches sowie die Lösungen zu den Aufgaben der einzelnen Kapitel.

12.1 Reservierte Wörter

Die folgenden Wörter und Symbole sind für die Programmiersprache selbst reserviert und dürfen nicht für Variablen, Prozeduren oder Ähnliches verwendet werden:

Visual-Basic-Schlüsselwörter

AddHandler, AddressOf, Alias, And, AndAlso, Ansi, As, Assembly, Auto, Boolean, ByRef, Byte, ByVal, Call, Case, Catch, CBool, CByte, CChar, CDate, CDec, CDbl, Char, CInt, Class, CLng, CObj, Const, CShort, CSng, CStr, CType, Date, Decimal, Declare, Default, Delegate, Dim, DirectCast, Do, Double, Each, Else, ElseIf, End, Enum, Erase, Error, Event, Exit, False, Finally, For, Friend, Function, Get, GetType, GoTo, Handles, If, Implements, Imports, In, Inherits, Integer, Interface, Is, Let, Lib, Like, Long, Loop, Me, Mod, Module, MustInherit, MustOverride, MyBase, MyClass, Namespace, New, Next, Not, Nothing, NotInheritable, NotOverridable, Object, On, Option, Optional, Or, OrElse, Overloads, Overridable, Overrides, ParamArray, Preserve, Private, Property, Protected, Public, RaiseEvent, ReadOnly, ReDim, Rem (REM), RemoveHandler, Resume, Return, Select, Set, Shadows, Shared, Short, Single, Static, Step, Stop, String, Structure, Sub, SyncLock, Then, Throw, To, True, Try, TypeOf, Unicode, Until, Variant, When, While, With, WithEvents, WriteOnly, Xor

> *Hinweis:*
> *Variant* und *Let* sind nach wie vor reservierte Wörter, obwohl sie ab Visual Basic .NET nicht mehr gültig sind!

12.2 Datentypen

Die folgende Tabelle informiert über die einfachen Datentypen.

Datentyp	Speichergröße	Wertebereich
Boolean	2 Bytes	True oder False
Byte	1 Byte	0 bis 255
Char	2 Bytes	0 bis 65535
Date	8 Bytes	1.1.01 0:00:00 bis 31.12.9999 23:59:59
Decimal	16 Bytes	0 bis +/–79.228.162.514.264.337.593.543.950.335 ohne Dezimaltrennzeichen; 0 bis +/–7,9228162514264337593543950335 mit 28 Stellen rechts vom Dezimalkomma; die kleinste Zahl ungleich 0 lautet +/–0,0000000000000000000000000001 (entspr. +/–1E–28).
Double	8 Bytes	–1,79769313486231570E+308 bis –4,94065645841246544E–324 und 4,94065645841246544E–324 bis 1,79769313486231570E+308
Integer	4 Bytes	–2.147.483.648 bis 2.147.483.647
Long	8 Bytes	–9.223.372.036.854.775.808 bis 9.223.372.036.854.775.807
Object	4 Bytes	jeder beliebige Typ
Short	2 Bytes	–32.768 bis 32.767
Single	4 Bytes	–3,4028235E+38 bis –1,401298E–45 und 1,401298E–45 bis 3,4028235E+38
String	Plattformabhängig	0 bis ungefähr 2 Milliarden Unicode-Zeichen

12.3 Operatoren und Rangfolge

Die nachstehende Tabelle enthält die Operatoren in fallender Rangfolge. Operatoren, die zuerst aufgeführt sind, werden vor den anderen angewendet. Innerhalb einer Gruppe (getrennt durch gestrichelte Linien) werden Operatoren von links nach rechts in der Reihenfolge ihres Auftretens in einem Ausdruck berechnet.

Operator	**Name**	**Beispiel**
^	Potenzierung	2 ^ 2
-	Negation	-x
*	Multiplikation	netto * 1.16
/	Division	brutto / 1.16
\	Ganzzahldivision	5 \ 2
Mod	Modulo	5 Mod 2
+	Addition	4 + 4.6
+	Verkettung	"Hals" + "band"
-	Subtraktion	34.6 - 2.6
&	Verkettung	"Hals" & "band"
=	Gleich	x = 0
<>	Ungleich	ergebnis <> 0
<	Kleiner als	preis < 100
>	Größer als	wert > 1000
>=	Größer als oder gleich	zahl >= 0
<=	Kleiner als oder gleich	zahl <= 0
Like	Mustervergleich	text Like "[A-Z]*"
Is	Identität	button1 Is testButton
TypeOf ... Is	Typenvergleich	TypeOf mb Is Button
Not	Negation	Not DialogResult.OK
And	Konjunktion	x > 5 And x < 10
AndAlso	Konjunktion	x > 5 AndAlso x < 10
Or	Disjunktion	x <= 5 Or x >= 10
OrElse	Disjunktion	x <= 5 OrElse x >= 10
Xor	Ausschluss	x < 0 Xor y >0

Zusätzlich gibt es noch die folgenden Spezialoperatoren:

Operator	Aufgabe	Beispiel
AddressOf	Delegierer erzeugen	AdressOf Handler1
GetType	Typobjekt erzeugen	GetType(Integer)

12.4 Mein Profil

Auf der Startseite der Entwicklungsumgebung kann man über die Registerkarte *Mein Profil* sehr schnell Tastatur, Fensterlayout und anderes an den individuellen Bedarf anpassen. Die folgende Abbildung zeigt diese Registerkarte.

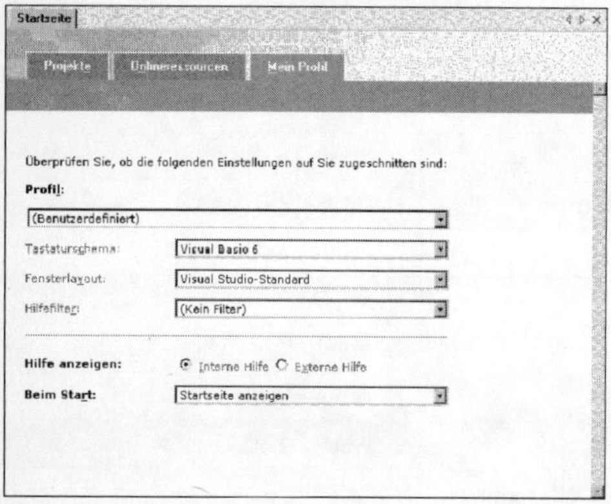

Eine Auswahl unter *Profil* verstellt gleichzeitig alle restlichen Einstellungen, die dann aber nachträglich noch angepasst werden können. Hier kann man zwischen verschiedenen Sprachen und eigenen Fähigkeiten (z.B. Student) auswählen.

Tastaturschema und *Fensterlayout* sind insbesondere für Umsteiger interessant, denn hier kann man die Tastaturbelegung und die Bildschirmanzeige auch an frühere Versionen anpassen, zum Beispiel an Visual Basic 6!

Bei der *Hilfe* kann man zwischen einem Fenster der IDE oder einem eigenen Fenster wählen.

Außerdem werden hier *Startoptionen* festgelegt, um beispielsweise sofort das aktuelle Projekt zu laden.

12.5 Wichtige Compileroptionen

Die wichtigsten Compileroption für den Aufruf über die Kommandozeile werden im Folgenden aufgeführt:

```
/out:<Datei>              legt den Ausgabedateinamen fest
/target:exe               erzeugt Konsolenanwendung(Standard)
/target:winexe            erzeugt Windows-Anwendung
/target:library           erzeugt Bibliothekassembly
/target:module            erzeugt Modul für andere Assembly
/win32icon:<Datei>        legt Icondatei (.ico)fest
/imports:<Importliste>    gibt Importe für Namensräume an
/optionexplicit[+|-]      erzwingt Variablendeklaration
/optionstrict[+|-]        beachtet Typumwandlungen
/main:<Klasse>            gibt an, worin Main enthalten ist
/sdkpath:<Pfad>           gibt Ordner für SDK (mscorlib.dll)
                          an
```

12.6 Wichtige Standarddialog-Eigenschaften

Im Folgenden werden die wichtigsten Eigenschaften der 8 Standarddialoge aufgeführt, die vor und nach dem Dialog vom Ereignishandler angesprochen werden.

12.6.1 ColorDialog

AllowFullOpen	gibt an, ob benutzerdefinierte Farben definiert werden können
AnyColor	gibt an, ob alle verfügbaren Farben angezeigt werden
Color	gibt die markierte Farbe an
FullOpen	gibt an, ob *Farben definieren* geöffnet ist
SolidColorOnly	gibt an, ob ausschließlich Volltonfarben ausgewählt werden können

12.6.2 FolderBrowserDialog

Description	gibt den Text über dem Strukturansichts-Steuerelement an
RootFolder	gibt den Startordner an
SelectedPath	gibt den ausgewählten Pfad an
ShowNewFolderButton	gibt an, ob die Schaltfläche *Neuer Ordner* angezeigt wird

12.6.3 FontDialog

AllowScriptChange	gibt an, ob der im Kombinationsfeld *Skript* angegebene Zeichensatz geändert werden kann
Color	gibt die ausgewählte Schriftfarbe an
Font	gibt die ausgewählte Schriftart an
ShowColor	gibt an, ob die Farbauswahl angezeigt wird
ShowEffects	gibt an, ob Durchstreichen, Unterstreichen und Textfarbe angegeben werden kann

12.6.4 OpenFileDialog

AddExtension	gibt an, ob einem Dateinamen automatisch eine Erweiterung hinzugefügt wird
CheckFileExists	gibt an, ob eine Warnung angezeigt wird, wenn die angegebene Datei nicht existiert
CheckPathExists	gibt an, ob eine Warnung angezeigt wird, wenn der Pfad nicht existiert
DefaultExt	gibt die Standarddateinamenserweiterung an
FileName	gibt den ausgewählten Dateinamen an
FileNames	gibt bei einer Mehrfachauswahl alle Dateinamen an
Filter	gibt die unter *Dateityp* angezeigten Filter an
FilterIndex	gibt den Index für den aktuellen Filter an
InitialDirectory	gibt das Ausgangsverzeichnis an

Multiselect	gibt an, ob mehrere Dateien ausgewählt werden können
ReadOnlyChecked	gibt an, ob das Kontrollkästchen für Schreibschutz aktiviert ist
RestoreDirectory	gibt an, ob das aktuelle Verzeichnis beibehalten wird
ShowReadOnly	gibt an, ob das Kontrollkästchen für Schreibschutz angezeigt wird
Title	gibt den Titel des Dateidialogfelds an

12.6.5 PageSetupDialog

AllowMargins	gibt an, ob Seitenränder angegeben werden können
AllowOrientation	gibt an, ob Querformat bzw. Hochformat angegeben werden kann
AllowPaper	gibt an, ob Papiergröße und Papierzufuhr angegeben werden können
AllowPrinter	gibt an, ob die Druckerschaltfläche aktiviert ist
Document	gibt das Dokument an
PageSettings	gibt die zu ändernden Seiteneinstellungen an
PrinterSettings	gibt die Druckereinstellungen an

12.6.6 PrintDialog

AllowPrintToFile	gibt an, ob eine Ausgabe in eine Datei möglich ist
AllowSelection	gibt an, ob Seiten von ... bis ... angegeben werden können
AllowSomePages	gibt an, ob das Optionsfeld *Seiten* aktiviert ist
Document	gibt das Dokument an
PrinterSettings	gibt die Druckereinstellungen an
PrintToFile	gibt an, ob das Kontrollkästchen *Ausgabe in Datei umleiten* aktiviert ist

12.6.7 PrintPreviewDialog

Document	gibt das anzuzeigende Dokument an

12.6.8 SaveFileDialog

AddExtension	gibt an, ob einem Dateinamen automatisch eine Erweiterung hinzugefügt wird
CheckFileExists	gibt an, ob eine Warnung angezeigt wird, wenn die angegebene Datei nicht existiert
CheckPathExists	gibt an, ob eine Warnung angezeigt wird, wenn der angegebene Pfad nicht existiert
CreatePrompt	gibt an, ob das Erstellen einer nicht vorhandenen Datei bestätigt werden muss
DefaultExt	gibt die Standarddateinamenserweiterung an
FileName	gibt den ausgewählten Dateinamen an
FileNames	gibt bei einer Mehrfachauswahl alle ausgewählten Dateien an
Filter	gibt die aktuelle Filterzeichenfolge für den Dateityp an
FilterIndex	gibt den Index des aktuell ausgewählten Filters an
InitialDirectory	gibt das Startverzeichnis an
OverwritePrompt	gibt an, ob eine Warnung angezeigt wird, wenn eine bereits vorhandene Datei überschrieben werden soll
RestoreDirectory	gibt an, ob das aktuelle Verzeichnis gemerkt wird
Title	gibt den Titel des Dateidialogfelds an

12.7 Abkürzungen

ACL	Access Control List
ADO	ActiveX Data Objects
API	Application Programming Interface
APP	Asynchronous Pluggable Protocol

ASP+	Active Server Pages Plus
CAS	Code Access Security
CCW	COM Callable Wrapper
CLR	Common Language Runtime
CLS	Common Language Specification
COFF	Common Object File Format
COM	Component Object Model
COM+	Component Object Model Plus
CTS	Common Type System
DLL	Dynamically Linked Library
DOM	Document Object Model
ECMA	European Computer Manufacturers Association
EE	Execution Engine
GC	Garbage Collection
GUI	Graphical User Interface
HTML	Hypertext Markup Language
IDL	Interface Definition Language
IE	Internet Explorer
IL	Intermediate Language
JIT	Just in Time
MSIL	Microsoft Intermediate Language
MTS	Microsoft Transaction Server
NGWS	Next Generation Windows Services
PE	Portable Executable
SDK	Software Development Kit
SDL	Service Description Language
SOAP	Simple Object Access Protocol
UDDI	Universal Description, Discovery and Integration
VBA	Visual Basic for Applications
VOS	Virtual Object System
XML	Extensible Markup Language
XSD	XML Schema Definition

12.8 Glossar

Ableitung	Durch sie wird von einer Basisklasse eine spezialisierte Klasse definiert, die alle Merkmale der Basisklasse erbt.
Abstrakte Eigenschaft	Eine bewusst unvollständige Eigenschaft, bei der Codeblöcke für *Get* und *Set* fehlen. Ihre Implementierung erfolgt erst in abgeleiteten Klassen.
Abstrakte Klasse	Eine bewusst unvollständige Klasse, die als Grundlage für abgeleitete Klassen dient und von der keine Objekte erzeugt werden können.
Abstrakte Methode	Eine bewusst unvollständige Methode, bei der nur die Signatur festgelegt ist. Ihre Implementierung erfolgt erst in abgeleiteten Klassen.
Application Domain	Die Einheit, die von der Common Language Runtime für einzelne Anwendungen verwaltet wird. Entspricht in etwa der Rolle eines Prozesses beim Betriebssystem. Ein Prozess kann jedoch mehrere Application Domains umfassen.
Assembly	Eine Sammlung aus einer oder mehreren Dateien, die zusammen zur Laufzeit eine Einheit bilden. Nur exportierte Klassen können von außerhalb einer Assembly angesprochen werden.
Attribut	Während Analyse und Design Bezeichnung für eine Eigenschaft, die in jedem Objekt einen individuellen Wert enthält.
Basisklasse	Eine Klasse, die als Grundlage für Ableitungen dient.
Behälterklasse	Eine Klasse, die Objekte enthält und Methoden für ihren Zugriff bereitstellt.
Const	Schlüsselwort zum Definieren konstanter Datenfelder.

Containerklasse	siehe Behälterklasse.
CUA	Common User Access; Richtlinien für den standardisierten Aufbau von Benutzeroberflächen.
Datenfeld	Variablen einer Klasse, einer Struktur oder eines Objektes
Datenkapselung	Daten werden in Klassen als *Private* definiert und können nur über als *Public* definierte Methoden gelesen und verändert werden.
Delegate	Basisklasse für Delegierer, die mehrere Methoden mit gleicher Signatur verkapseln.
Destruktor	Eine Methode, die automatisch bei der Freigabe eines Objektes aufgerufen wird. Sie dient meistens zum «Aufräumen» des Speichers.
Eigenschaft	Ein Klassenelement, das über einen *Get-* und/oder *Set-*Code auf ein Datenfeld zugreift oder einen Wert berechnet.
Einfachvererbung	Bei ihr erbt eine abgeleitete Klasse ihre Merkmale nur von genau einer Basisklasse.
Enum	Schlüsselwort zur Definition von Enumerationen.
Enumeration	Datentyp, um benannte Ganzzahlwerte zu definieren.
Ereignis	Ein vordefinierter Delegierer, der fremde Methoden verkapselt und aufruft.
Event	Schlüsselwort zur Definition eines Ereignisses.
Exception	Fehlerobjekt bzw. -klasse
Exemplar	siehe Instanz und Objekt
Feld	siehe Datenfeld
Friend	Zugriffsmodus, der nur den Elementen des aktuellen Projektes bzw. Assemblies den Zugriff ermöglicht.
GUI	Graphical User Interface (Grafische Benutzerschnittstelle)

Implements	Schlüsselwort zur Implementierung von Interfaces bei Klassen.
Inheritance	siehe Vererbung
Instance	siehe Objekt
Instanz	Ein Exemplar einer Klasse; siehe auch Objekt.
Instanzkonstruktor	Konstruktor, der beim Erzeugen eines jeden Objektes einer Klasse aufgerufen wird.
Interface	Spezielle abstrakte Klasse, die einen Teil der *Public*-Elemente von Klassen als Schnittstellen beschreibt.
Klasse	Eine Abstraktion von Objekten. Sie definiert die Eigenschaften einer Gruppe gleichartiger Objekte.
Konstante	Ein Datenfeld, dessen Wert nicht geändert werden kann.
Konstruktor	Eine Methode, die automatisch beim Erzeugen eines Objektes aufgerufen wird; sie dient meistens zur Initialisierung der Objekte.
Literal	Konstante Werte; Gegenteil von Variable.
Lokale Variable	Variable, die innerhalb einer Methode definiert ist.
Mehrfachvererbung	Bei ihr erbt eine abgeleitete Klasse ihre Merkmale von mehr als einer Basisklasse.
Methode	Eine Mitgliedsfunktion einer Klasse, die als Public definiert wurde. Methoden bilden die Schnittstelle einer Klasse zur Umwelt.
Namensraum	siehe Namespace
NotInheritable	Schlüsselwort bei einer Klassendefinition, das weitere Ableitungen verhindert.
NotOverridable	Schlüsselwort bei Methoden; verhindert Überschreiben in abgeleiteten Klassen.
Objekt	Eine tatsächlich existierende Instanz einer Klasse; sie belegt Speicher und verfügt über eine eigene Identität.

OLE	Object Linking and Embedding (Verknüpfen und Einbetten von Objekten)
OOAD	Object Oriented Analysis and Design
OODBMS	Object Oriented Database Management System (Objektorientierte Datenbanksysteme)
OOP	Object Oriented Programming (Objektorientiertes Programmieren)
OOS	Object Oriented Software (Objektorientierte Software)
Overloading	siehe Überladen
Overriding	siehe Überschreiben
ParamArray	Schlüsselwort zur Definition einer variablen Anzahl Parameter.
Polymorphie	Funktionen werden in abgeleiteten Klassen redefiniert und können über einen einheitlichen Aufruf benutzt werden. Für jedes Objekt wird die zugehörige Funktion seiner Klasse gestartet.
Private	Zugriffsmodus, der nur den Elementen der Klasse den Zugriff ermöglicht.
Property	siehe Eigenschaft
Protected	Zugriffsmodus, der nur den Elementen der eigenen und davon abgeleiteten Klassen den Zugriff ermöglicht.
Public	Zugriffsmodus, der allen Klassen den Zugriff ermöglicht.
Referenz	Eine Variable, die die Adresse eines Objektes enthält und sich wie ein Objekt verhält.
Referenzparameter	Parameter, der durch *ByRef* spezifiert ist; kann von der Methode dauerhaft verändert werden.
Schnittstelle	Definiert *Public*-Elemente einer Klasse.
Shared	Schlüsselwort zur Definition von Klassenelementen, die nur je Klasse einmal und nicht für jedes Objekt einzeln existieren.

Signatur	Identifiziert eindeutig eine Funktion; sie besteht aus ihrem Namen und ihren Parametertypen in der definierten Reihenfolge.
Standardeigenschaft	Klassenelement, das Zugriff auf Datenfelder der Klasse via Index ermöglicht.
Struktur	Eine vereinfachte, eingeschränkte Klasse.
Überladen	Für eine Klasse werden mehrere Funktionen mit unterschiedlichen Parametern und gleichem Namen definiert. Beim Aufruf wird anhand der Signatur die passende Funktion gestartet.
Überschreiben	Methoden der Basisklasse werden durch neue Methoden mit gleichem Namen und gleicher Signatur ersetzt.
UML	Unified Modeling Language; beschreibt die Notation zur Bildung objektorientierter Modelle.
Value Parameter	Ein normaler Parameter, der als einfacher Wert einer Methode übergeben wird; kann von ihr nicht dauerhaft verändert werden.
Variable	Variablen repräsentieren Speicherplätze; ihr Typ legt die möglichen Werte fest, die dort gespeichert werden können.
Vererbung	Objekte einer abgeleiteten Klasse besitzen alle Daten und Funktionen der Basisklasse.

12.9 Lösungen zu den Aufgaben

Lösung zu Aufgabe 1

Ein Visual-Studio-Projekt umfasst alle Dateien sowie alle Einstellungen der Entwicklungsumgebung und der Entwicklungstools wie beispielsweise des Compilers. Sie werden in einem separaten Verzeichnis und seinen Unterverzeichnissen organisiert.

Lösung zu Aufgabe 2

In den *Eigenschaftenseiten* des Projektes ist unter *Allgemeine Eigenschaften/Allgemein* wahrscheinlich das *Startobjekt* nicht korrekt eingetragen worden.

Lösung zu Aufgabe 3

Das Betriebssystem kann die ausführbare Compilerdatei nicht finden. Vermutlich wurde der *SET PATH*-Befehl (siehe Kapitel 2.2) vergessen.

Lösung zu Aufgabe 4

```
' Aufg04.vb

Module Bsp1001

    Sub Main()
        System. _
        Console. _
        WriteLine _
        ( _
        "Ich kann VB!" _
        )
        MsgBox("Programmende")

    End Sub
End Module
```

Anmerkung:

Namenraum- und Klassennamen lassen sich nicht vom Punkt trennen. Des Weiteren können Namen und konstante Werte wie Zeichenketten nicht getrennt werden.

Lösung zu Aufgabe 5

12+3/3=13

Lösung zu Aufgabe 6

```
' Aufg06.vb

Option Explicit On
Option Strict On

Imports System
Imports Microsoft.VisualBasic

Module Aufg06
    Sub Main()
        Dim zahl As Integer
        Console.Write( _
         "Bitte drücken Sie eine Taste: ")
        zahl = System.Console.Read()
        Console.WriteLine( _
         "Der Tastencode lautet:" + vbCrLf & zahl)
    End Sub
End Module
```

Lösung zu Aufgabe 7

1. Fehler:
   In Zeile 12 darf hinter der Zeilenfortsetzung kein Kommentar folgen.
2. Fehler:
   In Zeile 15 darf ebenfalls hinter der Zeilenfortsetzung kein Kommentar folgen.
3. Fehler:
   In Zeile 16 fehlt der Verknüpfungsoperator & vor der Variablen *Ein*.
4. Fehler:
   In Zeile 17 fehlt *Sub* hinter *End*.

Lösung zu Aufgabe 8

Das Ergebnis (8490757740) kann nicht in einer *Integer*-Variablen gespeichert werden, da der gültige Wertebereich überschritten wird. Die einfachste Lösung besteht darin, beiden Variablen den Typ *Long* zuzuordnen. Soll nur Ergebnis den Typ *Long* haben, dann muss die Variable *Wert* konvertiert werden:

```
Ergebnis = CLng(Wert) * 14412
```

Lösung zu Aufgabe 9

Der Index für das Array muss mit 0 beginnen und nicht mit 1!

Lösung zu Aufgabe 10

```
' Aufg10.vb

Imports System
Imports Microsoft.VisualBasic

Module Aufg10
    Sub Main()
        Dim Puffer1, Puffer2, Puffer3 As String
        Console.Write( _
         "Bitte geben Sie das erste Wort ein" _
         & vbCrLf & ">")
        Puffer1 = Console.ReadLine()
        Console.Write( _
         "Bitte geben Sie das zweite Wort ein" _
         & vbCrLf & ">")
        Puffer2 = Console.ReadLine()
        Puffer3 = String.Copy(Puffer1)
        Puffer3 = String.Concat(Puffer3, Puffer2)
        Console.WriteLine("Der Satz lautet: " & Puffer3)
    End Sub
End Module
```

Lösung zu Aufgabe 11

GRUEN

Lösung zu Aufgabe 12

```
' Aufg12.vb

Imports System

Module Aufg12
   Sub Main()
      Dim Wort As String
      Dim I, Laenge As Integer
      Console.Write("Bitte ein Wort eingeben >")
      Wort = Console.ReadLine()
      Laenge = Wort.Length
      For I = Laenge - 1 To 0 Step -1
         Console.Write(Wort.Chars(I))
      Next
      Console.WriteLine()
   End Sub
End Module
```

Lösung zu Aufgabe 13

```
' Aufg13.vb

Imports System

Module Aufg13
   Function Main(ByVal args() As String) As Integer
      Dim S As String
      If args.Length = 0 Then
         Console.WriteLine("usage: Aufg13 <wort> ...")
         Return 1
      End If
      Array.Sort(args)
      For Each S In args
         Console.WriteLine(S)
      Next
      Return 0
   End Function
End Module
```

Lösung zu Aufgabe 14

```
' Aufg14.cs

Option Explicit On
Option Strict On

Imports System

Public Class Nahrungsmittel

   Private Bez As String
   Private Kal As Integer

   Public Property Name() As String
      Get
         Return Bez
      End Get
      Set(ByVal value As String)
         Bez = value
      End Set
   End Property

   Public Property Brennwert() As Integer
      Get
         Return Kal
      End Get
      Set(ByVal value As Integer)
         If value >= 0 Then
            Kal = value
         End If
      End Set
   End Property

   Public Function ToJoule() As Single
      Return Brennwert * 4.1868F
   End Function
End Class

Public Module Aufg14
   Sub Main()
      Dim Menue As Nahrungsmittel = New Nahrungsmittel
      Console.Write("Lebensmittel: ")
```

```
        Menue.Name = Console.ReadLine()
        Console.Write("Brennwert: ")
        Menue.Brennwert = Convert.ToInt32( _
         Console.ReadLine())
        Console.WriteLine(Menue.Name & " hat " _
         & Menue.Brennwert & " kcal")
        Console.WriteLine("Das sind {0} kJ", _
         Menue.ToJoule())
    End Sub
End Module
```

Lösung zu Aufgabe 15

```
' Aufg15.cs

Option Explicit On
Option Strict On

Imports System

Public Class Nahrungsmittel

    Private Bez As String
    Private Kal As Integer

    Public Property Name() As String
        Get
            Return Bez
        End Get
        Set(ByVal value As String)
            Bez = value
        End Set
    End Property

    Public Property Brennwert() As Integer
        Get
            Return Kal
        End Get
        Set(ByVal value As Integer)
            If value >= 0 Then
                Kal = value
            End If
        End Set
    End Property
```

```
    Public Function ToJoule() As Single
        Return Brennwert * 4.1868F
    End Function

    Public Sub New(ByVal name As String)
        Me.New(name, 0)
    End Sub

    Public Sub New(ByVal brennwert As Integer)
        Me.New("unbekannt", brennwert)
    End Sub

    Public Sub New(ByVal name As String, _
     ByVal brennwert As Integer)
        Bez = name
        Kal = brennwert
    End Sub

    Protected Overrides Sub Finalize()
    End Sub

End Class

Public Module Aufg15
    Sub Main()
        Dim Menue As Nahrungsmittel = _
         New Nahrungsmittel(64)
        Console.WriteLine(Menue.Name & " hat " & _
         Menue.Brennwert & " kcal")
        Console.WriteLine("Das sind " & _
         Menue.ToJoule() & " kJ")
    End Sub
End Module
```

Lösung zu Aufgabe 16

```
' Aufg16.vb

Option Explicit On
Option Strict On

Imports System
```

```
Public Class Wohnsitz

    Private strasse As String
    Private nummer As Short
    Private plz As Integer
    Private ort As String

    Public Sub New(ByVal strasse As String, _
     ByVal nummer As Short, ByVal plz As Integer, _
     ByVal ort As String)
        Me.strasse = strasse
        Me.nummer = nummer
        Me.plz = plz
        Me.ort = ort
    End Sub

    Default Public Property Adresse( _
     ByVal ix As Integer, ByVal iy As Integer) _
     As String
        Set(ByVal Value As String)
            Dim n As Integer = ix * 2 + iy
            Select Case n
                Case 0              ' ix=0,iy=0
                    strasse = Value
                Case 1              ' ix=0,iy=1
                    nummer = Convert.ToInt16(Value)
                Case 2              ' ix=1,iy=0
                    plz = Convert.ToInt32(Value)
                Case 3              ' ix=1,iy=1
                    ort = Value
            End Select
        End Set
        Get
            Dim n As Integer = ix * 2 + iy
            Select Case n
                Case 0              ' ix=0,iy=0
                    Return strasse
                Case 1              ' ix=0,iy=1
                    Return nummer.ToString()
                Case 2              ' ix=1,iy=0
                    Return plz.ToString()
                Case 3              ' ix=1,iy=1
                    Return ort
                Case Else
                    Return Nothing
```

```
            End Select
        End Get
    End Property
End Class

Public Module Aufg16
    Sub Main()
        Dim W As New Wohnsitz("Hauptstraße", 45, _
         22022, "Hamburg")
        Console.Write(W(0, 0) + " ")
        Console.WriteLine(W(0, 1))
        Console.Write(W(1, 0) + " ")
        Console.WriteLine(W(1, 1))
        W(0, 0) = "Nordring"
        W(0, 1) = "145"
        W(1, 0) = "21301"
        W(1, 1) = "Lüneburg"
        Console.Write(W(0, 0) + " ")
        Console.WriteLine(W(0, 1))
        Console.Write(W(1, 0) + " ")
        Console.WriteLine(W(1, 1))
    End Sub
End Module
```

Die Methode *ToString* erzeugt für Zahlobjekte eine Zeichenkettendarstellung.

Lösung zu Aufgabe 17

```
' Aufg17.vb

Option Explicit On
Option Strict On

Imports System
Imports Microsoft.VisualBasic

Public Class Konto

    Private Stand As Decimal
    Private Inhaber As String

    Public ReadOnly Property Saldo() As Decimal
```

```
        Get
            Return Stand
        End Get
    End Property

    Public Sub New(ByVal inhaber As String)
        Me.new(inhaber, 0)
    End Sub

    Public Sub New(ByVal inhaber As String, _
     ByVal betrag As Decimal)
        Me.Inhaber = inhaber
        Stand += betrag + 10
    End Sub

    Public Sub Einzahlen(ByVal betrag As Decimal)
        Stand += betrag
    End Sub

    Public Sub Einzahlen(ByVal betrag As Decimal, _
     ByVal waehrung As String)
        If waehrung = "USD" Then
            Einzahlen(betrag * 1.1591D)
        Else
            Einzahlen(betrag)
        End If
    End Sub

    Public Sub Einzahlen(ByVal betrag() As Double)
        For i As Integer = 0 To betrag.Length - 1
            Einzahlen(CDec(betrag(i)))
        Next
    End Sub

    Public Sub Einzahlen(ByVal ParamArray betrag() _
     As Decimal)
        For i As Integer = 0 To betrag.Length - 1
            Einzahlen(betrag(i))
        Next
    End Sub

    Public Sub Einzahlen(ByVal betrag As String)
        Stand += CDec(betrag)
    End Sub
```

```
    Public Sub Auszahlen(ByVal betrag As Decimal)
        If Stand >= betrag Then
            Stand -= betrag
        End If
    End Sub

    Public Sub Auszahlen(ByVal betrag As String)
        If Stand >= CDec(Val(betrag)) Then
            Stand -= CDec(Val(betrag))
        End If
    End Sub
End Class

Public Module Aufg17
    Public Sub Main()
        Dim Konto1 As New Konto("H. Meier", 500D)
        Console.WriteLine(Konto1.Saldo)
        Konto1.Einzahlen("411,50")
        Console.WriteLine(Konto1.Saldo)
        Konto1.Auszahlen("750")
        Console.WriteLine(Konto1.Saldo)
    End Sub
End Module
```

Lösung zu Aufgabe 18

```
' Aufg18.vb

Option Explicit On
Option Strict On

Imports System

Public Class Temperatur

    Public Const FAHRENHEIT As Integer = 0
    Public Const RANKINE As Integer = 1
    Public Const CELSIUS As Integer = 2
    Public Const KELVIN As Integer = 3
    Public Const REAUMUR As Integer = 4

    Public Shared Function ToCelsius( _
     ByVal wert As Double, ByVal einheit As Integer) _
     As Double
```

```
        Select Case einheit
            Case FAHRENHEIT
                Return (wert - 32.0) * 5.0 / 9.0
            Case RANKINE
                Return wert * 5.0 / 9.0 - 273.15
            Case CELSIUS
                Return wert
            Case KELVIN
                Return wert - 273.15
            Case REAUMUR
                Return wert * 4.0 / 5.0
            Case Else
                Return wert
        End Select
    End Function

    Private Sub New()
    End Sub
End Class

Public Module Aufg18

    Public Sub Main()
        Console.WriteLine(Temperatur.ToCelsius(99.7, _
         Temperatur.FAHRENHEIT))
        Console.WriteLine(Temperatur.ToCelsius(671.67, _
         Temperatur.RANKINE))
        Console.WriteLine(Temperatur.ToCelsius(37.5, _
         Temperatur.CELSIUS))
        Console.WriteLine(Temperatur.ToCelsius(273.15, _
         Temperatur.KELVIN))
        Console.WriteLine(Temperatur.ToCelsius(100, _
         Temperatur.REAUMUR))
        Console.WriteLine(Temperatur.ToCelsius(100, 5))
        ' Dim T As New Temperatur
    End Sub
End Module
```

Wenn nur ein einziger Konstruktor mit dem Zugriffsmodus *Public* definiert wird, können keine Instanzen mehr erstellt werden.

Lösung zu Aufgabe 19

```
' Aufg19.vb

Option Explicit On
Option Strict On

Imports System

Public MustInherit Class Form

   Private Color As Integer
   Public Const Rot As Integer = 1
   Public Const Gruen As Integer = 2
   Public Const Blau As Integer = 4

   Public Property Farbe() As Integer
      Get
         Return Color
      End Get
      Set(ByVal value As Integer)
         If value < 8 Then Color = value
      End Set
   End Property

   Public Function FarbeToString() As String
      Select Case Color
         Case 0
            Return "Schwarz"
         Case 1
            Return "Rot"
         Case 2
            Return "Grün"
         Case 3
            Return "Gelb"
         Case 4
            Return "Blau"
         Case 5
            Return "Magenta"
         Case 6
            Return "Cyan"
         Case 7
            Return "Weiß"
         Case Else
```

```
            Return "Unbekannt"
        End Select
    End Function

    Public Overridable ReadOnly Property Flaeche() _
     As Double
        Get
            Return 0
        End Get
    End Property

End Class

Public Class Rechteck : Inherits Form

    Private A, B As Integer

    Public Sub New(ByVal a As Integer, _
     ByVal b As Integer)
        Me.A = a
        Me.B = b
    End Sub

    Public Shadows ReadOnly Property Flaeche() _
     As Double
        Get
            Return A * B
        End Get
    End Property

End Class

Public Class Quadrat : Inherits Rechteck

    Public Sub New(ByVal a As Integer)
        MyBase.New(a, a)
    End Sub

End Class

Module Aufg19
    Public Sub Main()
        Dim Q As New Quadrat(4)
        Q.Farbe = Form.Rot
        Console.WriteLine(Q.Flaeche)
```

```
      Console.WriteLine(Q.FarbeToString())
   End Sub
End Module
```

Nur der Konstruktor muss definiert werden. Da ein Quadrat eben ein Rechteck mit gleich langen Seiten ist, kann der Basiskonstruktor mit zweimal dem gleichen Parameter aufgerufen werden. Das ist alles!

Lösung zu Aufgabe 20

```
' Aufg20.vb

Option Explicit On
Option Strict On

Imports System

Public MustInherit Class Form

...

   Public Overridable ReadOnly Property Flaeche() _
    As Double
      Get
         Return 0
      End Get
   End Property

   Public Overridable ReadOnly Property Umfang() _
    As Double
      Get
         Return 0
      End Get
   End Property

End Class

Public Class Rechteck : Inherits Form

   Private A, B As Integer

   Public Sub New(ByVal a As Integer, _
    ByVal b As Integer)
```

```
        Me.A = a
        Me.B = b
    End Sub

    Public Overrides ReadOnly Property Flaeche() _
     As Double
        Get
            Return A * B
        End Get
    End Property

    Public Overrides ReadOnly Property Umfang() _
     As Double
        Get
            Return 2 * (A + B)
        End Get
    End Property

End Class

Public Class Quadrat : Inherits Rechteck

    Public Sub New(ByVal a As Integer)
        MyBase.New(a, a)
    End Sub
End Class

Module Aufg20
    Public Sub Main()
        Dim R As New Rechteck(5, 2)
        Dim Q As New Quadrat(4)
        R.Farbe = Form.Gruen
        Q.Farbe = Form.Rot
        Console.WriteLine(R.Flaeche)
        Console.WriteLine(R.Umfang)
        Console.WriteLine(R.FarbeToString())
        Console.WriteLine(Q.Flaeche)
        Console.WriteLine(Q.Umfang)
        Console.WriteLine(Q.FarbeToString())
    End Sub
End Module
```

Auch hier wird an der Klasse *Quadrat* nichts mehr geändert.

Lösung zu Aufgabe 21

```
' Aufg21.vb

Option Explicit On
Option Strict On

Imports System

Public Class Mitarbeiter
   Implements IComparable

   Private PNr As Integer

   Public Property PersonalNummer() As Integer
      Set(ByVal value As Integer)
         PNr = value
      End Set
      Get
         Return PNr
      End Get
   End Property

   Public Function CompareTo(ByVal o As Object) As _
    Integer Implements IComparable.CompareTo
      Return Me.PersonalNummer _
        - CType(o, Mitarbeiter).PersonalNummer
   End Function

End Class

Public Module Aufg21

   Public Sub Main()

      Dim M1 As New Mitarbeiter
      M1.PersonalNummer = 324598
      Dim M2 As New Mitarbeiter
      M2.PersonalNummer = 17392
      Dim M3 As New Mitarbeiter
      M3.PersonalNummer = 324598
      Dim M4 As New Mitarbeiter
      M4.PersonalNummer = 827392
      Console.WriteLine(M1.CompareTo(M2))
```

```
        Console.WriteLine(M1.CompareTo(M3))
        Console.WriteLine(M1.CompareTo(M4))
    End Sub
End Module
```

Indem die Methode *CompareTo* einfach die Differenz der Personalnummern bildet, entspricht sie bereits mit der Rückgabe den Anforderungen. Allerdings muss *Object* in *Mitarbeiter* umgewandelt werden, weil *Object* nicht die Eigenschaft *PersonalNummer* definiert. Die Ausgabe des Programms sieht dann so aus.

```
307206
0
-502794
```

Lösung zu Aufgabe 22

```
' Aufg22.vb

Option Explicit On
Option Strict On

Imports System

Public Class Konto

    ...

    Public ReadOnly Property Inhaber() As String
        Get
            Return Name
        End Get
    End Property

    ...

End Class

Public Class Kunde

    Public Sub Reaktion(ByVal k As Object, _
     ByVal e As EventArgs)
        Dim Giro As Konto = CType(k, Konto)
```

```
        Giro.Einzahlen(1000D)
    End Sub

End Class

Public Class Bank

    Public Sub Reaktion(ByVal k As Object, _
     ByVal e As EventArgs)
        Dim Giro As Konto = CType(k, Konto)
        Console.WriteLine("Konto von " & Giro.Inhaber _
         & " kurz vor Unterdeckung!")
    End Sub

End Class

'public delegate void Zahlung()

Public Module Aufg22
    Public Sub Main()
        Dim K As New Kunde
        Dim Giro As New Konto("Schulze", 3000D)
        AddHandler Giro.SaldoWarnung, _
         AddressOf K.Reaktion
        Dim B As New Bank
        AddHandler Giro.SaldoWarnung, _
         AddressOf B.Reaktion
        Giro.Auszahlen(2000D)
        Console.WriteLine(Giro.Saldo)
        Giro.Auszahlen(500D)
        Console.WriteLine(Giro.Saldo)
        Giro.Auszahlen(430D)
        Console.WriteLine(Giro.Saldo)
        Giro.Auszahlen(50D)
        Console.WriteLine(Giro.Saldo)
    End Sub
End Module
```

Damit der Inhaber ausgegeben werden kann, wird er als Eigenschaft der Klasse *Konto* hinzugefügt.

Lösung zu Aufgabe 23

Am einfachsten geht es, indem der Menübefehl deaktiviert bzw. aktiviert wird.

in *DateiOeffnen_Click*: `Me.DateiOeffnen.Enabled = False`
in *DateiSchliessen_Click*: `Me.DateiOeffnen.Enabled = True`

12.10 Stichwortverzeichnis